普通高校"十三五"规划教材·国际经济与贸易系列

国际经贸地理

李 南◎主 编

李忠华◎副主编

清华大学出版社

北京

内 容 简 介

为配合国际贸易专业的转型升级,本书内容从典型的国际贸易扩展至国际经济贸易。即在重点分析国际贸易的基础上,加入国际投资、国际工程承包、服务外包、劳务流动等其他国际经济合作事项。为尽量覆盖中国的主要贸易伙伴,与现有多数教材不同,在后半部分的国别分论中介绍一些与中国贸易关系密切的中小发达经济体。

本书主要面向国内本科高等院校的国际经济与贸易专业学生,也可为其他经济管理类专业或地理学专业选用,还可以作为业内人士的培训用书或参考读物。

图书在版编目(CIP)数据

国际经贸地理/李南主编. ——北京 :清华大学出版社,2017(2021.2重印)
(普通高校"十三五"规划教材. 国际经济与贸易系列)
ISBN 978-7-302-46681-9

Ⅰ. ①国… Ⅱ. ①李… Ⅲ. ①国际贸易-商业地理-高等学校-教材 Ⅳ. ①F742

中国版本图书馆 CIP 数据核字(2017)第 035911 号

责任编辑:梁云慈
封面设计:汉风唐韵
责任校对:宋玉莲
责任印制:丛怀宇

出版发行:清华大学出版社
   网 址:http://www.tup.com.cn,http://www.wqbook.com
   地 址:北京清华大学学研大厦 A 座   邮 编:100084
   社 总 机:010-62770175   邮 购:010-62786544
   投稿与读者服务:010-62776969,c-service@tup.tsinghua.edu.cn
   质量反馈:010-62772015,zhiliang@tup.tsinghua.edu.cn
   课件下载:http://www.tup.com.cn,010-62770175-4506
印 装 者:三河市吉祥印务有限公司
经 销:全国新华书店
开 本:185mm×260mm   印 张:13.5   字 数:306 千字
版 次:2017 年 4 月第 1 版   印 次:2021 年 2 月第 6 次印刷
定 价:39.00 元

产品编号:069338-02

前　言

国际经贸地理是研究世界各国各地区商品生产的区域分工、商品交换的地域分布和地理格局的特征及其变化规律的科学,是国际贸易学和经济地理学的交叉领域。国际经贸地理的研究目的在于对国际经贸起到更好的辅助决策作用。掌握当今国际经贸地理新格局及发展方向,进一步了解各国在世界贸易中的作用,可以借鉴各国的成功经验,为促使中国经贸持续发展服务。通过对各国自然及人文资源组合优势的分析,及对所要进入的市场环境进行研究,学生能够更了解各国的经贸特征和规律,在掌握基本知识要点的基础上,提高学生的国际商务综合分析能力。

国际经贸地理把整个世界作为一个巨大的经济地域系统,把各国、各地区作为不同层次、不同水平和不同类型的经济地域来研究。该课程一般分为总论和分论两大部分,总论是从世界整体角度审视地理因素对国际经贸的影响,并具体研究农产品、工业品等的生产和贸易,从经济地理学的视角介绍世界经济贸易空间格局及其变迁。分论是按照一定标准对世界主要经济体进行划分和介绍,重点放在东亚、西欧和北美及重要经贸大国上,以使学生掌握中国主要贸易伙伴的现状。通过前后两个板块的衔接和融汇,达到掌握国际经贸地理知识的目的。

本书的主要特色是:第一,将案例教学法贯穿于整个课程学习,每章均设置开篇的引导案例,在具体讲述重点内容时,以相关链接的形式插入大量反映相关主题最新进展的背景材料,各章的复习思考题也都包括案例分析题。第二,变革了目前同类教材对内容选取编排的传统做法,重新构造了课程内容框架。在保留原有围绕货物贸易的主体内容基础上,大幅加入关于服务业和服务贸易的素材,从而更加完整地展现世界产业体系,反映出国际经贸关系的变化。第三,课程内容中,在特定知识点方面增加中国相关背景的链接。依托学生对中国的例证更加熟悉的实际情况,在合适的位置作出中外对比,有利于理解和掌握。第四,改变当前多数教材存在的对各国地理特征细节描述过于具体的问题,重点将与国际经贸直接关联的地理问题显示出来,强调服务于国际经贸的实际应用性。

为配合国际贸易专业的转型升级,本书内容从典型的国际贸易扩展至国际经济贸易。即在重点分析国际贸易的基础上,加入国际投资、国际工程承包、服务外包、劳务流动等其他国际经济合作事项。为尽量覆盖中国的主要贸易伙伴,与现有多数教材不同,在后半部分的国别分论中介绍一些与中国贸易关系密切的中小发达经济体。

我们在教学实践的基础上,结合多年的经验积累,编写了这部教材,由华北理工大学李南担任主编,李忠华为副主编。具体分工为:李南编写第 1～2 章、5～12 章,李忠华编写第 3,4,13 章。本书在编写过程中参考借鉴了许多专家学者的教材、著作和论文,引用了百度百科、第一财经日报网和腾讯财经网的资料数据,在此表示感谢。研究生赵紫婷在书稿打字、资料编排整理等方面做了大量工作。最后,感谢刘仁军老师对本书终稿所做的审校工作。

　　本书主要面向国内本科高等院校的国际经济与贸易专业学生,也可为其他经济管理类专业或地理学专业选用,还可以作为业内人士的培训用书或参考读物。

　　由于编者水平有限,教材里面难免有错误疏漏之处,恳请读者批评指正。

编　者
2016 年 12 月 11 日

目 录

第 1 章

绪　论

　　作为古丝绸之路的终点,意大利威尼斯正期待中国的"一带一路"战略重新激活这个古老城市在海运贸易中的活力。众所周知,独特的地理位置赋予了意大利东北部的威尼斯"世间最美人造城市"的美誉,但作为港口城市的威尼斯依旧在全球经济中挣扎。受制于腹地广但水深不足的地理条件,美景显然还难以吸引超大型集装箱货船(ULCV)抵达威尼斯。

　　2015 年 12 月,威尼斯港务局主席保罗·科斯塔(Paolo Costa)一行到访中国上海和宁波。他在"21 世纪海上丝绸之路"高级海事论坛上介绍到,威尼斯港正在打造"离岸陆上多端口港口系统"(VOMOPS)工程,希望这一工程能破解超大型集装箱船只难抵威尼斯港的难题。这一构想于 2016 年动工,将于 2023 年完工。

　　科斯塔很清楚,当前欧洲港口的低容量在某种程度上限制了来自亚洲市场,尤其是中国市场的超大型船只货运往来。与其他世界重要港口相比,威尼斯港的货运吞吐量非常有限,每年仅为 45 万标准集装箱(twenty-feet equivalent unit,TEU)。在科斯塔看来,当越来越多的来自中国的超大型货轮途经欧洲时,本就集商贸、旅游功能于一体的威尼斯港没有理由不分享"中国机遇"。因此,科斯塔一直有个雄心,希望扩大威尼斯港的货轮接纳能力,使威尼斯港成为海运贸易从亚得里亚海进入欧洲腹地的门户。

　　科斯塔说道:"没有繁忙港口业务的威尼斯将失去活力。这一系统将使得亚得里亚海再度成为国际贸易的中心。"该系统的效益将不仅仅使威尼斯受益,还将振兴亚得里亚海地区。当科斯塔和他的同事为了激活威尼斯港以及亚得里亚海地区港口的活力,尝试将"离岸陆上多端口港口系统"变为现实时,中国的"一带一路"战略又一次把威尼斯港和亚得里亚海地区推向了众人瞩目的焦点,威尼斯港出现在中国公布的"21 世纪海上丝绸之路"版图中。

　　在科斯塔看来,这并不是偶然。历史上的丝绸之路就将北京与地中海相连,马可·波罗、利玛窦的故事也为世人熟知。"21 世纪海上丝绸之路"沿线国家中,很多港口都希望从海运贸易中获益,尤其在地中海区域,希腊的雅典、土耳其的伊斯坦布尔均与意大利存在竞争关系。但科斯塔并不害怕,他认为如何安全、高效地进入欧洲腹地才是关键所在。在多条从中国到欧洲的海运贸易路线中,通过苏伊士运河北上亚得里亚海,经过威尼斯港,再由意大利内陆抵达欧洲腹地的方式是距离最短的路径。相比绕道荷兰鹿特丹,能节省 4～5 天的时间。科斯塔指出,当前欧洲制造业从西部移向东部,威尼斯港距离欧洲的制造业重地最近。除了地理上的优势,科斯塔还强调了一个观点,那就是气候变暖的趋势。从中国来的巨型货轮通过亚得里亚海抵达欧洲的话,不仅节省时间,还意味着更少的二氧化碳排放与更少的能耗。科斯塔相信,威尼斯港会因为中国"一带一路"战略在地中海地区变得更为重要。

资料来源:第一财经日报网,2015 年 12 月 6 日

问题:思考地理区位和世界贸易中心迁移的历史与现实。

本章学习目标

- 了解国际经贸地理的研究内容,形成对课程的初步认识;
- 初步理解地理因素对国际经贸活动的重要影响;
- 掌握世界贸易中心区迁移的轨迹和动因。

国际经贸地理旨在研究世界各国商品生产及交换的地域分布和变化规律,阐述各国在各自地理特征基础上形成的经贸关系。

1.1　地理环境与国际经贸

地理环境对国际经贸有着广泛而深刻的影响,任何国家的双边贸易或多边贸易都是在特定的地理环境下进行的。地理环境一般可分自然地理环境和人文地理环境两大类。自然地理环境中的自然资源直接影响一个国家的初级产品贸易。如中东地区在 20 世纪 60 年代前,经济以农牧业为主,人均收入低,为世界最贫穷地区之一。20 世纪 60 年代以后,石油大量开采并成为该地区最主要的出口商品,巨额的石油美元收入使这里的经贸关系发生极大变化。

外贸依存度是衡量一国经济与国际市场融合度的重要指标,其数值高低就在很大程度上受到一国地理环境的影响。下面从国家的地域规模、资源状况、地理位置等方面来进行分析。

第一,国家的地域规模。一般来说,在生产水平接近的情况下,国家地域规模大,国内资源和产业门类多样化,自给程度比较高,进出口依存度就小;反之,国家地域规模小,国内资源和产业门类单一,对外依赖程度高,进出口依存度就大。具体例证见表 1-1。

表 1-1　国家的地域规模与外贸依存度(2014 年数据)

国家名称	国土面积(万平方千米)	外贸依存度(%)
美国	937.26	22.78
德国	35.70	70.73
荷兰	4.15	144.84
新加坡	0.07	252.07

第二,国家的资源状况。国家的资源状况与其外贸的发展紧密相连。例如,一些国家石油资源极为丰富,每年大量出口石油,石油出口在本国出口中所占比重很大,同时这些

国家需要用石油出口所得外汇购入工业制成品,因此这类国家的外贸依存度往往较高。

第三,国家的地理位置。地理位置对外贸的发展有重要的影响。例如,新加坡和中国香港由于地理位置优越,转口贸易很发达,外贸依存度很高。又如,加拿大与澳大利亚的经济发展水平和产业结构比较相近,但加拿大在地理位置上紧靠世界上最大的商品市场——美国,有利于彼此进行广泛的产业分工和商品交换;而澳大利亚远离主要市场,使其外贸发展受到一定的影响。例如,2014 年的外贸依存度,加拿大为 52.46%,而澳大利亚为 32.24%。

1.2   世界贸易中心区的形成和迁移

进入奴隶社会后,人类开始使用铜器和铁器,生产力得到了初步发展。但那时对自然条件的依赖性仍然很大,河流是灌溉和航行的必备条件,因此在西亚的两河流域、非洲的尼罗河流域、亚洲的印度河流域和黄河流域,就形成了经济文化较为发达的古巴比伦、古埃及、古印度、中国四大文明古国。随后在欧洲的地中海沿岸的一些奴隶制国家,经济也得到了发展,用于交换的商品数量和范围不断扩大。从世界范围来看,贸易中心区先后经历了以下三个阶段。

1.2.1   地中海时代

世界贸易中心发展的第一阶段叫地中海时代。公元前 3000 年和公元前 900 年,腓尼基与迦太基先后成为地中海沿岸的经济贸易中心。迦太基衰落后,经济贸易中心移到古希腊和古罗马。希腊与罗马帝国的科学技术在当时已发展到很高的水平。与罗马帝国并存一段的波斯和新波斯(今伊朗、伊拉克为其版图,是"丝绸之路"必经之地),转运东西方商品,如中国的丝绸、印度的香料等,行销地中海沿岸,并将地中海地区的亚麻织品、玻璃、珠宝和呢绒转运东方。

受当时生产技术水平(风帆、人力摇桨)的限制,人类尚无法征服像大西洋那样的水域,以致当时的英国被视为世界的边陲。东方的中国虽曾有过发达的航海,但以那时的技术,面对彼岸遥远的太平洋,自然无法形成洲际往返。因此,最有条件成为海上航行与贸易中心的便只有近海和内海,而这当然首推地中海了。

在地理大发现以前,由于当时的生产力水平低下,人们交换的商品也只有农畜产品、手工业品和珠宝等。那时除了意大利北部城市、"汉萨同盟"和欧洲少数其他城市有了比较发达的对外贸易外,其他国家对外经贸联系还很弱。所以在当时的地区性市场中,规模最大的是以意大利为中心的地中海区域性市场。

公元 11—15 世纪是欧洲封建社会鼎盛的时期。随着尼德兰(今荷兰、比利时)西部和意大利北部手工纺织业的发展和中欧冶铁业的进步,欧洲手工业开始蓬勃发展。手工业者为了从远处取得原料和输出产品,推动了集市贸易的发展。在欧洲开始形成了佛兰德斯、汉萨同盟和以意大利北部的威尼斯、佛罗伦萨为中心的区域贸易中心。佛兰德斯,是指以现在荷兰南部及比利时西部的布鲁日、根特和法国北部部分地区为中心的地区。11—12 世纪,这里的毛纺织手工业十分发达。汉萨同盟地区,是指现在德国北部以吕贝克、汉堡、不来梅为中心的地区。汉萨同盟在中世纪是德国北部各城市进出口贸易商的政治经济联盟。在 13 世纪时加入的城市有 90 多个，14 世纪时多达 100 个，盟主城市是德国的吕贝克。14—15 世纪，汉萨同盟几乎掌握了整个欧洲大陆的贸易，并控制了北海到波罗的海的商路。意大利北部的威尼斯、佛罗伦萨、热那亚、米兰等城市都是在 11 世纪后因直接或间接得益于欧洲与近东地区的贸易而发展起来的。12—14 世纪，威尼斯一直是西欧最大的商业中心。

相关链接：中国"一带一路"战略的历史背景

公元前 2 世纪时，汉武帝刘彻派遣张骞出使西域，开辟了著名的"丝绸之路"。明朝时郑和又七次下西洋，开辟了"海上丝绸之路"，使中国产的茶叶、丝绸、瓷器等输往欧洲、亚洲和非洲。郑和于 1405 年远航到达了印度洋西岸，最远抵达波斯湾、阿拉伯半岛、东非以及红海。

1.2.2 大西洋时代

大西洋时代肇始于地理大发现后，地理大发现完成于 15 世纪末至 16 世纪初。15 世纪末西欧与远东地区的贸易危机是促成地理大发现的一个重要因素。1453 年，土耳其人的奥斯曼帝国占领了欧洲与东方贸易往来的重要通道——君士坦丁堡（今伊斯坦布尔），开始劫掠过往商人，从而切断了欧洲与东方的贸易往来。西欧商人为了继续与东方进行贸易，不得不由地中海向西航行，寻找通往东方的海上航路。这一时期科学技术的发展，尤其是航海和造船技术的进步为地理大发现准备了必要的物质条件。

15 世纪中叶，由于战争和商业贸易的关系，葡萄牙人组织对西非沿岸进行探险考察。1497 年，达·伽马的探险队从里斯本出发，于次年到达东非，后横渡印度洋，到达印度西海岸。由于葡萄牙控制了沿非洲西海岸南行的通道，使稍晚开始探险的西班牙人不得不沿另一个方向，即向西越过大西洋去进行新的探索。在西班牙国王的大力支持下，1492 年由哥伦布率领的远征队到达了圣萨尔瓦多岛、古巴和海地，以后又三次出航，登上了南美洲的沿岸地区和一些岛屿。这片大陆很长时间一直被认为是印度，后经地理学家多次实地考证，发现是一块之前欧洲人从未到过的新大陆，被命名为亚美利加，于是美洲大陆被发现。之后，西班牙探险者继续西行。1519 年，麦哲伦的船队自西班牙出发，越过大西洋，经南美进入太平洋，到达菲律宾群岛，再绕道非洲西海岸于 1522 年返回西班牙。这次全球航行开辟了东西方交通新航路。

相关链接：航海技术的进步

西欧的探险活动得到了科学技术尤其是天文学和航海技术发展的有力支持。13—14 世纪"地圆学说"的发展为探寻新航路奠定了理论基础，15 世纪以后佛罗伦萨的托斯堪涅里根据"地圆学说"绘制了世界地图。此外，人们对地球的表面积、陆地和海洋的距离方位等有了新的认识。在航海技术方面，14 世纪普遍使用了中国发明的罗盘，还增加了观象仪、风象仪和经过改良的绞盘、铁锚和锚链等其他器械。同时，在西班牙和葡萄牙等国相继出现经过改良的多桅轻便帆船，这种船只航速快、行驶灵活、安全、载重增大、需要的水手少。造船业和航海技术的提高,克服了洲际远航的技术困难。

资料来源:萧国亮,隋福民. 世界经济史[M]. 北京:北京大学出版社,2007

地理大发现促进了资本主义的原始积累,使欧洲获取了大量货币资本和工业原料。地理大发现促进了新旧大陆之间生产要素的流动。使地中海沿岸的贸易地位日益下降,而原来经济还十分落后的西班牙、葡萄牙、荷兰、法国和英国,由于正处在欧洲去非洲和美洲的海上交通要道上,资本主义生产方式得到了迅速发展,世界经济贸易中心开始由地中海沿岸向大西洋沿岸迁移。

这一重大事件对于西欧的经济发展起到巨大的作用。这些发现把原来的区域性市场逐渐扩大为世界市场,新的世界市场不仅包括欧洲原有的区域性市场,同时也把旧大陆和新大陆(美洲、大洋洲)的许多国家和地区吸引进来。西欧各国充分利用了"地理大发现"的成果,发挥了自己的地理位置优势,加快了资本原始积累过程。从15世纪末至18世纪下半叶,先后经历了葡萄牙、西班牙的封建殖民时期,荷兰的商业资本殖民时期和英国工业资本统治世界时期等历史阶段。在近3个世纪中,西欧各国为争夺市场而展开了长期的商业战争。随着海洋霸权的易手,世界航路及经济贸易中心发生了由地中海沿岸到西欧的迁移。先是意大利北部各城市以及"汉萨同盟"各城市丧失了原有的地位;到16世纪,大西洋沿岸的里斯本和安特卫普等繁荣起来,随后阿姆斯特丹和伦敦也变成了具有世界商业意义的大城市。

第一次产业革命后,由于机器大生产取代了手工业生产,生产力水平大大提高了,而商品交换的内容也发生了根本的改变。钢铁、煤炭、机械、纺织品取代了农畜产品和奢侈品。商品交换的主要地域范围也由地中海沿岸转向了大西洋沿岸,英国成为世界最大的贸易中心。第二次产业革命后,随着美国、德国的崛起,世界贸易的中心随之扩展到北大西洋的东西两岸,欧洲西部和美国东北部成为世界经济贸易最发达的地区。

1.2.3 太平洋时代

在过去的大半个世纪里,在国际经济关系格局中,大西洋处在中心位置,这里集中了西欧和北美两大工业生产力群。但是到20世纪60年代,大西洋沿岸便开始感受到来自太平洋的经济挑战。而现在人们已经接受了这样一个事实:当今世界经贸活动的重心正从大西洋转向太平洋。

广义范围的亚太地区包括沿太平洋的北美、南美、东亚、东南亚以及大洋洲各国。这里既有世界上最大的发达国家,也有最大的发展中国家;既有高度发达的城市型国家和地区,也有经济上落后的弹丸岛国。第二次世界大战后,亚太很多国家在经济上迅速崛起,世界经济贸易的中心正向亚太地区迁移。

太平洋沿岸国家成为世界经济贸易中心的优势主要包括:第一,地域范围广大,自然条件类型多样。亚太地域广大,不同国家之间具有不同的比较优势。第二,丰富的劳动力资源。亚太地区除澳大利亚、新西兰和大洋洲的一些岛国外,大都是世界上人口稠密的国家和地区,为经济发展提供了丰富的劳动力。第三,丰富的海洋和陆地资源。自然资源丰富,多数国家都有良好的港口条件,便于海上交通和贸易。第四,经济基础雄厚。亚太地区自20世纪60年代以后,由于日本、"四小龙"、东盟各国和中国经济的快速增长,经济实力大大增强,在世界经济贸易中所占的地位不断提高。美国也在把经济贸易发展的重点从大西洋沿岸转向面对亚洲的太平洋沿岸。目前,美国、中国和日本这世界前三大经济体均属于太平洋沿岸国家。第五,亚太国家重视教育,科技实力取得长足进步,经济可持续发展的能力提升。

复习思考题

一、单选题

1. 地理大发现造成了欧洲经济中心的迁移,(   )沿岸国家的经济地位极大提升。
    A. 地中海   B. 大西洋   C. 爱琴海   D. 波罗的海
2. 在西欧国家的早期海外探险中,走在前列的是葡萄牙和(   )。
    A. 英国   B. 荷兰   C. 西班牙   D. 法国
3. 历史上的汉萨同盟地区现在基本处在(   )境内。
    A. 英国   B. 法国   C. 意大利   D. 德国

二、简答题

1. 地理大发现对国际经贸有哪些影响?
2. 世界经济贸易中心走向太平洋时代的主要原因是什么?

三、案例分析

  中国资本对外投资更加青睐发达经济体。2015 年,中国在欧洲、美国和澳大利亚的并购额占中国所有海外并购交易值的近 2/3。虽然哈萨克斯坦、土耳其等"一带一路"沿线国家获得了来自中国的显著投资,然而中国在"一带一路"区域的总体并购活动并没有大幅增长。由于"一带一路"政策是在 2014 年宣布的,因而中国企业需要一定时间将政策转化为实质性交易。此外,相对于并购交易,中国投资者在"一带一路"沿线国家更偏好以绿地投资、贷款和其他方式来接触市场。鉴于中国企业走出去的热情依旧高涨,上述区域的并购活动会越来越多。

资料来源:第一财经日报,2016 年 2 月 16 日

  问题:中国企业对外直接投资的地域分布有何规律?

第 2 章

自然地理、人文地理与国际经贸

位于肯尼亚北部的图尔卡纳湖(Lake Turkana)是全球最大的碱性湖泊,形成于几千万年前,因附近出土过已知最早的人类化石而被称为"人类的摇篮",碧绿的湖面为周遭的生态系统提供滋养。过去几十年里,图尔卡纳湖西北部的降水量一直在减少,而且旱情正在逐步加剧,不少为附近居民和动物提供饮用水的河流几近干涸。多数政治家、环保人士和学者口中的气候变化,此刻正在这片非洲土地上真实地上演。

2015 年 12 月 12 日,《联合国气候变化框架公约》缔约方会议第二十一次大会在法国巴黎闭幕,195 个缔约方国家通过了新的全球气候变化协议。根据协定,各方同意共同努力,将全球平均气温升幅与前工业化时期相比控制在 2℃ 以内,并力争限定在 1.5℃ 以内。

联合国估计,非洲将会比世界其他地区更早经受气候变化的影响,而且造成的危害更加严重。背后的原因不止一个。非洲本身天然就是一个受制于极端气候的地区,大陆上 2/3 的区域都被沙漠和旱地覆盖。除了自然原因,经济情况也是非洲难以抵御气候变化的重要因素,非洲多国由于贫困而难以负担帮助民众应对气候变化的项目投入,比如建设更节水高效的灌溉系统等。到 21 世纪中叶,气候变化将导致撒哈拉以南非洲的主要谷物收成降低超过 20%。令环保主义者感到兴奋的是,在巴黎气候变化大会之后,很多致力于控制气候变化的环保组织和基金会纷纷付诸行动。据估算,为实现巴黎气候变化大会的目标,全球至少需要在未来 25 年里向可再生能源、电池存储效率和能源利用效率等方面投资 12 万亿美元。

资料来源:第一财经日报网,2016 年 1 月 31 日

问题:全球气候变化对国际经贸活动有何影响?

本章学习目标

- 理解自然地理与人文地理各具体因素的含义;
- 全面掌握地理环境对国际经贸活动的影响。

学习国际经贸地理,必须有基于对地理系统、地理环境结构的深刻认识,才能对国际经贸活动与地理环境的关系作出科学的认识和评价。地理环境包括自然地理环境和人文地理环境,下面分别研究它们对国际经贸活动的影响。

2.1　自然地理环境对国际经贸的影响

自然地理环境是由地理位置、疆域、地形、气候、矿藏等自然要素组成的一个有机整体。自然地理环境包括自然条件和自然资源。自然条件是指地理位置、海陆分布、地形特征、气候条件等;自然资源包括水资源、矿产资源、森林资源等。自然环境的差异引发了初始的国际贸易,形成了不同地区的特产交换。并且这些要素相互影响、相互制约,对一国短期贸易行为和长期贸易政策的形成都将产生重要影响。

2.1.1　地理位置

地理位置是指某一地理事物在地球表面所处的空间区域。地理位置由于划分的标准不同,可分为经纬位置、经济地理位置和政治地理位置。

经纬位置,是以地球经线和纬线相交的坐标点表示的位置,这是地理事物最精确的位置。经度位置的差异使不同经度的国家或地区产生时差,进而对国际经贸活动构成影响。地球上经度每差15°,时间相差1小时。而时差是在国际经贸活动中必须注意的问题,如果疏忽,往往会耽误谈判或履约。

纬度位置的高低,直接影响温度和降水量,使不同纬度地区的气候产生差异,从而主要影响农产品贸易的构成和流向。地球表面的热量、降水量等的分布是不平衡的。广大中纬度地区因位置居中而成为四季分明、气候温和、降水适中的地带,较适宜人类的生产、生活和贸易等活动。世界四大文明古国的主要疆域就是位于中纬度的温带和亚热带范围。俄罗斯虽然是世界上土地资源最丰富的国家,但是由于其国土的大部分处在中高纬度,冬季漫长,夏季短促,永久冰土带广布,自然条件比较严酷。

经济地理位置,是指某一个地理事物与其相邻的具有经济意义的地理事物之间的空间关系。一个国家经济地理位置的优劣会直接影响经济发展。例如,新加坡位于马六甲海峡东端。第二次世界大战前,由于石油尚未成为主要能源,西亚石油没能得到大规模开发。亚洲各国除日本外,经济十分落后,因此作为国际航运通道的马六甲海峡在当时并不具有十分重要的经济意义。位于这里的新加坡经济落后,只是英国的一个转口贸易基地,把马来西亚生产的橡胶、锡,泰国产的稻米、柚木,以及印度尼西亚产的香料、木材等转口到世界各地。"二战"以后,由于石油取代煤炭成为最重要的能源,从而促进了西亚石油的大规模开发,加上东亚经济的迅速发展,马六甲海峡成为繁忙的海运通道,大量船舶过往、停靠、补给、维修保养,新加坡所处的地理位置就变得十分优越了。新加坡及时把握了这一有利条件,迅速发展了以炼油、修造船、电子等为主的工业部门和以金融、旅游、信息为主的服务业,迅速改变了落后面貌,成为世界瞩目的新兴工业化国家。正像新加坡"国父"李光耀(1923—2015年)曾经指出的,"新加坡处于主要交通中心,是北半球与南半球、东方与西方之间的十字路口,这是我们经济发展的一个重要因素"。

世界各国中交通地理位置优越的例子还包括埃及和巴拿马。跨越非亚两大洲的埃及,坐守沟通地中海与红海之位,扼亚、非、欧三大洲的交通要冲。苏伊士运河开通后,每年获得数十亿美元的船舶通行费。拉丁美洲的巴拿马拥有沟通两大洋的便捷通道——巴拿马运河,大量船舶通行使其成为国际经贸往来的枢纽。

政治地理位置,是指一个国家与其相邻的其他国家之间的空间关系。因此邻国国力的强弱、双边关系、邻国的对外政策和政治经济制度,都将影响彼此的对外贸易。斯大林曾经对美国的政治地理位置作过精辟的分析。他说:"美国东西有两大洋保护,远离两次世界大战的主战场——欧亚大陆。独立战争后,美国没再发生大规模战争,一直享受着和平。其北面是加拿大,南面是墨西哥,美国对它们无所畏惧。"

2.1.2 疆域

疆域是指一个国家领土面积的大小及相邻的海陆状况。地球总面积达 5.1 亿平方千米,其中海洋面积为 3.61 亿平方千米(占 70.8%),陆地面积为 1.49 亿平方千米(占 29.2%)。濒临海洋还是身居内陆会对一个国家的经济贸易产生重要影响。

世界上大多数国家为海陆兼备的国家,如俄罗斯、加拿大、中国、美国、巴西、印度等。这些国家领土广大、海域辽阔,不但拥有丰富的陆上和海洋资源,而且有方便的运输条件,为经济贸易发展提供了有利条件。但具体每个国家的便利程度,还需要视其疆域的实际情况而定。美国的强大与其所拥有的疆域密切相关,它是地跨太平洋与大西洋的"两洋国家"。美国利用太平洋与亚太进行经贸往来,利用大西洋与欧洲开展贸易,充分显示了美国濒临世界两大洋的地理优势。而俄罗斯虽然为北冰洋、太平洋和大西洋的属海所包围,但由于北冰洋长年封冻,成为天然障碍。太平洋沿岸的港口距离西部经贸重心地区很远,交通不便,西部出海口被土耳其海峡所扼,北冰洋西部的摩尔曼斯克港虽为不冻港,但航线需经北大西洋公约组织控制的挪威海,因政治原因而进出不便。所以俄罗斯虽濒临三大洋,却存在外贸运输的困难。

少数国家是岛国,如英国、日本、新西兰、冰岛、塞浦路斯、马耳他等。岛国一般领土面积小而且分散,但海岸线长,海岸曲折,多优良的海港,因此为发展造船、航运、渔业等产业活动提供了有利条件。

内陆国,又称为陆锁国家(landlocked country),主要分布在非洲和亚洲,如蒙古、哈萨克斯坦、乌兹别克斯坦、吉尔吉斯斯坦、马里、乍得、赞比亚等。一重陆锁指经过一个过境国家即可到达沿海;双重陆锁指经由两个过境国家才能到达沿海。内陆国由于深居大陆腹地,不但气候干燥,河流湖泊少,而且交通不便,在很大程度上制约了经济贸易的发展。

海运是国际经贸联系的主要手段,内陆国家只有取得通畅的出海口才有发展经济、繁荣贸易的现实可能,而要做到这点,首先必须与邻近的海运便利的国家建立良好的双边关系。例如,南美洲的玻利维亚一直是借道智利的港口进行对外贸易活动。再如,非洲的赞比亚,国民经济完全依赖铜矿出口。当赞比亚独立后,当时的南非白人政权为了把它扼杀在摇篮中,就禁止赞比亚使用南非的铁路和港口出口铜矿,使赞比亚经济几乎陷入绝境。后来在中国帮助下修建了坦赞铁路,才打开了出口的通道。

相关链接:坦赞铁路

坦赞铁路是一条贯通东非和中南非的交通干线。东起坦桑尼亚的达累斯萨拉姆,西迄赞比亚的卡皮里姆波希,全长 1 860 千米。1970 年动工兴建,1976 年全线完成。沿线地形复杂,需跨越东非大裂谷。由中国、坦桑尼亚和赞比亚三国合作建成,为赞比亚、马拉维等内陆国家提供了出海通道。坦赞铁路是迄今中国最大的援外成套项目之一,由中国专家和工程技术人员进行勘测、考察、设计并帮助坦、赞两国组织施工。

资料来源:百度百科

目前,在国际公认的主权国家中,有 44 个是内陆锁定的,其中列支敦士登和乌兹别克斯坦属于双重内陆锁定。世界范围内的 54 个低收入国家中有 20 个是陆锁国家,其中大部分位于撒哈拉以南非洲。在人类发展指数最低的 12 个国家中,9 个属于陆锁国家。而 35 个高收入国家中只有瑞士等 3 个国家是陆锁的(不包括安道尔等微型国家)。广大陆锁国家之所以比较贫困、经贸活动不够发达,有其经济、政治、文化和历史等复杂原因,而距离海洋较远、没有自主出海口这一地理特征,是严重影响其经贸发展的共性原因。

在世界范围内,陆锁国家大都受到了运输基础设施连接不完善的困扰。资源得不到开发,当地居民失去很多机会,发展差异还导致了移民潮甚至造成难民危机。如果不采用昂贵的航空运输,其贸易商品就必须通过至少一个邻国转运,而频繁转换运输方式会造成交易成本高企。各国在运输基础设施建设方面采用了不完全一致的技术标准,导致难以顺利对接。比如铁路轨距有多重标准,不同标准间的转换不仅影响国际铁路联运效率,还会给跨境运输管理带来不便。

2.1.3　地形

地形是地表形态的总称,分为陆地地形和海底地形两部分。其中陆地地形又根据海拔和相对高度,分为平原、高原、山地、丘陵和盆地五种。地形的差异和地势的高低,往往影响着气候,河流的流向和分布,土壤和动植物的种类,从而影响到工农业生产和交通运输,进而影响到对外贸易。美国的国土面积中,平原面积约占 2/3。平原广布使发展农牧业有了良好基础,为美国成为世界上规模最大的农产品出口国创造了条件。因此,美国农牧业发达,农产品的国际市场竞争力强。反之,若一国沙漠戈壁遍地,崇山峻岭直逼沿海,则必然对其经贸发展,尤其是农业生产造成严重影响。

第一,一个国家或地区如果地形种类多样,则有利于发展多种生产,促进经济多元化,丰富对外贸易的商品构成。平原和高原有利于发展种植业,尤其平原地区地势坦荡,有利于排灌系统的建设和机械化作业,是发展种植业的主要基地。在平原和高原,铁路、公路等交通线路的建设难度也较小。山地、丘陵地区有利于发展林业、畜牧业和采矿业,但对交通运输业的发展却造成了一定的障碍。从目前的世界各国情况来看,人口稠密、经济发达的地区,往往集中在平原和高原,而山区一般经济发展较为滞后。

第二,岩溶、丹霞地形区,往往山奇水秀,为旅游业的发展提供了独特的资源,从而促进了旅游业的发展。例如中国广西桂林、云南石林等著名的游览区,均为岩溶地形。

第三,在盆地等地势低洼的地形区,由于周围有山脉的阻挡,往往空气对流不畅,工业烟尘的排放困难,从而造成了酸雨、粉尘污染等环境问题,影响了那些清洁度要求高的工业的生产。消除污染,则要加大成本,从而降低了产品的竞争能力。

总之,不同的地形地貌组合影响了各种产品及服务的地域分布,是贸易流向和贸易结构形成的先决条件之一。

2.1.4　气候

气候是指一个地区长期的天气状况。世界气候表现为类型的多样性、空间分布的地域性和时间变化的季节性。全球气候复杂多样,随纬度位置不同,热带有热带雨林气候、热带草原气候、热带沙漠气候、热带季风气候,亚热带有亚热带地中海式气候、亚热带季风气候,温带有温带海洋性气候、温带季风气候和温带大陆性气候,亚寒带有亚寒带针叶林气候和苔原气候等。

气候与人的生产和生活密切相关。人类自身的生活需要适宜的气候和降水,而农作物的生长更需要充足的阳光、温度和雨露,甚至一些工业品的生产和使用也受气候的影响。全球温室效应等现象的出现为国际经贸发展创造了新的机遇。清洁发展机制及因环境保护需要而诞生的国际间碳排放量的交易得到了推动,环保技术设备以及碳交易等国际贸易会日益频繁。

气候因素对国际经贸的具体影响可概括为下列几点:

第一,世界气候类型的多样性、空间分布的地域性和时间变化的季节性,影响了国际贸易中大宗农产品的构成和流向。例如,橡胶、咖啡、可可等是典型的热带经济作物,对热量要求严格,一般在温带及寒带难以生长,因此巴西、哥伦比亚、印度尼西亚、马来西亚、科特迪瓦、加纳等国就成为这些农产品的主要生产国。而小麦、玉米、棉花适宜种植在温带大陆性气候和温带季风气候区,所以中国、美国、加拿大、法国、乌克兰等位于温带中纬度的国家是重要的粮食生产国。俄罗斯、加拿大由于有大面积的亚寒带针叶林,则成为世界上重要的木材及木制品产地。

第二,气候差异影响了农产品的品质和产量,从而影响了国际贸易中农产品的价格。例如,在温带大陆性气候区种植的农作物,由于温差大、光照充足,因此农作物的籽实饱满、瓜果含糖分大,在国际市场上售价较高。农产品的产量也深受气候变化的影响。例如哥本哈根气候变化大会上提出的假设是,如果全球平均气温升高 1℃～3℃,高纬度地区的农作物产量可能会增加,而一旦气温再升高,产量将会减少。

第三,气候差异影响了居民的消费习惯,因此影响了消费品的种类与数量。例如,生活在寒冷气候下的居民,多需要富含脂肪和热量的食品和羽绒、裘皮等服装;而生活在热带气候条件下的居民,则多需要清淡食品、防暑药品和空调等降温设备。由于近年来频繁出现暖冬,中国销往加拿大和北欧等国家的滑雪手套很不景气,客户订货量明显减少。

第四,灾害性的气候,如水、旱、风灾,常常使工农业减产,交通中断,从而影响了国际贸易中工农业产品供应数量、价格和履约时间等。

第五,气候影响贸易商品的包装、储存和运输。例如,商品输往冬季气候寒冷的国家或地区,储存、包装和运输过程都要注意防冻;而易腐烂、霉变的商品在输往气温高、降水多的国家时,则要注意防腐、防霉和防雨。雨季不宜装运易潮、易霉变的商品;夏季不宜装运易融化的商品,如沥青等。若要出运,需要增加包装成本。世界各国的港口有的可全年通航,有的则冬季封冻,船舶无法停靠。北半球的部分地带已经伸入寒冷的北极圈,因此太平洋和北大西洋沿岸的一些地处高纬度的港口气温太低,冬季洋面封冰,致使不少港口停航。例如,俄罗斯虽有广阔的海域、海岸线长,但大多数港口均因纬度高、封冻期长而利用率低。

第六,适宜的气候本身可以成为一种重要的旅游资源,可以大力发展旅游服务贸易。例如,意大利、西班牙等国属地中海气候,春夏气温高,阳光明媚,因而瑞典、挪威等北欧国家的居民在经过漫长寒冷的冬季后,多去地中海沿岸各国旅游,充分享受温暖的阳光。美国夏威夷、法国东南部海岸等地,也主要是因为气候优势成为国际旅游胜地。

2.1.5　河流与湖泊

河流和湖泊与人类生产、生活密切相关,既给我们提供水源,又能航行、灌溉和发电。上述功能的发挥与河流自身的水文、水系特征,如流量、流速、流域面积等密切相关。而水文、水系特征又与地形、气候等因素有关。如平原地区的河流一般支流多、流程长,水流缓慢,利于航行和灌溉。而山区河流则落差大,水流急,适宜发电。位于热带多雨区的河流,则一般水量大、无结冰期,水位季节变化小,适宜航行。具体来讲,河流与湖泊有以下功能:

1.航行功能

世界主要的通航河流包括长江、密西西比河、尼罗河、亚马孙河、伏尔加河、多瑙河、莱茵河、圣劳伦斯河等。其中具有国际航运功能的河流主要是莱茵河和多瑙河。莱茵河发源于瑞士,向北流经法国、德国、荷兰,注入北海,全长 1 320 千米。并通过多条人工运河与多瑙河、鲁尔河等相沟通,形成四通八达的稠密水运网。

2.灌溉功能

自古以来人类就有引水灌溉农田、发展农业生产的做法,出现过许多著名的水利工程。近代随着科学技术的进步、人口的急剧增长,人们对粮食等农产品需求也不断增加。许多国家尤其是处于干旱和半干旱地区的国家,大力修建水利工程。

3.发电功能

电是 19 世纪末第二次产业革命时期发明的,但人类在河流上筑坝蓄水、利用水流落差来发电,却是从 20 世纪初开始的。在前半个世纪内,水电站的规模都不大。1936 年美国在科罗拉多河上建成的胡佛水电站,坝高 211 米,装机容量达 135 万千瓦,标志着当时世界水电站技术的最高成就。同期,美国在田纳西河开展大规模的水利建设,开创了对河流实行梯形开发、综合利用并促进全流域经济发展的良好先例。

2.2　人文地理环境对国际经贸的影响

与社会结构、经济发展相适应的人文事物和条件在空间上的组合构成人文地理环境,包括国家、居民、宗教、语言、法律、风俗习惯等。人文地理环境虽不是人类自身生存和发展的物质基础,但却影响着人们的观念和行为准则。这些要素都是人类自身活动的产物,并且是影响和制约国际经贸活动的强大力量。随着生产要素可流动性的增强以及科学技术的进步,人类的生产、生活受自然条件的限制越来越小,而受人文地理因素的影响越来越大。

2.2.1　国家

目前,全世界共有 197 个国家(另有约 30 个地区)。国家以非洲最多,共 54 个,其次是亚洲 48 个,欧洲 44 个,北美洲 23 个,大洋洲 16 个,南美洲 12 个。世界各国按照所在区位、经济水平及类型,可以划分为以下类型:工业化国家、东欧及苏联转型经济国家、亚洲发展中国家、中东国家、非洲国家、中南美国家。

不同的国际组织或划分标准对发达国家的认定范围有所差别,但至少包括以下国家:美国、日本、德国、英国、法国、意大利、加拿大、丹麦、芬兰、冰岛、爱尔兰、荷兰、卢森堡、挪威、西班牙、葡萄牙、瑞典、瑞士、奥地利、澳大利亚、新西兰、以色列。其中,由美国、加拿大、日本、德国、英国、法国和意大利组成的七国集团代表着世界工业化和经济发展的最高水平。

衡量一国人民生活水平的一种常用标准是人均 GDP(国内生产总值)。按此衡量,最富有的国家为卢森堡、瑞士等,而最穷的代表性国家是南苏丹、中非等。两端的国家 2015年人均 GDP 见表 2-1。

表 2-1　2015 年部分经济体的人均 GDP

经济体	人均 GDP(美元)	经济体	人均 GDP(美元)
卢森堡	101 994	中非	335
瑞士	80 675	布隆迪	306
卡塔尔	76 576	南苏丹	221

资料来源:国际货币基金组织网站

国际货币基金组织(IMF)发布的《世界经济展望》显示,2015 年世界 GDP 总量为77.3 万亿美元,总人口为 73.16 亿,人均 GDP 为 10 565 美元。中国 GDP 为 10.98 万亿美元,占全球 GDP 总量的 14.2%,人口近 13.75 亿,占全球总人口的 18.8%,人均 GDP为 7 990 美元,排名第 76 位。

然而,当用人均 GDP 为标准来定义"发达"的状况时,还必须考虑到一些国家不是通过发展以重工业和服务业为基础的经济来取得"发达"的经济地位,而是以自然资源的开采取得(往往是临时性)高人均 GDP,例如瑙鲁依赖磷酸盐采掘使人均 GDP 达到高水平。中东的一些产油国以及文莱、特立尼达和多巴哥的人均 GDP 虽然很高,但一般不把这些国家列为发达国家,因为这些国家的经济完全依赖石油生产和出口。

联合国的人类发展指数是一种用来衡量各国发展水平的统计指标。人类发展指数是一种比较标准,包括世界各国的人口预期寿命、识字率、教育和生活水平等。各国大致可分为三组:高人类发展指数(0.8 及以上)、中等人类发展指数(0.5~0.8)和低人类发展指数(0.5 以下)。一般来讲,发达国家都伴随有较高的人类发展指数,说明其经济社会发展的水平高。

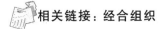相关链接:经合组织

经济合作与发展组织(organization for economic co-operation and development,

OECD),简称经合组织是由多个市场经济国家组成的政府间国际经济组织,旨在共同应对全球化带来的经济、社会和政府治理等方面的挑战。经合组织成立于 1961 年,目前成员国总数 35 个,总部设在巴黎。由于经合组织成员大多为发达国家,所以一般把这一身份视为列入发达国家或接近发达国家水平的重要标志。经济合作与发展组织常被称作"智囊团""富人俱乐部"。

资料来源:百度百科

2.2.2　人口

人口作为社会生产力要素,是经济活动的主体。人口的种族、数量、密度、素质、民族等,都会对国际经济贸易产生明显影响。种族是指在生理上和形态上具有某些共同生物学与遗传学特征的人群。世界人口种族划分的传统方法是:按肤色分为黄色人种、白色人种、黑色人种和棕色人种。各大洲中,亚洲人口最多,大洋洲人口最少。从国家来看,人口最多的国家是中国,13 亿多人;梵蒂冈人口最少,约 0.1 万人。目前,人口超过 1 亿的国家有 12 个。

1. 人口分布

由于世界各国自然环境和经济发展水平的差异,人口的地理分布是不平衡的。据统计,地球上人口最稠密地区约占陆地面积的 7%,那里却居住着世界 70% 的人口,而且世界 90% 以上的人口集中分布在 10% 的土地上。人口在各大洲之间的分布也相当悬殊,各大洲的平均人口密度见表 2-2。亚欧两洲约占地球陆地总面积的 36.2%,但两洲人口却占世界人口总数的 70%。尤其是亚洲,世界人口的 60% 居住于此。

表 2-2　各大洲平均人口密度　　　　　　　　单位:人/平方千米

世界平均	亚洲	欧洲	北美洲	南美洲	非洲	大洋洲
48.9	98.8	72.8	23.2	22.4	36.3	4.23

注:只计算世界陆地面积(含陆地水域),南极洲未包括。

从人口分布与经济发展关系的一般规律看,人口分布稠密地区一般也是世界经济发达的地区,如北纬 20°~40°、40°~60° 地带,分别拥有世界总人口的 50% 和 30%。亚洲人口虽多,但分布不均。人口稠密地区主要是东亚、东南亚和南亚,而中亚、西亚、北亚人口稀少。欧洲人口主要分布在西欧、南欧及东欧平原,北欧人口较少。美洲人口主要分布在五大湖、圣劳伦斯河流域、墨西哥湾沿岸和太平洋沿岸。人口密度在各个经济体之间的差异也是非常大的。比如在中国澳门,其人口密度在世界各经济体中排首位;而像澳大利亚、加拿大这样地广人稀的国家,人口密度非常小。

在东亚,人口的集聚主要受农业经济发展的影响,因此人口具有主要沿大江大河分布聚集的特征,这种轴线是东方农业社会的人口分布模式。在欧洲则不同,其人口分布轴线沿煤田地带展布,这是西方工业社会的人口分布模式。

世界上还有大面积的人口稀疏地区,主要分布在:①北半球北部,包括亚欧大陆北部(西起挪威海岸,东至堪察加半岛)和北美洲北部(西起阿拉斯加,经加拿大北部至格陵兰岛,南伸至美国西部大沙漠以至墨西哥北部);②亚非荒漠旷地,西起北非的西海岸沙漠地带,经撒哈拉沙漠、中东沙漠、中亚、中国西北和蒙古;③赤道附近的刚果丛林地区和亚马孙丛林地区;④南半球荒漠地区,包括非洲西南部沙漠、澳大利亚中西部沙漠和南美洲南端巴塔哥尼亚高原;⑤南极洲(无常住人口)。这些地区或因高纬严寒,或因低纬潮湿,或因干旱缺水,都不适宜于人类大规模定居,可称为生态障碍区。与此相应,上述人口密集区,主要分布于温带、亚热带和热带季风区,适于人口大规模定居,可称为生态适宜区。

2．人口增长

《2010 年世界人口状况报告》预测,到 2050 年世界人口将增至 91.5 亿人,比 2010 年增加 22.41 亿人,见表 2-3。其中非洲人口将从 10.33 亿人增至 19.85 亿人,增幅最大;亚洲的人口也将有较大增长,从 41.67 亿人增至 52.32 亿人;而欧洲人口将从 7.33 亿人减至 6.91 亿人,将是唯一人口减少的大洲。到 2050 年,刚果(金)、埃及、埃塞俄比亚这 3 个非洲国家以及亚洲的越南也将人口过亿。届时,印度的人口将增至 16.14 亿人,成为世界第一人口大国;中国人口将增至 14.17 亿人,退居第二。

表 2-3　联合国预测的世界人口未来增长情况　　　　　　　　单位:亿人

年份	2020	2025	2030	2035	2040	2045	2050
预测人数	76.75	80.12	83.09	85.71	88.01	89.96	91.50

资料来源:百度百科

全球人口的高速增长,产生了一系列难以克服的资源和环境问题。为了维持庞大的世界人口,不得不大量砍伐森林、开垦草原,无限度地掠夺所有可利用的自然资源以满足人类的各项需求,由此导致全球性的生态破坏、环境污染和资源短缺等问题。由于人口急剧膨胀,还形成了以人口拥挤、交通堵塞、住房紧张为特征的大城市病。1950 年,人口超过 1 000 万的城市仅有纽约和东京,到了 1975 年,上海和墨西哥城也跻身其中。而目前,该级别的城市数量已经达到二十多个。城市人口的膨胀,城区的不断扩大,需要占用大量的土地资源,从而造成耕地的日益缩减,影响粮食的生产和供给,使人口与粮食的矛盾趋于尖锐。

3．人口结构

人口结构包括年龄、性别、职业、素质等。人口年龄及性别构成不同,决定着购买动机的差异,从而形成不同层次的消费群体,产生了多种细分商品市场,如婴儿市场、妇女市场、老年市场等。在意大利、日本等发达国家,老龄化人口比重较大,老年市场(如家政、医药、保健等)需求较大。职业结构也会影响到国际贸易商品的构成。如果一国农业人口比重很大,说明产业结构层次低,那么出口商品就多为农产品和其他初级产品。

人既是生产者,又是消费者。从供给方面分析,人口数量大、密度高的国家劳动力丰富,有利于生产和出口劳动密集型产品。从需求方面分析,人口众多,对商品需求量大,导致市场容量大。而人口数量少的国家,国内市场狭小,对海外市场的依赖性就大。例如,中国是世界上人口最多的国家,对各种原材料、燃料和消费品的需求量很大,在出口商品结构中也表现出劳动密集型产品比例较大。

人口素质指人口文化教育水平、劳动技能、身体健康状况等方面的综合体现。作为生产者,较高的人口素质有利于发展知识技术密集型产业,可供给档次高、质量好、附加值高的产品,从而获得更多的贸易利益。作为消费者,人口素质高的地区,其购买需求侧重质量好、科技含量高的产品,对新产品的鉴别能力及接受能力强。人口素质低、经济不发达的地区,消费水平一般停留在基本生活用品需求上,追求坚固耐用、价格低廉的产品。

4. 人口迁移

世界范围内人口迁移的历史悠久,大规模的移民有多次。第一次,公元 7—11 世纪,阿拉伯人移入北非以及后来突厥人的西迁,对亚洲及非洲地区的民族成分变化及经济发展作用很大。第二次,地理大发现后,西班牙人及葡萄牙人纷纷移居中美和南美各地,后来,英国人及法国人则移居北美地区,此后众多欧洲移民涌向美洲。此外,三百多年罪恶的"奴隶贸易",导致非洲人口大量减少,同时也促进了美洲的开发,改变了美洲人口的地区构成。第三次,19 世纪后半期,有大批欧洲移民流入美洲,部分移居澳大利亚、新西兰、北非、南非。中国南部沿海的一些居民迁移到东南亚,分别对大洋洲的人口构成及美洲的发展和东南亚的经济贸易发展产生了长期影响。第四次,第二次世界大战后,大批犹太人从世界各地移入以色列,同时又有一些阿拉伯人迁出以色列,使西亚地区的政治、经济和贸易发生了极大的变化。第五次,第二次世界大战后,由发展中国家流向北美、西欧及大洋洲的高素质人才对发达国家及发展中国家的经济发展均有很大影响。

总之,世界人口大规模迁移对世界经济贸易发展影响重大。人口迁移导致人口迁入地区构成复杂化,不同种族、不同民族的人口聚集在一起,导致对商品需求的多样化,使该地区贸易商品构成发生变化。另外,有些地区因人口迁入、劳动力增加(例如美国、澳大利亚),特别是高科技人才的迁入,加速了本地区经济贸易的发展。反之,由于人口迁出造成某些地区劳动力大量流失,特别是高素质人才的流失,会给该地区的经济贸易发展带来不利影响。

2.2.3　宗教

宗教对人类的生活习惯、经济、文化等都有着深刻影响。在向一国出口商品时,要充分考虑和尊重该国居民的宗教信仰,从而使贸易顺利进行。世界上宗教种类众多,但信仰人数多、影响广泛的是基督教、佛教和伊斯兰教。

基督教是世界分布最广泛、信徒最多的一种宗教,在全球共有基督教信徒 20 亿人以上。基督教又分为天主教、新教和东正教三大教派,崇拜"上帝"和"圣母玛利亚",盛行"礼拜""忏悔""洗礼"等宗教仪式。公元 1—2 世纪,基督教形成于今巴勒斯坦地区,后流传到东南欧一带,10 世纪前后几乎传播到整个欧洲。1054 年,基督教分成东正教和天主教,16世纪,脱离天主教的各派统称为新教。天主教又称"罗马公教",主要分布在南欧、西欧和拉丁美洲。东正教,也称"正教",主要分布在东欧和东南欧各国。新教(也称耶稣教),主要分布于英国、美国、德国、瑞士、北欧各国和澳大利亚、新西兰等国。

佛教,是公元前 6 世纪至前 5 世纪由古印度的乔答摩·悉达多创立的。其宗旨是反对不平等的种姓制度,主张众生平等。佛教现分为大乘佛教和小乘佛教两大派别。佛教广泛流传于亚洲许多国家,其中大乘佛教主要流传在中国、日本、蒙古和韩国,小乘佛教主要流传于缅甸、泰国、柬埔寨等东南亚国家。欧美国家也有佛教团体，全球现有教徒3 亿多人。

伊斯兰教，是公元 7 世纪时由麦加人穆罕默德创立的。伊斯兰教主张"安拉"（真主）是唯一的神，而穆罕默德是"安拉"的使者。《古兰经》是安拉启示的经典，因此教徒应一切"顺从"安拉的意旨。伊斯兰教主要分布在北非、西亚、中亚、南亚和东南亚地区，信徒数量庞大。在中国，主要分布于西北地区的宁夏、新疆等地。

伊斯兰教由于形成了一些严格约束教徒的行为习俗，对经贸活动的影响是明显的。其影响主要表现在：伊斯兰教徒禁止饮酒及一切含有酒精的食品。在沙特阿拉伯、科威特等伊斯兰教国家，凡私自酿酒或携酒入境的伊斯兰教徒，轻则受到鞭刑，重则处以死刑，即使外国的外交人员携酒入境也受到严格限制。因此与酒有关的商品就属于禁止贸易的商品。伊斯兰教徒只崇拜真主"安拉"，因此其他具有"偶像"意义、令人崇拜、可以取代真主地位的物品，都禁止使用或输入。伊斯兰教禁食猪肉，而允许食用的牛、羊等动物也需要由阿訇宰杀，其他异教徒宰杀的也是禁止食用的。因此，出口到伊斯兰教国家的动物产品，应严格遵循有关规定。伊斯兰历法的每年 9 月是斋月，在斋月期间，白天伊斯兰教徒禁食、禁水、禁止一切娱乐，因此斋月期间不宜进行商务交往活动。如在此期间访问伊斯兰国家也应尊重当地风俗习惯，避免公开娱乐和铺张饮食。斋月过后，很多伊斯兰教徒要去麦加朝觐，他们为了表示对真主的忠诚，愿意动用多年的积蓄参加远途朝圣，因此是商品销售的旺季，可以提供更多的贸易机会。

许多宗教节日往往是一些节日商品的销售旺季。因此，可以说宗教节日影响着商品的销售种类和物流配送。在各国对外贸易中应该重视节日需求的商品及特殊要求。以美国为例，每年基督教的圣诞节前后，是全年最主要的销售旺季，仅圣诞节的销售额就占全年销售额的 1/3。有些商品销售额更大，如玩具销售额占全年玩具销售额的一半以上。所以经销商要提前签合同，按时运货到美国，以便在销售旺季获得更多的市场份额。

2.2.4　风俗习惯

风俗习惯是指一个国家或民族在长期生活实践和社会交往中所形成的礼仪形式、爱好和禁忌、节假日等约定俗成的风气和习惯。各国因所处的地理环境和社会历史发展过程不同，都有自己的传统特点和风土人情。风俗习惯的差异，往往对国际经贸的影响比较直接和具体。例如，信奉基督教的国家，往往把"圣诞节"作为最重要的节日，而中国等东亚国家则把"春节"作为最重要节日，这些节日是商业活动的旺季。不同国家和民族往往对颜色、图案、数字等有着不同的爱好和禁忌。例如传统的基督教徒讨厌黄色，而中国、泰国等东方国家则喜欢黄色。东方人把询问别人年龄、收入等作为关心别人的表示，而西方人则将此视为自己的隐私。日本人忌讳数字"4"和"9"，而西方人忌讳"13"和"星期五"。因此，研究和熟悉各个国家或地区的兴趣爱好、风土人情和传统特点，相应供给外贸商品并做好商标、包装等的设计与处理工作，对于开拓国际市场是很有必要的。

2.2.5　语言

语言是人类特有的和重要的交际工具，世界语言种类繁多、分类复杂。其中使用人数超过 1 亿的共 11 种,有汉语、英语、法语、西班牙语、俄语、阿拉伯语、印地语、孟加拉语、日语、葡萄牙语、德语等。其中前 6 种为联合国官方用语。一般地,对长期共同生活在邻近地域,有较多的经济文化交流的人群而言,不同种类的语言也会有许多的相似之处。例如,英语、德语、丹麦语同属于印欧语系的日耳曼语族;又如,法语、意大利语、葡萄牙语、西班牙语同属于印欧语系的拉丁语族。相似的语言为组成地区经济贸易集团创设了有利条件。

语言对国际贸易发展有一定的制约作用。在世界市场上,由于语言复杂多样,对商业行情、信息交流带来许多不便。为扩展海外市场,跨国公司纷纷研究国家之间的文化差异及语言特点。例如,美国可口可乐公司(Coca-Cola)在刚进入中国市场时,曾根据英文发音,将其译为中文的"蝌蝌啃蜡",但消费者无法理解。后来将其译成"可口可乐"这四个发音动听、意思完美的中国字,从此成功打入中国市场,获得了丰厚收益。类似的例子还包括"奔驰""宝马"等。可见在国际贸易中,只有认真研究东道国的文化及语言差异,才能获得更多的贸易机会。

在中国的对外贸易活动中,语言和文字的使用要注意:一是要精通英语,因为英语是国际商业用语,国际贸易中许多术语、缩略语均来自英语;二是在一些多民族国家,往往官方语言有两种以上,选用时要注意民族或地域的差异,例如在加拿大魁北克省最好使用法语;三是出口商品的商标和说明书文字的使用与翻译,要注意不同语言的差异。例如,港澳台地区和海外华人现在仍使用中文繁体字,而中国内地采用简体字。

复习思考题

一、名词解释

1. 陆锁国家
2. 人类发展指数
3. 七国集团

二、简答题

1. 以新加坡为例,说明经济地理位置的变化对一国经济发展的影响。
2. 简述气候因素影响国际贸易的各种途径。
3. 世界三大宗教是什么,其各自对国际经贸活动有何影响?

三、案例分析

世界银行报告指出,东亚的人口老龄化速度已经超过史上任何其他地区,到 2040 年,该地区部分中等收入经济体和发达经济体有可能丧失 15% 的劳动年龄人口。这份题为《福寿延年:东亚与太平洋地区的人口老龄化》的报告发现,全世界 65 岁以上人口中有 36% 在东亚,人数达 2.11 亿,在世界所有地区中占比最大。到 2040 年,人口老龄化可能导致韩国劳动年龄成人数量减少 15% 以上,中国、泰国和日本的劳动年龄成人减少 10% 以上,仅中国就意味着 9 000 万劳动人口的净损失。

东亚人口老龄化的速度之快、规模之大,形成了政策上的挑战、经济与财政压力以及社会风险。"东亚太平洋地区经历了我们所见过的最剧烈的人口结构变化,这个地区所有的发展中国家都面临未富先老的风险。"世界银行东亚与太平洋地区副行长阿克塞尔·冯·托森伯格表示。"管理快速老龄化问题,不仅仅关乎老年人口,而且需要针对生命周期的不同阶段采取全面的政策,通过儿童保育、教育、医疗保健、养老金、长期护理等领域的结构性改革,提高劳动力参与率,鼓励健康的生活方式。"托森伯格认为。

报告认为,东亚的快速老龄化,部分是该地区近几十年来经济高速增长的结果。目前,各国人口老龄化速度各不相同。日本、新加坡和韩国等较富裕国家率先进入老龄化社会,14%以上的人口已超过 65 岁。与此相反,在柬埔寨、老挝、巴布亚新几内亚等比较年轻而贫穷的国家,只有 4%的人口超过 65 岁,但 20～30 年后这些国家也将开始面临快速老龄化的挑战。中国、泰国等中等收入水平的发展中国家已开始快速老龄化。

在应对人口老龄化方面,东亚与世界其他地区相比拥有几个优势。比如,东亚人口的工作年限已超过其他地区,而且各年龄段人群的储蓄率都比较高,受教育水平也在快速提高。报告还建议开展一系列紧迫的改革,其中包括劳动力市场方面,日本、马来西亚、斐济等国家可以鼓励妇女参加工作,尤其是通过儿童保育改革。与此同时,中国、越南、泰国等国可以取消养老金制度中存在的鼓励部分劳动者,特别是城市妇女过早退休的政策。韩国、日本等比较发达的经济体还可以得益于开放其老龄化劳动力市场以吸引年轻移民。报告还建议东亚的发展中国家采取措施改革现有的养老金计划,包括考虑逐步延迟退休年龄。这些改革有助于扩大目前较低的养老金覆盖面,将非正规经济中的劳动者纳入养老金覆盖范围之内。

资料来源:第一财经日报网,2015 年 12 月 9 日

问题:东亚人口老龄化带来的经贸商机如何评估和把握?

第 3 章

世界农产品生产与贸易

　　由于气候变暖,加上改良后的早熟玉米品种增多,产粮带开始向北扩展,加拿大的玉米种植面积不断扩大。据彭博社报道,2013年在加拿大中南部省份马尼托巴(Manitoba)和西部省份萨斯喀彻温(Saskatchewan)、艾伯塔(Alberta),农民种植了约40万英亩的玉米,这个数字是两年前的2倍,更是20年前的8倍。

　　玉米是美国最常见的谷物,种植地主要在中西部地区。在美国以北的加拿大,产粮区虽然农田肥沃,却很少种植过玉米。但是在过去的半个世纪中,加拿大草原上的生长季节延长了2周。研究人员表示,至2050年,该地区年平均温度可能会上升3℃。

　　这一变化也吸引了跨国农业生物技术公司的目光。孟山都(Monsanto)和杜邦(Du Pont)在加拿大大量招聘新员工,并且加强了改良早熟玉米品种的研究,以便在生长期缩短后依旧能够茁壮成长。孟山都公司估计,到2025年加拿大西部省份种植玉米的面积可能会增加25倍。

　　根据联合国政府间气候变化专门委员会发布的报告,气候变化将会导致每10年全球玉米产量减少1‰,但是新技术的发展和种植面积的增加将会缓解这一状况。

资料来源:第一财经日报网,2014年4月16日

问题:全球气候变化会对农业经济活动产生哪些影响和挑战?

本章学习目标

- 掌握世界范围内粮食及主要经济作物的生产分布和贸易格局;
- 了解世界粮食问题的成因和变化趋势。

　　农业是人们利用动植物体的生理机能,把自然界的物质和能转化为人类需要的产品的生产部门。狭义的农业仅指种植业或农作物栽培业;广义的农业包括种植业、林业、畜牧业、副业和渔业。土地资源是人类赖以生存和发展生产最重要的自然资源。世界上土地利用方式很多,大致可分为耕地、牧场(草地)、森林、城市用地和其他用地。各洲及洲内各国家、地区由于地形、气候等差异,以及人口数量、经济发展水平的不同,土地利用类型也有很大差别。其中与农业密切相关的是耕地、牧场和森林。据联合国粮农组织统计,目前世界各国(地区)的总面积(包括内陆水域)为135亿公顷,土地面积(不包括内陆水域)为130.1亿公顷。其中,耕地面积14.1亿公顷,占10.8%;牧场草地面积33.8亿公顷,占26%;林地面积39.1亿公顷,占30%。

　　人类的农业生产发展大致经历了三个阶段。第一，原始农业阶段。原始社会的农业生产主要以采集和狩猎为主，它是由血缘关系组成的人群进行的集体原始生产活动，生产工具落后，生产力水平低。第二，传统农业阶段。人们以分散的个体劳动为基础，采用传统的农作制、牲畜饲养方式和简易的生产工具从事农业生产，以自给自足的自然经济为主，生产规模小，商品经济薄弱。目前，多数发展中国家的农业在未实现现代化以前仍处于这一阶段。第三，现代农业阶段。20 世纪 70 年代以后，多数发达国家和部分新兴工业化国家进入了现代农业阶段。

3.1　世界粮食生产与贸易

　　粮食是人类赖以生存和发展的基本食物，所以粮食生产备受世界各国关注。随着世界人口的持续增长，为了满足人类对粮食的基本需求，全球都致力于提高粮食的单产和总量。粮食作物是世界农作物中种植最多、最普遍的作物。粮食作物不仅为人类提供基本食品，而且为食品工业提供原料，为畜牧业提供饲料，因此粮食生产是多数国家农业的基础。

3.1.1　世界粮食生产的地域分布

　　"二战"以后，特别是 20 世纪 50 年代到 80 年代中期，在科技革命的推动下，世界农业生产发展较快，粮食生产亦然。目前，世界粮食种植面积近 7 亿公顷，占全球 14.1 亿公顷耕地的近一半，投入农业生产的劳动力约 9.5 亿人，占全球劳动力总数的 1/3。从粮食生产总的形势看，20 世纪 80 年代中期以前，谷物生产的年平均增长速度不断提高。粮食总产量由 1950 年的 6.3 亿吨增长到 1985 年的 18.5 亿吨，而人口的年均增速则不断下降，因而全球粮食呈现供大于求的局面，谷物价格稳中有降。但 20 世纪 80 年代中期以来，粮食产量增长减缓，慢于人口增长速度。

　　一般来说，世界的粮食生产地区分布与人口的分布是比较一致的，世界上人口密集的地区往往也是粮食生产的集中地区。亚洲粮食产量最多，并呈稳定增长趋势，占世界总产量的比重由 20 世纪 80 年代初的 40% 增长到 90 年代初的 44%，目前已接近 46%。欧洲粮食产量在 20 世纪 80 年代初至 90 年代初亦呈增长趋势，占世界粮食产量的比重由 1/4 弱增加到 1/4 强，但是近年因东欧地区生产下降，目前这一比重已跌至 1/5 左右，在全球所占的地位也由第二位退居第三位，居于北美洲之后。目前，北美洲粮食产量占世界总产量的比重约为 22%。从国家来看，土地辽阔和人口众多的国家往往是粮食生产大国，如中国、美国、印度、俄罗斯等。

3.1.2　主要粮食作物的生产

　　世界粮食作物的种类颇多，其中最重要的是小麦、稻谷和玉米，合计占世界全部粮食作物收获面积的 70% 和总产量的 80%，被誉为世界"三大主粮"。其他粮食作物还有大麦、燕麦、粟类以及薯类等，但其播种面积和产量均不大。

1. 小麦

小麦在世界粮食作物中居首要地位,世界人口特别是发达国家人口大多以小麦为主要口粮。除了食用,小麦也多用于酿酒及食品加工。小麦种植分布范围广,主要分布在北纬 27°～57°和南纬 25°～40°的温带地区,特别是在海拔 200 米以下的平原河谷地区和海拔 200～1500 米地势比较平坦的高原。全球小麦的种植生产相对集中,主要分布地区有:中国的华北平原和东北平原;印度、澳大利亚的亚热带和热带草原区;俄罗斯温带草原区的黑土带;美国和加拿大中部的小麦带。根据美国农业部的数据,2014 年全球小麦产量为 7.249 亿吨,排名前五名的国家和地区(欧盟、中国、印度、俄罗斯和美国)产量占全球产量的 65%以上。

小麦的贸易量约占世界粮食总贸易量的 50%,有"世界性粮食作物"的美称。世界小麦的出口更为集中,阿根廷、美国和欧盟是小麦出口市场的主力军。与出口相反,小麦的消费和进口比较分散,小麦贸易呈现数量大、贸易范围广和参与国家多等特点。中国是全球小麦生产和消费最大的国家,进口小麦多来自澳大利亚和加拿大。

2. 稻谷

稻谷原产于热带和亚热带地区,后经人类的长期栽种培育,对环境的适应性逐步得到加强,故世界各大洲目前均有种植,分布相当广泛。但是,喜温耐热、喜水耐湿仍是其基本生态特性,所以高温多雨、雨热同季、人口稠密的东亚、东南亚和南亚地区是世界稻谷生产的集中地。稻谷因为约 90%产于亚洲,所以被称为"亚洲粮食"。2014 年,全球大米产量为 4.783 亿吨。

据美国农业部统计,近年来世界稻谷消费量排名前五名的国家分别是中国、印度、印度尼西亚、越南和菲律宾。与小麦、玉米相比,大米的贸易量占其产量及谷物贸易总量的份额都明显偏小,相当于小麦贸易量的 1/5、玉米贸易量的 1/3。大米出口国主要有泰国、越南等。泰国是世界最大的稻谷出口国,其年出口量占世界总出口量的 35%左右。

3. 玉米

玉米对自然条件的适应性强,生长时对环境条件要求不严,分布十分普遍。夏季高温多雨、全年生长期较长的区域,是玉米生长的理想地带。世界三大玉米主产区为:第一,美国玉米带,即美国的谷物饲料与牲畜产区,位于北纬 40°～45°,是世界著名的玉米专业化生产地带,产量约占世界玉米总产量的 40%。第二,中国玉米生产区,主要位于华北平原和东北平原。第三,欧洲南部平原地带。西起法国,经意大利、塞尔维亚、匈牙利,到罗马尼亚,范围较广。从单个国家来看,美国是世界"玉米王国"。

第二次世界大战以后,杂交玉米出现,单产水平提高很快。随着世界畜牧业的迅速发展,玉米作为饲料的需求量大增。因此,世界各地普遍重视玉米的栽培种植。2016 年,全球玉米产量约为 9.685 亿吨。玉米作为商品粮进入国际贸易市场的时间晚于小麦和稻米等粮食品种,但其增速较快,贸易地位也逐年提高。

3.1.3   世界粮食贸易与粮食问题

就全球范围来看,各国各地区生产的粮食绝大部分是满足国内消费的,投放于国际市场的比重并不大。投入国际市场的粮食数量仅占世界粮食总产量的 10%～15%,商品化程度较低。但粮食仍是世界贸易中的大宗商品,这主要是各国之间粮食生产和消费的不平衡造成的。亚洲和欧洲既是生产大洲,也是消费大洲,亚洲需要较多进口;北美洲和大洋洲总产量不少,但洲内消费比例较低,大部分用于出口;非洲产量最低,但消费量较大,需要大量进口;南美洲产量和消费量基本持平。

第二次世界大战后,粮食出口的地域分布发生了很大变化。世界粮食贸易地域分布变化表现为粮食出口国日益集中,进口国越来越多。其中突出的变化是西欧由粮食进口地区转变为粮食出口地区。历史上西欧所需粮食长期依赖进口,从 20 世纪 80 年代开始,农业生产技术提高以及对农产品的价格支持,加上人口的缓慢增长,使西欧由粮食净进口变为净出口。目前,世界粮食贸易已形成发达国家基本控制粮食出口的局面。从进口看,发展中国家由于生产力发展水平低,人口增长快,人均耕地面积减少,除个别国家外(如阿根廷等)大都要进口粮食。

粮食问题是世界瞩目的重大问题。世界上处于饥饿与营养不良状态的人口,已从 20 世纪 80 年代中期的 5 亿人增加到目前的 8 亿多人,从而引起社会的普遍关注。就全球而论,粮食供应能基本满足消费,但粮食问题的关键在于世界粮食生产和消费在地域上的严重不平衡。一方面,一些发达国家,如美国、加拿大、澳大利亚,凭着先进的农业生产技术和丰富的土地资源,生产出远远超过本国消费量的粮食。个别大国还以粮食为武器,对粮食进口国进行经济、政治的控制。另一方面,一些发展中国家由于人口增长速度过快、农业生产技术水平低等原因,粮食越来越缺乏,不得不依赖进口。

相关链接:耕地资源保护

随着世界经济的发展,特别是工业化和城市化进程,用于农业生产的土地不断减少,而世界人口又在不断增加,这就需要向土地索取更多的粮食等农产品,从而使供求矛盾越来越突出。因此,土地资源特别是耕地资源的保护和合理开发显得极为重要。世界银行的数据显示,全球人均耕地已从 1987 年的 0.29 公顷降至 2007 年的 0.21 公顷。

中国人均耕地从新中国成立初期的 2.5 亩[①]减少到 1.4 亩,仅为世界人均耕地的 2/5强。全国已有 1/3 的省市人均耕地不足 1 亩,666 个县(区)人均耕地低于联合国粮农组织确定的 0.8 亩警戒线。国务院发布的《全国土地利用总体规划纲要(2006—2020 年)》提出,全国耕地数量到 2020 年要保持在 18.05 亿亩以上。

3.2　世界主要经济作物生产与贸易

经济作物是除粮食作物以外的重要农作物,是重要的工业原料。它的生产大多要求有特殊的自然环境,生产要求精耕细作,使用劳动力多,生产技术要求较高,因而大多集中于少数地区。粮食作物分布广泛,并且同人口分布基本一致,而经济作物大多较为集中分布在少数地区。经济作物的商品率较高,其中大多数集中在发展中国家,热带作物几乎全部聚集在发展中国家。

---

① 　1 亩＝666.67 平方米。

　　世界一些重要经济作物在地区分布上的相对集中性是由四个原因造成的。第一,大多数经济作物在栽种过程中,对周围环境要求较为特殊,对自然条件的适应性较差。第二,经济作物的商品率高,激烈竞争使其逐步集中于综合条件较为优越的少数地区。第三,许多经济作物栽种时,需要较为充裕的劳动力资源,且又不太适宜机械化生产,因此往往趋向于人口密集、劳动力成本低的发展中国家。第四,殖民主义的长期掠夺和控制,使一些发展中国家形成了只生产一种或少数几种农作物的单一经济结构。

　　经济作物种类很多,一般分为以下几类:第一,纤维作物,如棉花、麻类等;第二,油料作物,如大豆、花生、油菜、芝麻等;第三,糖料作物,如甘蔗、甜菜等;第四,饮料作物,如茶叶、可可、咖啡等;第五,其他工业原料作物,如天然橡胶等。

3.2.1　纤维作物

　　棉花是纺织工业的主要原料。棉花是温带和亚热带作物,喜温、喜光照,主要产于北纬 20°～40°。棉花生产要求精耕细作和较多劳动力,棉花栽培上的机械化生产起步迟、发展较其他农作物晚。世界棉花生产主要集中在以下四个地区:第一,亚洲中部、东部和南部。这是世界棉花的主要产区,中亚产区包括乌兹别克斯坦、土库曼斯坦、哈萨克斯坦、中国新疆。东亚地区包括中国的华北平原和长江中下游平原。南亚地区包括印度的德干高原和巴基斯坦印度河平原。第二,北美洲南部。主要是美国南部的棉花带,是世界第二大棉花产区。第三,非洲东北部。主要是埃及和苏丹的棉花产区。其长绒棉产量占世界长绒棉产量的 80% 以上。第四,拉丁美洲。其中包括巴西、阿根廷、墨西哥等国。根据国际棉花咨询委员会(ICAC)的报告,2015—2016 财年世界棉花产量约为 2 390 万吨。在棉花贸易方面,美国是世界第一大棉花出口国,印度是第二大出口国。中国、孟加拉国、越南等是主要的棉花进口国。

　　麻类是重要的工业原料,主要种类有黄红麻、亚麻、剑麻等。黄红麻主要用于制麻袋;亚麻分为纤维用麻和油用亚麻,分别用于纺织和榨油;剑麻纤维坚韧耐腐,用于制造船缆。世界麻类纤维生产主要集中在印度和孟加拉国。

3.2.2　油料作物

　　油料作物种类较多,一年生的有大豆、花生、油菜籽、芝麻等;多年生的有油橄榄、油棕、椰子等。前者占世界产量的 80% 左右,后者占 20% 左右。油料作物分布广泛,有少数油料作物受自然条件的限制,分布较集中。

　　大豆是重要的油料作物,产量居各类油料作物之首。一般含油率为 16%～22%。1950 年,世界大豆产量为 1 815 万吨,20 世纪 70 年代以后大豆产量迅速增长,2015 年达到 3.23 亿吨。全球大豆以南北半球分为两个收获期,南美(巴西、阿根廷)大豆的收获期是每年的 3—5 月,而地处北半球的美国和中国的大豆收获期是 9—10 月。美国是全球大豆最大的供应国,其产量占全球产量的比例为 35%～40%,巴西、阿根廷、中国的大豆产量居于世界第二、三、四位,其中巴西和阿根廷合计产量占全球总产量比例为 40%～45%。所以南美和北美的产量基本上决定了全球大豆产量和价格。中国国内的大豆生产远远无法满足需求,已成为世界最大的大豆进口国,并带动了国际大豆市场的日趋活跃。

花生是重要的油料作物,一般含油率为 45%～50%,油质好。花生对自然条件适应性强,可在沙质土地种植。世界花生的主要出口国是中国、印度等,主要进口国是日本和欧洲国家。中国花生的总产量自 20 世纪 90 年代中期超过印度以来,一直保持了世界第一的位置。在花生的用途上,印度 80% 用于榨油,美国 2/3 用于食用,欧盟 90% 以上作为食用,中国 50% 用于榨油。

油菜籽也是一种重要的油料作物,一般含油率为 35%～46%。油菜籽对自然条件适应性强,分布广泛,从热带、亚热带到温带都有分布。油菜籽的出口国主要是欧洲国家,出口到亚洲和非洲。在世界油料作物中,无论是面积还是产量,油菜籽都仅次于大豆。

3.2.3　糖料作物

世界糖料作物中最主要的是甘蔗和甜菜。甘蔗是热带、亚热带作物,喜高温,需水量大,生长期长,主要分布在南北纬 35° 之间。甜菜喜温凉气候,原产于欧洲西部和南部沿海,适宜在中温带地区种植,主要分布在北纬 40°～60°。目前,甜菜主要有两大产区,都在温带范围,且大多位于发达国家。欧洲是世界最主要的甜菜糖生产区,产量约占世界甜菜产量的 80% 以上。世界第二大甜菜产区是北美,其产量约及欧洲的 10%。甜菜制糖的成本和技术要求较高,欧洲国家生产的甜菜糖主要供国内消费。

甘蔗和甜菜收割后不能久存,要及时加工成糖,制糖厂必须建立在原料产地,因此甘蔗、甜菜产量大的国家,糖的产量也大。糖的主要出口国有巴西、古巴、法国、澳大利亚等,主要进口国有日本、美国、中国、韩国等。全世界每年生产的蔗糖约有 30% 投放于国际市场,其中发展中国家每年净出口原糖 1000 多万吨,几乎全部输往发达国家。

3.2.4　饮料作物

世界三大饮料作物包括咖啡、茶叶和可可,生产地区分布相对集中是其共同特点。

咖啡是世界最重要的饮料作物,其消费量要比茶叶多 4 倍。咖啡是热带作物,主要分布在拉丁美洲和非洲,生产大国包括巴西、哥伦比亚、科特迪瓦、喀麦隆、肯尼亚、坦桑尼亚等。在亚洲,生产咖啡最多的是印度尼西亚。总之,世界咖啡生产主要集中在发展中国家,其产量的 3/4 供出口,主要销往发达国家。

相关链接:巴西的咖啡经济

巴西充分利用了热带的地理环境,重视咖啡的生产与销售,使咖啡的产量、出口量、人均消费量多年来一直雄踞世界榜首,被世人誉为"咖啡王国"。但是咖啡的故乡却不在巴西,而是在非洲的埃塞俄比亚咖法,"咖啡"一名就是由"咖法"地名演变而来的。咖啡传入巴西则是 18 世纪以后的事,从 18 世纪末到 20 世纪 20 年代,是巴西咖啡生产的极盛时期,巴西的咖啡产量占世界总产量的 75%。在较长时期内,咖啡占巴西出口总收入的 2/3,从而使巴西成为当之无愧的"咖啡王国"。1929 年爆发的经济大萧条使世界范围内的咖啡消费量锐减,给巴西咖啡种植园经济以沉重打击。此后,巴西咖啡生产在出口收入中的比重直线下降。近 30 年来,随着巴西现代工业特别是钢铁、造船、汽车、飞机制造等工业的崛起,咖啡在国民经济中的地位逐年下降。目前,巴西仍是世界最大的咖啡生产国和出口国。

资料来源:环球网

茶叶是热带、亚热带多年生常绿植物,喜温润气候,耐阴性强。分布较普遍,主要分布于气候温暖、降水丰富、排水良好的低山丘陵地区。印度和斯里兰卡是红茶的主产地,而中国是绿茶的主产国。2015年,全球茶叶总产量528.5万吨。在各主要产茶国中,中国的茶叶产量为227.8万吨,占世界茶叶总产量的43.10%,居世界第一位;第二位是印度,产量为119.1万吨,占世界总产量的22.54%;第三位是肯尼亚,产量为39.9万吨,占世界总产量的7.55%;第四为斯里兰卡,占世界总产量的6.21%。2015年,全球茶叶出口量为175.7万吨,占茶叶总产量的33%。第一大茶叶出口国为肯尼亚,2015年出口量为44.3万吨;第二大出口国是中国,出口量为32.5万吨。

可可是热带作物,喜高温多雨气候,集中产在南北纬15°之间的非洲西部沿海地区,主要生产国有科特迪瓦、加纳、喀麦隆、尼日利亚等;南回归线以北的拉丁美洲沿海地区也盛产可可,这些国家可可产量的大部分用于出口,主要销往发达国家。

3.3 世界畜牧业生产与贸易

畜牧业是世界农业的重要组成部分,与种植业并列为农业生产的两大支柱。畜牧业的发展水平,一般能反映一个国家农业整体发达程度和居民生活水平。发达国家多是农牧并重,欧美国家畜牧业在农业总产值中的比重往往过半。

不同类型国家的畜牧业发展情况不同,多数发达国家粮食供应大于粮食的直接消费,因而有充裕的土地用于发展饲料和牧草生产。所以除少数几个土地面积较大的发展中国家(如中国、印度、巴西、阿根廷)外,畜牧产品主要分布在北美、西欧、东欧和澳大利亚等地。总体来看,发达国家成为畜牧产品的出口国,发展中国家成为进口国。

亚洲一些国家利用猪的杂食性、饲料要求不高、适应性广等优势,解决肉食短缺问题,特别是中国的猪存栏数约占世界的一半。"二战"前,国际养羊业一般以饲养毛用羊为主、肉用羊为辅。随着化纤服装工业的发展,羊毛在纺织工业中的比重逐步下降,而居民生活对羊肉的需求逐步增加。2012年世界羊肉产量1 361.1万吨,中国羊肉产量398.2万吨,约占世界的29.26%,居世界第一位,随后是印度、澳大利亚、伊朗、新西兰等。2012年世界羊毛产量207.7万吨,主要的羊毛生产国包括中国、澳大利亚、新西兰等。

3.4 世界水产业生产与贸易

水产业是在海洋和江、河、湖、塘等水中从事捕捞和养殖水生动植物的产业活动,一般以鱼类捕捞和养殖为主,习惯上经常拿渔业来代替水产业。随着海洋捕捞和加工技术的进步及人工养殖技术的进步,世界渔业发展很快,渔业产品产量不断增加。

世界渔业产品产量来自内陆淡水水域的只占10%左右,而来自海洋渔业的占90%左右。海洋渔业资源丰富的海域,往往是寒暖流交汇的地方。两股温度不同的海流相遇,海水温度有很大差别,造成表层海水与深层海水的连续不停的垂直运动,使海底营养物质浮上来滋养浮游生物,因此吸引大批鱼群。目前世界主要渔场有日本北海道渔场、南美洲秘鲁渔场、太平洋中西部渔场和大西洋西北部渔场。

根据海洋捕捞的区域,世界上的渔业生产国大致分为两类:一类是以联合国《海洋法公约》规定的沿海岸 200 海里①经济专属区以内的资源为主的国家,包括美国、加拿大、澳大利亚、挪威、中国、印度、秘鲁等。距海岸 200 海里以内的水域,集中了世界最主要的海洋渔场。另一类是以远洋捕捞为主的国家,如日本、英国、荷兰、俄罗斯、西班牙、葡萄牙等。

但是近几十年来,随着世界远洋捕鱼船的日益增多,高强度的捕捞使许多渔场的资源严重衰减,加上已没有新的渔业资源可开发,近些年世界鱼产量增长缓慢。今后,人类对水产品的需求将靠海水养殖和淡水养殖来解决。根据联合国粮农组织的报告,2014 年中国水产品产量 6 450 万吨,其中养殖水产品产量 4 762 万吨,捕捞水产品产量 1 688 万吨。目前,中国是全球最大的水产养殖国,占全球总量的六成以上。

一些鱼类资源丰富的发展中国家,如中国、印度尼西亚、泰国、印度是鱼产品的主要出口国。在发达国家中,挪威、加拿大是主要出口国。中国不仅是渔产品的第一生产大国,也是渔产品的第一出口大国,主要出口对象为日本、美国、韩国和欧盟。世界渔产品的进口国主要是渔产品消费量大的发达国家。日本是世界上鱼类消费量最大的国家,虽然其鱼产量居世界前列,但仍需大量进口鱼产品。

3.5　世界林业生产与贸易

森林可分为郁闭林、疏林地和灌木林地。林地的郁闭度在 0.2 以上才算是森林资源,郁闭度在 0.2 以下的称为疏林地。根据联合国粮农组织发布的《2010 年全球森林资源评估报告》,世界森林的总面积约为 40 亿公顷,人均森林面积 0.57 公顷。各国森林覆盖率有很大不同,有的国家森林覆盖率高达 80% 以上,例如加蓬高达 81.3%;而有的国家森林覆盖率不到 1%,如埃及为 0.1%,科威特为 0.3%。

世界森林大多分布在热带地区和高纬度寒温带地区,具体分布为:第一,亚马孙河流域热带原始森林区,包括巴西、哥伦比亚、秘鲁、玻利维亚等国。第二,刚果河流域热带原始森林区,包括刚果(金)、刚果(布)、安哥拉、赞比亚、喀麦隆、中非等国。第三,亚欧大陆北部和北美洲北部的寒温带针叶林区,主要包括俄罗斯、芬兰、挪威、瑞典、加拿大等国,这里集中了世界大部分针叶林资源。

中国的大部分森林资源分布于东北、西南山区及东南丘陵,西北地区森林资源贫乏。2015 年,中国的平均森林覆盖率为 21.63%,其中福建省最高。由于天然林保护工程以及国内市场的旺盛需求,近些年中国已经成为世界最大的木材进口国。

林木产品包括原木、胶合板、锯材、纸浆等品类。原木的主要出口国为俄罗斯、加拿大、美国、巴西等,原木的主要进口国是中国、德国、波兰、土耳其等。纸张、纸浆和胶合板的主要出口国是北欧国家、加拿大和俄罗斯等,而主要进口国是中南欧、美国和日本等。

————————
① 　1 海里＝1 852 米。

"二战"以后,发展中国家的伐木量增长速度快于发达国家,在世界原木产量和出口量中所占比重上升,其中多数输往发达国家。发展中国家虽然原木产量不小,但还需要从发达国家进口相当数量的纸张和其他林产品,可见发展中国家森林资源综合利用较差,林产品加工业不发达。

复习思考题

一、单选题

1. 世界三大饮料作物不包括(   )。

    A. 胡椒　　　　　B. 咖啡　　　　　C. 茶叶　　　　　D. 可可

2. 世界上鱼类消费量最大的国家是(   )。

    A. 中国　　　　　B. 日本　　　　　C. 美国　　　　　D. 印度

3. 大豆产量和出口量最大的国家是(   )。

    A. 俄罗斯　　　　B. 美国　　　　　C. 巴西　　　　　D. 埃及

二、案例分析

1. "美古关系"改善后的农业商机

美国总统奥巴马历史性的古巴之行具有极为丰富的象征性意义。但是,即使这位总统已经对美国企业进入古巴境内开展业务解除了限制,但一个重要的群体仍然有些郁闷,那就是强大的美国农业游说团。对于那个距离佛罗里达州仅90英里(约为145千米)的岛国,美国的法律自2001年起才放开对它的出口限制。古巴大约80%的食品依赖于进口,这对美国来说,意味着每年价值高达20亿美元的市场。

美国对古巴的农业出口额自从2008年达到约7.1亿美元的峰值后,就一直在萎缩。2015年美国对古巴的农业出口只有1.8亿美元,仅占不到10%的市场份额,在古巴的食品进口来源国中落后于巴西、英国和阿根廷。正是因为现实和理想的巨大落差,美国农业渴望加速解除对古巴的种种限制。美国农业部长汤姆·维尔萨克(Tom Vilsack)表示:"很显然,这对于美国农业来说是一个很好的商机,也有利于古巴农业与美国建立更强也更紧密的关系。"

虽然佛罗里达的一些柑橘和其他农作物种植者有些害怕古巴有一天会成为美国市场新的竞争对手,但大部分的美国农业企业正在呼吁加快放开对古巴的限制。美国农业部和包括全球最大的农业贸易商——美国嘉吉公司(Cargill)在内的30家公司及协会在2016年1月就发出了放开对古巴农业出口限制的呼吁。一些农场团体和农业贸易公司还加入了奥巴马访问古巴的商务考察团。随奥巴马一同访问古巴的美国嘉吉公司副总裁福维克表示:"农业的地位至关重要,我们把古巴视为重要的增长市场。"美国出产鸡肉、猪肉、小麦和大豆的农民们都渴望从中享受到红利。

资料来源:第一财经日报网,2016年3月22日

问题:农产品国际贸易主要受哪些因素影响?

2. 中国的农产品贸易

中国 2007—2015 年农产品贸易额和 2015 年主要农产品进出口情况分别见表 3-1、表 3-2。

表 3-1　中国 2007—2015 年农产品贸易额　　　单位：亿美元

年　份	2007	2008	2009	2010	2011	2012	2013	2014	2015
进出口额	775.7	985.5	913.8	1 208.0	1 540.3	1 739.4	1 850.1	1 928.2	1 861.0
出口额	366.0	402.2	392.1	488.8	601.2	625.0	671.0	713.4	701.8
进口额	409.7	583.3	521.7	719.2	939.1	1 114.4	1 179.1	1 214.8	1 159.2

资料来源：中国商务部

表 3-2　2015 年中国主要农产品进出口情况

品　种	出　口	同比增长（%）	进　口	同比增长（%）
大米（万吨）	28.7	−31.5	337.7	30.9
小麦（万吨）	12.2	−35.8	300.7	0.1
玉米（万吨）	1.1	−44.6	473.0	82.0
大豆（万吨）	13.4	−35.5	8169.4	14.4
棉花（万吨）	3.0	107.4	175.9	−34.1
食用植物油（万吨）	13.7	1.2	839.1	6.6
食糖（万吨）	7.5	63.0	484.6	39.0
蔬菜（亿美元）	132.7	6.2	5.4	5.0
水果（亿美元）	68.9	11.5	58.7	14.7
畜产品（亿美元）	58.9	−14.0	204.5	−7.8
水产品（亿美元）	203.3	−6.3	89.8	−2.2

资料来源：中国农业部国际合作司

问题：中国的农产品贸易呈现什么趋势，面临什么挑战？

第 4 章

世界大宗矿产品生产与贸易

很少有一家跨国公司能像淡水河谷这样与中国的经济命途捆绑得如此紧密,铁矿石将淡水河谷业绩表现和中国经济状况紧密连接起来。前者是全球最大的铁矿石生产商和出口商,后者则是全球最大的铁矿石消费国。过去十年间中国快速增长的钢铁需求令淡水河谷获益良多;如今中国经济增速放缓,进入"新常态",淡水河谷也正在经历"非常"时刻。

20 世纪曾出现过两轮分别由美国、欧洲和日本发展带动的原材料价格持续上涨,而21 世纪的新一轮上涨则是源于中国的崛起。从 2005 年左右,中国对矿产资源的强劲需求带动全球矿业产品价格进入上涨通道。中国的大规模投资带来对钢铁需求大扩张,国内粗钢产量迭创新高。而铁矿石是钢铁产业最重要的原材料。过去十年间,中国粗钢产量从 3.4 亿吨增至 8.2 亿吨,而淡水河谷出口到中国的铁矿石则满足了中国钢铁厂商的"胃口"。如今中国经济增速放缓和结构调整,终结了大宗商品的超级周期。2015 年铁矿石价格一度跌破 50 美元/吨,而 2011 年曾达到 200 美元/吨,下跌幅度超过了 75%。

资料来源:第一财经日报,2015 年 12 月

问题:大宗矿产品市场的相对收缩是周期性调整还是结构性变革?

本章学习目标

- 掌握世界大宗矿产品生产的地理分布和贸易流向;
- 了解石油、天然气、铁矿石等大宗矿产品的价格变化规律;
- 了解新能源发展对传统化石能源市场的影响。

世界大宗矿产品指同质化、可交易、被广泛作为工业基础原材料的商品,包括煤炭、原油、有色金属、铁矿石等。这些产品供需规模大,易于分级和标准化,价格波动明显。

4.1 煤 炭

随着科学技术的进步,人类历史上能源利用经历了薪炭时代、煤炭时代和石油时代,并正从传统的矿物能源向太阳能、热能、风能等新能源方向发展。能源的主要出口方有中东地区、西非和北非地区、俄罗斯、澳大利亚、加拿大等;主要进口方有欧洲、日本等。美国和中国能源生产量大,消费量更大,进口总量大于出口总量。

各国能源禀赋的种类及丰歉程度不同,造成不同种类能源之间的互相输出和输入。各国各自输出充裕的具有优势的能源,如中东、西非、北非、墨西哥等输出石油;俄罗斯、加拿大、阿尔及利亚、挪威、荷兰、印度尼西亚等输出天然气;澳大利亚、南非、美国等输出煤炭。各国又各自输入本国缺乏的能源,如美国、日本、德国、中国等大量输入石油和天然气;日本、韩国等输入煤炭。

煤炭是世界上最丰富的矿物能源,其消费遍及各个经济领域。自 18 世纪 60 年代世界工业革命伊始,能源消费由"薪炭时代"转向"煤炭时代",以煤炭为主体的世界能源结构形成。煤炭被称为"黑金",其作为主要能源对世界经济发展作出了卓越贡献,煤炭工业本身也形成了独立体系。20 世纪初,世界能源消费中煤炭占 95%。"一战"爆发至 20 世纪 70 年代"石油危机"爆发为止的半个世纪里,油、气加速扩展其应用领域,世界油气资源被广泛开发,世界能源消费向油气倾斜。20 世纪 60 年代中期,石油取代煤炭成为主要能源,但两次石油危机使石油在世界能源结构中的地位受挫,比重回落,而煤炭再次受到重视。

4.1.1 世界煤炭资源分布

在世界矿物质能源储量中,煤炭储量最丰富,且分布广泛。全球含煤地层约占地球陆地面积的 15%。在世界煤炭可采储量中,资源分布不均,北半球占 80% 以上,特别是北纬 30°~70° 是最丰富的含煤带。世界煤炭资源的地理分布,以两条巨大的聚煤带最为突出:一条横亘欧亚大陆,西起英国,向东经德国、波兰、独联体,直到中国的华北地区;另一条呈东西向绵延于北美洲的中部,包括美国和加拿大的煤田。

从各国拥有的煤炭资源来看,最多的是美国,探明储量 2 383 亿吨,占世界煤炭储量的 28.9%;其次是俄罗斯,探明储量 1 570 亿吨,占世界煤炭储量的 19.0%;中国和澳大利亚分别是 1 145 亿吨和 762 亿吨,分别占世界煤炭储量的 13.9% 和 9.2%。浩瀚的海域也蕴藏着丰富的煤炭资源,储量可观。英国、加拿大、智利和日本等 10 多个沿海国家,已经发展了海底采矿业。

4.1.2 煤炭消费与贸易

由于各国煤炭资源的质量、品种、埋藏和开发条件以及消费状况不同,煤炭储量的多少与煤炭产量的多少不完全一致。2015 年,世界煤炭产量约 80 亿吨,中国产量达 37.5 亿吨,虽然同比减少 3.3%,但仍占世界的 47%。中国煤炭消费量为 39.65 亿吨,占世界煤炭消费量的一半左右。煤炭的消费大多用于发电,其次是炼焦。近些年,用作动力煤发电的煤炭增长较快,炼焦用煤相对稳定,工业、交通和民用方面的用煤则呈下降趋势。由于煤炭重量大、运输成本高、污染环境等原因,影响了煤炭的交易范围,但煤炭仍属于世界市场的大宗商品。

国际煤炭市场的体系格局近年来发生了很大变化。日本、韩国、中国台湾因为资源短缺,仍是全球主要的煤炭进口方。中国在 2009 年改变了传统的煤炭净出口国的地位,首次成为煤炭净进口国,而且进口量迅速放大。2015 年,中国进口煤炭 2 亿吨,出口 533 万吨。西欧各国随着本国煤炭产量的萎缩,也成为世界上重要的煤炭进口地。澳大利亚最近多年一直是煤炭第一出口大国,其出口量占据全球煤炭出口量的30%左右,澳大利亚的煤炭价格可作为国际煤炭价格走势的风向标。

中国是世界最大的煤炭消费国,煤炭占据了一次能源消费的大部分份额。煤炭在中国的消费主要是用于发电,次之是工业用途,如图4-1所示。在中国的电源结构中,煤炭仍然占据绝对的主体地位,如图4-2所示。

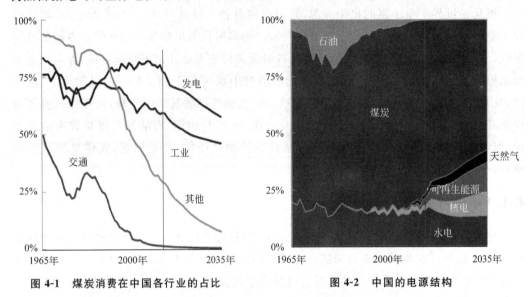

图4-1　煤炭消费在中国各行业的占比　　　　图4-2　中国的电源结构

资料来源:英国石油公司.BP2035世界能源展望[R],2015.2

相关链接:中国的煤炭生产、消费与运销格局

中国"三西"地区(山西、陕西、内蒙古西部)煤炭探明保有储量占全国的55%,是煤炭主产区和供应基地。而国内的用煤需求则集中在华东、华南地区,因此"西煤东运""北煤南运""海铁联运"成为中国煤炭运销的基本格局。

目前成熟的两条运煤大通道是:大秦线(山西大同—河北秦皇岛港)、朔黄线(山西朔州—河北黄骅港)。此外,正在构建的第三通道是从内蒙古鄂尔多斯至河北唐山港。海运下水港口主要是秦皇岛、唐山、天津、黄骅、青岛、日照、连云港等港口,合称"北方七港"。接卸港主要为华东、华南沿海各港口。

4.2　石　　油

4.2.1　世界能源结构的演进

能源结构的变化与生产力发展水平密切相关。20世纪初随着内燃机的发明和使用,汽车、飞机制造业随之迅速发展,石油开始成为一种新的能源。20世纪60年代中期,世界一次能源的消费发生了重大变化,石油在一次能源消费中的比重超过煤炭而居首位,人类对能源的消费由以煤炭为主要能源的"煤炭时代"步入了以石油和天然气为主要能源的"石油时代"。

20 世纪 60 年代石油消费量急剧增长是由下述条件促成的：第一，石油产量迅速增长。第二次世界大战后，陆地上一些新的大型油田不断被发现。随着科学技术的进步，海底大陆架的石油开发成为现实。第二，石油可燃性高，热效率高，开采成本低，并且用途广泛，既可做燃料，又可做化工原料。第三，大型油轮的建造和石油管道的铺设，不但提高了运输的速度，而且降低了运费，使长途输送变为现实。以上原因使得在 20 世纪 70 年代爆发石油危机前，油价长期低廉，于是人们纷纷弃煤用油。

但在 20 世纪 70 年代以后，在两次石油危机的冲击下，各国又纷纷减少石油消费，重新使用煤炭，并大力开发水能、风能、太阳能、核能等新能源。目前全球开采石油的国家和地区共 70 多个，年开采量 31 亿吨左右。在世界能源消费结构中，石油所占比重逐渐下降，标志着"石油的黄金时代"正在过去。表 4-1 是世界一次能源消费结构的时间序列变化，表 4-2 是世界主要国家 2014 年的一次能源消费结构情况。

表 4-1　世界一次能源消费结构变化　　　　　　　单位：％

年份	原油	天然气	煤炭	核能	水电	再生能源	消费总量(百万吨油当量)
2005	36.1	23.5	27.8	6.0	6.3	—	10 537.1
2006	35.8	23.7	28.4	5.8	6.3	—	10 878.5
2007	35.6	23.8	28.6	5.6	6.4	—	11 099.3
2008	34.8	24.1	29.2	5.5	6.4	—	11 294.9
2009	34.8	23.8	29.4	5.5	6.6		11 164.3
2010	33.6	23.8	29.6	5.2	6.5	1.3	12 002.4
2011	33.4	23.8	29.7	4.9	6.5	1.3	12 225.0
2012	33.1	23.9	29.9	4.5	6.7	1.9	12 476.6
2013	32.9	23.7	30.1	4.4	6.7	2.2	12 730.4
2014	32.6	23.7	30.0	4.4	6.8	2.5	12 928.4

资料来源：BP *Statistical Review of World Energy*，2015

表 4-2　世界主要国家 2014 年的一次能源消费结构　　　　　　单位：％

国家	原油	天然气	煤炭	核能	水电	再生能源	消费总量(百万吨油当量)
中国	17.5	5.6	66.0	1.0	8.1	1.8	2 972.1
美国	36.4	30.2	19.7	8.3	2.6	2.8	2 298.7
印度	28.3	7.1	56.5	1.2	4.6	2.2	637.8
日本	43.1	22.2	27.2	—	4.3	2.5	456.1
德国	35.9	20.5	24.9	7.1	1.5	10.2	311.0
巴西	48.1	12.1	5.2	1.2	28.2	5.2	296.0
韩国	39.5	15.7	31.0	13.0	0.3	0.4	273.2
法国	32.4	13.6	3.8	41.5	6.0	2.7	237.5
南非	23.0	2.9	70.6	2.8	0.2	0.5	126.7
世界	32.6	23.7	30.0	4.4	6.8	2.5	12 928.4

资料来源：BP *Statistical Review of World Energy*. 2015

图 4-3 显示了经合组织国家、亚洲非经合组织国家、其他国家的能源消费总量变化轨迹；图 4-4 显示的是世界一次能源的消费占比，可见石油的比重将继续下降。两个图里面的竖线指的是左侧的数据是实际发生的，右侧的数据是对今后的预测值。

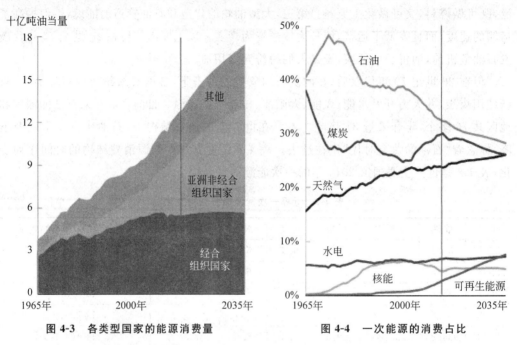

图 4-3　各类型国家的能源消费量　　　　图 4-4　一次能源的消费占比

资料来源：英国石油公司.BP2035 世界能源展望[R]，2015.2

4.2.2　世界石油资源分布与生产情况

石油是从地下深处开采的棕黑色可燃黏稠液体，主要是各种烷烃、环烷烃、芳香烃的混合物，是古代海洋或湖泊中的生物经过漫长的演化形成的，与煤一样属于化石燃料。原油品种在世界各地有很大差别。按重度分，有轻、中、重三种；按含硫量分，有低硫、含硫、高硫三种。低硫轻油经济价值最高，是原油中的佼佼者，主要集中在非洲、北海和东南亚。含硫轻油为数较多，主要分布在中东和俄罗斯。含硫中油、重油和高硫中油、重油主要分布在中东和拉美。

世界石油资源的地理分布具有如下特点：①世界石油资源集中分布在两大弧形地带，即东半球的北非—中东—里海—俄罗斯中北部；西半球的委内瑞拉—墨西哥湾西部—美国中部—加拿大西部—阿拉斯加北部。②中东、北非、美国中部及墨西哥湾西部等石油集中储藏区全部分布在北半球的中低纬地区，在北纬 20°～42°，其中仅中东、北非剩余可采储量即占世界的 70%。③海底石油资源主要分布在北纬 30°至南纬 10°，包括波斯湾、墨西哥湾、南美北部大陆架、几内亚湾、中国东海及南海大陆架、印尼沿海大陆架等。

世界各主要储油区具体包括：

1. 中东储油区

中东海湾地区被誉为"世界油库"，是世界最大储油区。世界石油储量排名前十位的国家中 5 个位于中东，依次是沙特阿拉伯、伊朗、伊拉克、科威特和阿联酋。根据美国能源信息管理局(EIA)的数据,沙特阿拉伯已证实石油储量 2 626 亿桶,约占世界储量的 17.85%,有世界"石油王国"之称。中东石油储藏和生产的特点如下。

- ⊙ 油田规模大,单井产量高。全世界储量在 6.5 亿吨以上的巨型油田有 21 个,中东地区就占了 14 个。如沙特阿拉伯的盖瓦尔油田、科威特的布尔甘油田都是世界著名的巨型油田。
- ⊙ 油田单井产量高。沙特阿拉伯一口油井的平均日产量是美国一口油井日产量的数百倍。
- ⊙ 地质条件好,埋藏浅,多数油井可自喷。中东油田一般钻井到 1 500~1 800 米即可出油,而美国一般需要钻井到 3 000 米以上。
- ⊙ 分布集中,距离海岸近。多数都分布在波斯湾及沿岸 100 千米范围内,海运出口方便。
- ⊙ 开采条件好,成本低。终年气温高,降水少,风小,为采油提供了良好的气候条件。
- ⊙ 质量好,含蜡少,多为中轻质原油。

2. 中南美储油区

这一储油区主要包括墨西哥、委内瑞拉、厄瓜多尔、特立尼达和多巴哥等产油国,其中以委内瑞拉石油储量最多,约占世界的 7.4%,其次是墨西哥,占 1.2%。但委内瑞拉多为重质原油,加工炼制工艺要求高。

3. 欧洲及中亚储油区

这一储油区主要包括欧洲的北海、俄罗斯的乌拉尔和西西伯利亚地区,以及中亚里海沿岸各国。这一储油区的储量约占世界的 9.3%,主要油田包括英国北海布伦特油田、俄罗斯的秋明油田、哈萨克斯坦和阿塞拜疆境内的油田。

4. 非洲储油区

非洲是近些年石油探明储量和产量增长较快的地区。这一储油区已探明的储量约 774 亿桶,占世界的 7.4%,主要分布在西非几内亚湾沿岸和北非。利比亚、尼日利亚、阿尔及利亚、安哥拉和苏丹的石油储量排名居前。

5. 北美储油区

北美储油区已探明储量 499 亿桶,占世界的 4.8%,主要产油国是美国和加拿大。油田分布在墨西哥湾沿岸、加利福尼亚州、阿拉斯加的北冰洋沿岸、加拿大的艾伯塔省等。

6. 亚太储油区

亚太储油区储量为 387 亿桶,占世界的 3.7%。主要分布在中国、印度、印度尼西亚、马来西亚、文莱和澳大利亚。其中中国储量最多。

拓展案例:页岩油 VS 传统石油

作为新兴绿色能源,页岩气和页岩油的开采成本相对较高。因此,它和传统原油的关系一直比较微妙。页岩油开采企业一直以来都希望传统原油的价格能一涨再涨,这样页岩油的销路可以更好,相反,传统原油的价格如果持续走低,页岩油则很难畅销。美国是页岩油气储量最多、开发最早、商业化最完善的国家之一。曾有统计数据显示,美国页岩油气企业需要65~75美元/桶的油价才能开始盈利；到40美元以下时，不到10%的页岩油企业还能盈利。如今，这些美国页岩油巨头正在度过自己的血气"非常时期"。国际油价再反弹一些、页岩油的开发成本再降低一些，页岩油的产能或许还能再增加一些。

2015年，国际原油价格下跌了近50%。进入2016年以来，美国的原油价格又下跌了将近20%。近日有数据披露，由于石油价格下跌等因素，2016年美国页岩油的产量预计每天减少60万桶。页岩油企业已经感受到了唇亡齿寒的威胁——传统原油如果那么便宜都刺激不了需求，谁还会用页岩油呢？于是，提升开发技术、降低开采成本成为页岩油企业的应时之策。已经有美国页岩油企业表达了通过低价抢占国际市场的雄心。这些页岩油企业的底气除了来自对于开采技术提升的信心之外，还来自手握大量已经开采到一定程度的储备油井。美国矿产部门数据显示，作为美国页岩油勃兴之地，北达科他州的这类储备油井在2015年12月已经增长到了945座，比2014年年中增加了360座。

资料来源：第一财经日报网，2016年3月1日

4.2.3　世界石油贸易格局

世界石油储量、产量、冶炼、销售的地区分布很不平衡，在世界石油贸易中，以原油为主，成品油为辅。世界原油生产集中于储藏地，油品生产集中于消费地，产销分布极不平衡，致使石油流通量十分巨大，成为世界最大宗的贸易货物。世界石油资源分布集中在发展中国家，目前其剩余可采储量占世界总量的85%以上，按人均占有石油剩余可采储量计，发展中国家也超过发达国家，其储采比对发达国家也占有明显的优势。中东、拉美、非洲是世界石油的最主要供应地。因此，石油贸易整体上是由发展中国家输往发达国家的。美国曾经长期是世界最大的石油进口国，半数以上来自美国周边国家，从中东地区的进口比重并不大。

海上石油运输一般按照某条固定的航线进行。途中，油轮会遇到几处地理上的"咽喉"，以及狭窄水道。例如，地处波斯湾的霍尔木兹海峡、沟通印度洋和太平洋的马六甲海峡、连接太平洋和大西洋的巴拿马运河、位于黑海与地中海之间的土耳其海峡、连通地中海与印度洋的苏伊士运河等。这些"咽喉"要道对于国际石油贸易至关重要。

中石油集团经济技术研究院发布的2016年度《国内外油气行业发展报告》认为，当前全球油气行业在低谷徘徊，供应宽松局面短期难以缓解，国际油价反弹乏力。欧佩克国家为力争市场份额而不减产，美国页岩油气产量并未按预期下跌，全球石油市场发生了进入21世纪以来最严重的供应过剩。图4-5是近30年来的国际原油期货交易价格轨迹，油价单位是美元/桶。

相关链接：石油输出国组织

1960年9月，伊朗、伊拉克、沙特阿拉伯、科威特和委内瑞拉5个石油生产国在巴格达集会，决定成立"石油输出国组织"（OPEC）。目的在于协调各国石油政策，商定原油产量和价格，采取共同行动反对西方国家对产油国的压榨，保护本国资源，维护自身利益。

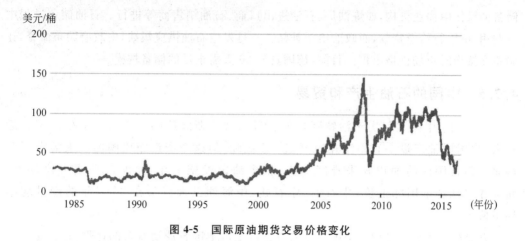

图 4-5　国际原油期货交易价格变化

资料来源：U. S. Energy Information Administration

4.2.4　石油战略储备制度

石油作为稀缺资源和战略性商品，其消费具有较强刚性，但其产、供、销的状况既受市场规律和政治形势的制约，又受资源分布不均的影响。因此供给量和价格经常发生大幅度的波动，从而给各国经济发展带来不利影响。据美国能源情报署资料显示，自 1951 年 3 月伊朗实行石油国有化起，至 1990 年 8 月伊拉克入侵科威特止，中东和北非产油国向国际市场中断供油达到 13 次。1973 年发生的第一次石油危机，使每桶石油的价格由 3 美元猛增到 10.65 美元，由此引发了严重的经济危机，使当时美国和日本的工业生产分别下降了 14% 和 20% 以上。而 1978 年底，由于当时世界第二大石油出口国伊朗政局突变，其石油日产量由 5 080 万桶下降到 100 万桶以下，打破了国际市场供需平衡，使油价由每桶 13 美元暴涨到 34 美元，引发了第二次石油危机，导致西方国家经济的全面衰退。

上述事实表明，对那些严重依赖进口石油的国家，做好石油储备、维护能源安全，是保证经济能够稳定发展的一个重要问题。为此在 1974 年 11 月，经合组织的 16 个成员国签署了《国际能源机构协议》（简称 IEP，目前其成员已达 29 个），决定共同承担相当于 90 天净进口量的石油储备业务。此后，各石油净进口国都纷纷建立了本国的石油战略储备制度。

美国石油战略储备是 1977 年开始建立的，其储备制度采用"政府主导型"。所有石油战略储备都由政府承担和管理，由美国能源部下属的石油战略储备管理办公室及设在新奥尔良的项目管理办公室具体负责。石油储备的一切开支，包括购油开支和储油设施的建设均由联邦政府财政支出。石油战略储备的动用，必须由美国总统批准。石油储备的销售采取公开招标方式。美国目前在得克萨斯州和路易斯安那州地下巨大的岩层洞穴中，建有多处储备库。以现有储量和最大提取量计算，可维持 155 天，对维护美国的石油安全发挥了巨大作用。

欧盟中的法国、荷兰和德国的石油战略储备采用"政策主导型"。所谓政策主导型是指国家颁布有关石油储备的政策和法令，并设专门的机构予以管理和监督。而具体石油储备的操作由商业机构,如炼油厂、石油进出口商、石油销售商等进行。石油储备过程中的费用,由银行给予贷款,而政府给予补贴。一旦发生石油供应短缺,由政府颁布命令,让储备商按当时市场价格出售。目前,德国具备 96 天需求量的储备规模。

4.2.5　中国的石油生产和贸易

2015 年,中国是仅次于沙特阿拉伯、美国、俄罗斯之后的第四大原油生产国。近年来,中国原油产量一直稳定在 1.9 亿～2 亿吨,但这个产量相比国内巨大需求还差得多。而且国内的油田开采难度加大,很多油田设施老化,原油开采成本比较高。面对相对低廉的国际油价,中石油、中石化、中海油三大巨头在 2015 年的产量均小幅下降。

石油对外依存度是指一个国家石油净进口量占本国石油消费量的比例,是衡量一个国家和地区石油供应安全的重要指标。1993 年,中国首次成为石油净进口国,2009 年原油进口依存度首次突破国际公认的 50% 警戒线。2015 年,中国超过美国成为第一大石油进口国。到 2015 年,中国石油对外依存度突破 60%,中国已成为国际石油市场上至关重要的需求方,首要进口来源为中东地区。

中国在 2009 年完成了首期 4 个石油战略储备基地的建设,储备库容总量 9 100 万桶。自 2014 年 12 月起,趁国际油价下跌,中国迅速增加原油库存。到 2015 年年中,中国利用 8 个国家石油储备基地和部分社会库容,储备原油 2 610 万吨(约 1.91 亿桶)。未来,部分石油战略储备将在地下库储藏。根据国家"十三五"规划,作为世界最大能源消费国的中国将在 2020 年完成第二期石油战略储备收储。

拓展案例:安哥拉超越沙特与俄罗斯 成为中国单月最大原油供应国

在沙特与俄罗斯争夺在中国的市场份额之际,安哥拉已静悄悄将它们双双甩在了身后。据彭博社对中国海关总署数据的梳理,2016 年 7 月中国从安哥拉进口的原油同比上涨 23.3% 至 472 万吨,超过沙特和俄罗斯。当月中国原油进口总量同比上升 1.2% 至 3 107 万吨,从沙特进口的原油同比下滑 4.2% 至 403 万吨,从俄罗斯进口的原油同比下降 14.3% 至 323 万吨。作为全球最大的原油进口国,中国是产油国的必争之地。在相当长一段时间内,沙特都是中国最大的能源供应商。但俄罗斯也曾经多个月份超越沙特,成为中国最大的原油供应国。为了阻止俄罗斯进一步蚕食中国市场,沙特开始增加对中国的原油运输,并愿意接受低价格。

安哥拉是仅次于尼日利亚的第二大产油国,石油收入约占其 GDP 的 52%、税收的70%、出口收入的 95%。中国是安哥拉最大的贸易伙伴,对华原油出口占其原油产量的大约 50%。《华尔街见闻》曾提及,安哥拉面临严重的现金流挑战。此前多年,鉴于国际货币基金组织的纾困援助往往附带改革要求,安哥拉曾多次向中国寻求资金援助。据路透社报道,与委内瑞拉类似,安哥拉将石油产出与先期贷款协议捆绑,通过增加对华石油出口来偿还贷款。

资料来源:腾讯财经

中国目前处于工业化阶段的中后期,国内对于石油需求大幅提升,石油消费还将持续较快增长。但是,国内石油产量当前还满足不了如此巨大需求,使得在面临国内外市场供需失衡、市场供给不足时,难以短时间内保障油品供应。为了保障中国的能源安全,可以从以下方面着手应对:加快国家石油战略储备体系建设;进一步加大海外找油的力度,加快建设海外原油生产能力;通过财税措施推进能源领域改革,促进节能减排;增强国际合作,参与制定新的全球能源市场机制;改善石油相关信息的收集和发布。

4.3　天　然　气

天然气是储存在地下岩石储集层中以甲烷为主的混合气体,热量高、污染小,既是清洁的高效燃料,也是优质的化工原料。世界上对天然气实现商业化规模开采始于 1948—1949 年,大大晚于煤炭和石油。但鉴于其优良的技术经济特性,天然气在能源消费构成中所占比重不断上升。天然气的生成和聚集环境与石油相似,很多情况下,天然气是与石油同时伴生的,因而天然气资源的地理分布与石油较为接近,主要包括俄罗斯西西伯利亚、中亚、波斯湾沿岸、墨西哥湾沿岸、北非、北海等地。从国家分布来看,俄罗斯、伊朗和卡塔尔为世界三大天然气资源国,其天然气储量依次占世界总量的 23.7%、15.8% 和 13.5%。

天然气主要通过管道和液化天然气(LNG)船运输。目前,欧洲的天然气进口约占天然气消费总量的 50%,其中大多数是通过管道进口,主要来自俄罗斯。俄罗斯是世界最大的管道天然气出口国,主要通过东起奥伦堡、西至欧洲各国的"友谊管道"出口。美国是世界最大的管道天然气进口国,主要来源为加拿大和墨西哥。德国是世界第二大管道天然气进口国,主要来源是俄罗斯、荷兰和挪威。亚洲是液化天然气的最大市场,日本是世界最大的液化天然气进口国。液化天然气的主要出口国为卡塔尔、马来西亚、印度尼西亚、沙特阿拉伯等。

根据英国石油公司(BP)的预测,通过管道供应的天然气贸易量在消费中的比重下降,反映出进口需求重心正在从美国和欧盟转至亚洲。到 2035 年,液化天然气将成为天然气贸易的主导形式,如图 4-6 所示。届时中国将成为仅低于日本的第二大液化天然气进口国。

相关链接:对 2035 年中国能源状况的预测(2014 年为基期)

中国的能源产量增加 47%,消费量增加 60%。中国的能源结构继续演变,煤炭的主导地位从当前的 68% 降至 2035 年的 51%,天然气的比重翻倍至 12%;石油的比重保持不变,约为 18%。所有化石燃料

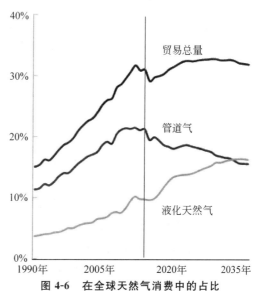

图 4-6　在全球天然气消费中的占比

资料来源:英国石油公司. BP2035 世界能源展望[R],2015.2

的需求均有增长,石油(＋67％)、天然气(＋270％)和煤炭(＋21％)占需求增长的60％。可再生能源电力(＋580％)、核电(＋910％)和水电(＋50％)也强劲增长。中国能源产量在消费中的比重从当前的85％降至2035年的77％,中国成为最大的能源净进口国。中国将在2030年前后超过美国成为世界上最大的石油消费国,在2020年代中期超过俄罗斯成为第二大天然气消费国(仅次于美国)。石油进口依存度从2013年的60％(600万桶/日)升至2035年的75％(1 300万桶/日)。天然气进口依存度从略低于30％(40亿立方英尺/日)升至超过40％(240亿立方英尺/日)。

资料来源:英国石油公司.BP2035世界能源展望[R],2015.2

4.4 金属矿产

4.4.1 铁矿石

铁矿石是钢铁工业最重要的原料,与钢铁工业的兴衰紧密相连。全球铁矿石资源相当丰富,地质储量在8 000亿吨以上,探明储量为4 000多亿吨。但铁矿石的品位在各国有较大差别,其中巴西铁矿石品位平均可达到62.5％,印度达到63％,而中国仅有33.3％。因而,中国铁矿石如果就其中的铁当量来换算,其储量在俄罗斯、澳大利亚、巴西之后,排在世界第四位。

世界铁矿石贸易形成了由澳大利亚、巴西、印度等国家向中国、日本、欧盟等输送的格局。日本、韩国、英国、意大利等主要钢铁生产国的铁矿石完全依赖进口;中国因钢铁生产规模超过自身铁矿资源支撑,需大量进口;俄罗斯国内铁矿石供求基本平衡;巴西、印度、澳大利亚的铁矿石不但能满足国内需求,还可以大量出口。从世界铁矿石出口看,澳大利亚、巴西、印度三国合计出口量约占世界铁矿石出口总量的70％。淡水河谷、必和必拓以及力拓,是全球范围内最主要的三家铁矿石供应商,其中仅巴西淡水河谷就占国际市场铁矿石供应量的1/3,国际铁矿石贸易是一个典型的卖方寡头垄断市场。

近年来,随着中国粗钢产量的快速增长,世界铁矿石贸易量明显增加。中国钢铁工业协会的数据显示,2015年中国进口铁矿石9.527亿吨,对外依存度达到84％。2003年以前,日本铁矿石进口量位居世界第一,到2003年被中国超出。尽管日本铁矿石进口数量低于中国,但其对境外铁矿石的依赖程度比中国高,日本企业很早就开始投资参股海外矿山企业,打造自己的原材料供应体系。韩国近几年铁矿石进口量相对平稳,2013年进口量为6 337万吨,主要来自澳大利亚和巴西。欧洲国家中,西欧铁矿石进口量在1亿吨以上,主要的进口国是德国。

澳大利亚铁矿石产量和出口量近些年不断增加,亚洲的中国、日本、韩国一直是澳大利亚铁矿石的主要市场。巴西铁矿石出口量仅次于澳大利亚,由于地理原因,历史上巴西向亚洲及欧洲出口的铁矿石大致均衡,但近几年由于亚洲钢铁产业增长更快,特别是中国对铁矿石的需求大幅增长,因此巴西对亚洲的铁矿石出口量在总出口量中比重持续增加。印度铁矿资源丰富,是亚洲铁矿石储量第二大国。印度铁矿石出口量在2008年首次突破亿吨,已经成为重要的供应方。

从 2015 年的近况来看,澳大利亚铁矿石出口量同比增长 7%,达到 7.67 亿吨,主要是中国对澳大利亚铁矿石需求增加所推动的。2015 年前 10 个月,澳大利亚出口到中国的铁矿石占中国进口铁矿石份额的 64%,高于上年同期的 60%。澳大利亚铁矿石在中国市场所占份额增加主要是取代了来自伊朗、加拿大和南非的高成本铁矿石。2015 年,巴西铁矿石出口量达到 3.44 亿吨,在中国进口市场的份额接近 20%。

4.4.2　其他金属矿产

铜在工业领域里用途广泛,是重要原材料。世界铜矿资源比较丰富,最多的国家是智利和秘鲁,两国合计占世界储量的 40%。铜在国际贸易中的基本特点是:进口国很多,出口国很少;贸易量不大,但地理运销范围相当广泛。长期以来,智利是世界第一大铜出口国。中国铜精矿主要从智利、秘鲁和澳大利亚等国家进口。

锰是重要的工业原料,在钢铁工业中的作用尤为明显。世界陆地锰矿资源比较丰富,但分布很不均匀,锰矿资源主要分布在南非、乌克兰、澳大利亚、印度、中国、加蓬、巴西和墨西哥等国家。中国、日本、美国和欧盟是世界上最大的钢产地,因而也是最大的锰矿石消费地区。

复习思考题

一、多选题

1. 天然气贸易主要通过(　　)运输。
   A. LNG 船　　　　　B. 公路　　　　　C. 管道　　　　　D. 多式联运
2. (　　)是主要的铁矿石出口国。
   A. 日本　　　　　　B. 韩国　　　　　C. 巴西　　　　　D. 澳大利亚
3. 不属于世界主要石油出口大国的是(　　)。
   A. 俄罗斯　　　　　B. 阿根廷　　　　C. 瑞典　　　　　D. 沙特阿拉伯

二、简答题

1. 简述 OPEC 成立的目的及采取的主要措施。
2. 请查阅课外资料,分析国际铁矿石价格的形成机制。

三、案例分析

在巴黎气候变化大会(COP21)中,能源经济与金融分析研究所(IEEFA)发布报告称,越来越多的证据表明,世界已经达到煤炭消费峰值,而对电煤的需求正在萎缩。IEEFA 金融主任桑梓楼(Tom Sanzillo)认为,"这种趋势在 2015 年不断增强,重要煤炭市场消费出现大幅下跌"。他认为,造成这一现象的主要原因是可再生能源和能效领域的技术创新与成本快速下降,同时,人们意识到世界正在发生转型,现在应抓住机遇,因此新政策和投资战略不断涌现。

上述报告所列出的 8 个迹象包括：第一，重要国家的煤炭占发电比重不断下降。第二，海运电煤需求下降。IEEFA 认为全球煤炭交易市场可能在 2014 年已经达到峰值。第三，技术创新和规模经济共同拉低了可再生能源的利用成本。太阳能成本继续以每年两位数的速度下降。随着电池技术成本的迅速下降，能源分配解决方案的利用速度不断提高，进一步影响了现有化石燃料资产的商业回报。第四，投资资本迅速从煤炭流向可再生能源。在过去十年，投资者已向以太阳能和风能为主的清洁能源领域投资 1.5 万亿美元。这些趋势引发了金融市场的巨大转变，越来越意识到煤炭的结构性衰退和提高低排放投资项目产能的需求。IEEFA 举例称，该领域的重要进展包括，全球最大的主权财富基金——挪威政府养老基金从煤炭领域撤资，世界最大的保险公司安联紧随其后。这两项决定将对 100 亿美元以上的投资产生影响。第五，煤电行业产能过剩，美国开始关闭燃煤电厂。第六，煤炭公司陷入深度财务困境。由于能效提高、电力需求减少、燃煤向燃气产能转型、可再生能源项目的扩张以及污染防治法规的影响，煤炭生产商面临困境。第七，煤炭需求结构性下降日益成为共识。全球煤炭市场不断萎缩已从外围观念逐渐成为主流共识。第八，全球银行正将重点转到可再生能源。越来越多的金融机构意识到，监管压力将不断增强，同时化石燃料的资产搁浅风险将不断上升。

资料来源：第一财经日报，2015 年 12 月 6 日

问题：世界煤炭贸易的市场前景如何？请综合评价。

第 5 章

世界工业生产与贸易

"第四次工业革命"已经来临,它对于你的工作来说,或许并不是件好事。2016 年瑞士达沃斯世界经济论坛的一份报告显示,在接下来的五年中,自动化和机器人将在全球范围内令 510 万人失业。这一结论是基于一份对占据全球总劳动力约 65% 的 15 个经济体的调查得出的。最岌岌可危的是办公室及行政类岗位。据上述报告称,这类岗位预期将受到"技术趋势完美风暴"的影响。这里的"技术趋势"包括:移动互联网、云技术、大数据分析和物联网。受到威胁的其他行业还有生产制造业、建筑及采矿业、安装及维修行业等。当然,所有行业都会面临就业岗位减少的情况,但各行业可能相差很大。

资料来源:第一财经日报,2016 年 1 月 22 日

问题:背景材料中所说的"技术趋势"对不同工业门类的影响有何差异? 对不同工业化阶段国家的影响有何差异?

本章学习目标
- 了解世界工业生产分布的密集地带;
- 掌握主要工业部门的生产格局和贸易状况。

5.1 世界性工业带的分布概况

世界工业品的生产在以西欧为中心逐渐向外扩展,即由集中走向分散的同时,却仍然表现为相对集中,即集中分布在北纬 30°～50° 地区,呈东西延伸的、不连续的带状分布。

5.1.1 西欧工业带

西欧工业带主要包括英格兰中部和东南部,法国北部的巴黎盆地和东北部的阿尔萨斯、洛林地区,荷兰、比利时、卢森堡和德国的鲁尔区,意大利西北部的米兰、都灵、热那亚三角地带,以及瑞典、挪威、丹麦、芬兰等北欧国家的部分沿海地带。这里是世界上形成最早的工业地带,传统产业以钢铁、煤炭、化工、电力、机械等为主。"二战"以后,这些传统产业日趋衰落,随着新兴产业的崛起,工业生产开始向英国苏格兰地区、法国南部和西南部、德国南部巴伐利亚高原、意大利的东北部和南部扩展。新兴产业主要包括电子、飞机

制造、生物工程和电子信息等。像英国的格拉斯哥、法国的图卢兹、德国的慕尼黑等已成为新兴产业中心。

5.1.2　中东欧工业带

中东欧工业带主要包括波兰、捷克、俄罗斯的中央工业区及乌拉尔工业区、乌克兰东部的顿涅茨克等。这个工业带一直以采煤、钢铁、化工和纺织工业为主。"二战"之后的石油开发,使得能源工业取得了长足进展。在重化工业的坚实基础上,俄罗斯和乌克兰在军事工业领域具有较强竞争力。

5.1.3　北美工业带

北美工业带形成于 19 世纪末至 20 世纪初,有众多的钢铁、机械、采煤、化工、木材加工等生产企业集中分布在美加相邻的五大湖和圣劳伦斯河沿岸,以及美国大西洋沿岸东北部地区。"二战"前,这里的工业生产占美加两国工业生产总值的 80% 以上,并形成了巨大的城市群。"二战"后由于传统工业缺乏竞争力,加上石油的大规模开发利用,北美工业带开始由五大湖沿岸向美国南部的墨西哥湾沿岸和西部的太平洋沿岸扩展。美国南部和西部以石油、电子、飞机、生物等新兴产业为主,其发展势头已超过东北部的老工业基地。

5.1.4　东亚工业带

东亚工业带是"二战"后兴起的,北起日本的"三湾一海"地带,向南向西经韩国,中国环渤海地区、长江三角洲、珠江三角洲、台湾和香港,越南南部,泰国南部到马来西亚西部、新加坡,最南至印度尼西亚的爪哇岛。从工业门类和层级来看,日本、韩国、中国台湾处于该工业带的前列,而中国大陆、越南、泰国、马来西亚、印度尼西亚等仍以劳动密集型工业为主。

5.2　钢　铁　工　业

5.2.1　钢铁产量

钢铁是重要的基础原材料,钢铁工业是国民经济的基础工业,世界各国在工业化进程中都重视钢铁工业发展。第二次世界大战后,世界钢铁生产有较大起伏,20 世纪 50—60 年代,主要钢铁生产国产量增长较快。20 世纪 70 年代后,发达国家钢铁工业普遍不景气。

虽然钢铁产业有起伏,但总的产量呈增长趋势。1950 年,世界钢产量仅 1.89 亿吨,1970 年达到 5.94 亿吨,2015 年达 16.23 亿吨。中国 1996 年钢产量首次跃居世界首位,之后一直保持世界第一。中国 2015 年粗钢产量 8 亿多吨,占全球的一半。2015 年全球钢铁大国钢产量排名见表 5-1。

表 5-1　2015 年全球钢铁大国钢产量排名　　　　单位：百万吨

排名	国　家	钢产量	排名	国　家	钢产量
1	中国	803.8	6	韩国	69.7
2	日本	105.2	7	德国	42.7
3	印度	89.4	8	巴西	33.3
4	美国	78.8	9	土耳其	31.5
5	俄罗斯	70.9	10	乌克兰	23.0

资料来源：世界钢铁协会（WSA）

5.2.2　钢铁企业

2015 年全球前十大钢铁企业排名见表 5-2。安赛乐米塔尔公司仍然保持了粗钢产量排名第一的地位，河北钢铁集团名列第二位，新日铁住金降至第三位。2015 年粗钢产量前 20 名钢铁企业中约半数是中国公司。

表 5-2　2015 年全球前十大钢铁企业　　　　单位：百万吨

排名	钢铁企业	总部所在国	粗钢产量	排名	钢铁企业	总部所在国	粗钢产量
1	安赛乐米塔尔	卢森堡	97.136	6	沙钢集团	中国	34.214
2	河北钢铁	中国	47.745	7	鞍山钢铁	中国	32.502
3	新日铁住金	日本	46.374	8	日本钢铁工程控股	日本	29.825
4	浦项制铁	韩国	41.975	9	首都钢铁	中国	28.553
5	宝山钢铁	中国	34.938	10	塔塔钢铁	印度	26.314

资料来源：世界钢铁协会（WSA）

5.2.3　钢铁工业地理布局

钢铁工业属资源密集型工业，是一个多环节组成的生产综合体，其布局受多方面因素影响，尤其是受原料、燃料资源的影响。在钢铁工业布局时必须考虑铁矿资源的储量、品位、开采条件、地理位置等。炼铁需要大量燃料，主要是焦炭，因此钢铁工业在布局时必须考虑炼焦煤的来源。世界炼焦煤经济可采储量约 4 000 亿吨，以美国、俄罗斯、中国的炼焦煤储量最为丰富。

传统的钢铁生产中心，如英国的伯明翰、德国的鲁尔区、乌克兰的顿涅茨克和美国的五大湖沿岸都是分布在煤炭、铁矿石资源丰富的地区，目的是降低运输成本。"二战"以后，钢铁工业生产逐渐向沿海临港地区迁移，如法国在马赛附近的福斯和北部港口敦刻尔克，意大利在南部港口塔兰托，中国在上海宝山，韩国在东部港口浦项，美国在休斯敦等地均建有大型钢铁基地。而日本的钢铁生产几乎全部集中在太平洋沿岸的"三湾一海"地区。

产生这种空间结构变化的原因，首先在于传统的钢铁工业中心经过长达百年的生产，煤铁资源逐步枯竭，加上设备老化，污染严重，导致生产效率下降。其次，德国、日本、韩国等都是铁矿石资源短缺的国家,钢铁生产的原材料依赖进口。而"二战"后,巴西、澳大利亚、秘鲁、加拿大等国成为世界主要的铁矿石出口国,沿海布局的钢铁工业便于原料输入、降低成本。最后,"二战"以后随着造船工业的发展,船舶日益大型化、专业化和高速化,从而使海运成本大大降低。

5.2.4　钢铁贸易

从钢铁出口的国际格局来看,根据各国海关数据,2015 年中国钢铁出口额 492 亿美元,随后是日本 275 亿美元、韩国 202 亿美元、俄罗斯 153 亿美元、美国 146 亿美元、比利时 139 亿美元。总量较大的出口规模使得中国钢铁工业面临严峻的贸易环境。根据中国商务部数据,2015 年,美国、欧盟、印度、土耳其、墨西哥和巴西等 14 个经济体对中国钢铁产品发起贸易救济调查 37 起,涉案金额 47 亿美元。但实际上,中国钢铁出口并不是造成全球钢铁供应过剩的主因。2014 年,中国钢铁出口额占世界钢铁出口额的比例为13.7%,明显低于人口占比 18.8%。2014 年,中国的人均钢铁出口额为 40.6 美元,远低于日本、德国、韩国和俄罗斯的人均 263 美元、351.9 美元、482.6 美元和 144.4 美元的水平。中国的钢铁产能主要是受国内工业化和基础设施建设的需求拉动形成的,主要目标市场是在国内。在进入新常态的国家宏观背景下,中国钢铁工业应该进行全方位的供给侧结构性改革,提升全行业的国际竞争力,并减轻贸易摩擦压力。

5.3　电 力 工 业

电力是最重要的二次能源。自 19 世纪 70 年代以电力的发明和应用为主要标志的第二次科技革命以来,电力工业结构发生了较大变化。19 世纪末以前,电力基本用于照明,发电主要依靠煤炭。进入 20 世纪后,工业生产由蒸汽动力向电力动力过渡,使电力生产快速增长。第二次世界大战后,由于石油及天然气廉价、清洁,被大量用于发电,全球电力工业发展迅速,图 5-1 所示为世界电源结构。目前,世界发电量和消费量多的大多是发达国家和人口众多的发展中国家。

5.3.1　火电

火力发电是目前世界上应用最广泛的发电方式,它利用煤炭、天然气、原油作为燃料发电。各国基本上立足于本国能源资源状况发展火电。在煤炭资源丰富的国家,如中国、波兰、印度、澳大利亚等,主要利用煤炭发电。一些油气资源丰富而煤炭资源少的国家,如中东各国、墨西哥等,主要用本国油气发电。有少数各种矿物能源都贫乏的国家,如日本、意大利,用进口的煤炭、天然气、原油来发电。

相关链接:燃煤电厂与雾霾

英国政府表示,计划到 2023 年限制燃煤电厂使用,到 2025 年将关闭所有的燃煤电厂。目前,煤炭发电占英国电力的近 1/3。联合国政府间气候变化专门委员会在 2014 年的报告中称,持续增长的煤炭消耗带来的二氧化碳增加,使得地球温室效应加剧。二氧化

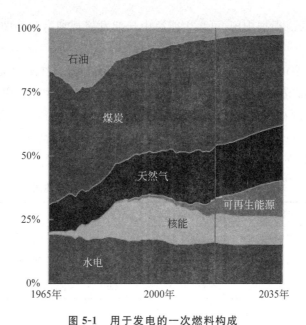

图 5-1 用于发电的一次燃料构成

资料来源：英国石油公司.BP2035 世界能源展望[R],2015.2

碳的增加使海水的酸度增加;与此同时,煤炭的燃烧产生二氧化硫和其他一些有毒化学物质,导致了建筑物结构的损伤以及人体的伤害。英国能源和气候变化大臣 Amber Rudd 在公布英国新的能源发展方向和能源政策时表示:"对于英国这样的发达经济体来说,依靠污染严重、50 岁高龄的燃煤发电厂是不能让人满意的。让我说得更明白一些:这样的电厂不是未来。我们需要构建新的能源基础设施,来适应 21 世纪。英国正在解决老化电厂的问题,代替以可靠、效率高、能减少碳排放的电厂。"此外,加拿大的安大略省也在 2014 年宣布,全省已经关闭所有燃煤电厂。

在经历了严重的华北地区雾霾之后,2015 年 12 月 2 日召开的中国国务院常务会议决定,在 2020 年之前对燃煤电厂全面实施超低排放和节能改造,大幅降低发电煤耗和污染排放。所谓超低排放,即燃煤电厂的主要污染物排放低于现行的《火电厂大气污染物排放标准》这一法定标准,而接近或达到天然气燃气轮机组的排放标准。国务院常务会议指出,按照绿色发展要求,落实国务院大气污染防治行动计划,通过加快燃煤电厂升级改造,在全国全面推广超低排放和世界一流水平的能耗标准,是推进化石能源清洁化、改善大气质量、缓解资源约束的重要举措。在 2020 年前,使所有现役电厂每千瓦时平均煤耗低于 310 克,新建电厂平均煤耗低于 300 克,对落后产能和不符合相关强制性标准要求的坚决淘汰关停。

资料来源:中国广播网,中国政府网

5.3.2 水电

水力资源可再生,清洁无污染,发电成本低廉,但水电建设投资大、工期长、收益慢,因此各国对水力资源的开发程度不同。由于各国自然条件(如地形、水文等)不同,拥有的水力资源也不同。中国可开发水能装机容量为 3.78 亿千瓦,每年可发电量为 1.92 万亿千瓦·时,居世界首位。根据中国《可再生能源中长期发展规划》,到 2020 年水电装机容量将达到 3 亿千瓦。

其他水力资源多的国家有加拿大、巴西、美国、俄罗斯等。在水力资源丰富、经济又比较发达的国家,大都充分利用水力发电,它们的电源结构中,水电占很大比重,见表 5-3。发达国家对水力资源在 20 世纪六七十年代进行了充分开发。欧洲国家的水力资源利用率已经达到 80%~90%,北美也达到了 60%~70%。而目前发展中国家的水力利用率还较低,不少国家还处在初始利用阶段。

表 5-3　2015 年水电占一次能源消费比例最高的国家

排名	国家	水电比例(%)	排名	国家	水电比例(%)
1	挪威	66	4	巴西	27.9
2	瑞典	31.9	5	新西兰	26.7
3	瑞士	30.4	6	加拿大	26.3

资料来源:BP *Statistical Review of World Energy*,2016

当今世界水电的发展趋势表现在以下几个方面:第一,水电建设规模越来越大。随着电力需求量的增加和水电建设技术水平的提高,以及超高压远距离输电技术的发展,水电站规模越来越大。中国的长江三峡水电站,装机容量达 1 820 万千瓦,年发电量 847 亿千瓦·时,居世界第一位。第二,注重发挥综合效益。修建具有一定库容的水电站,不仅能提供电力,而且一般还具有防洪、灌溉、航运、养殖、旅游等综合利用价值。第三,修建抽水蓄能电站。为了满足电力系统中调峰的需要,各国纷纷修建抽水蓄能电站,这是一种在较长时间储蓄大量电能的经济可靠的手段。

5.3.3　核电

1954 年,苏联建成了世界上第一座核电机组,从此人类进入了和平利用核能的时代。目前,核电与水电、火电一起构成了世界电源供应的三大支柱,在世界电源结构中占重要地位。在日本福岛核事故前,核能发电占全球电力供应的 15% 左右;福岛核事故后,日本大量机组停运,2012 年以来全球核能年发电量占比降至 11%~12%。

随着世界能源需求、环境保护压力的不断增加,越来越多的国家表示了对于发展核能的兴趣和热情。核电价格较便宜,供应稳定,但核电站建设投资大。世界核发电能力多的国家主要是发达国家。矿物能源和水力资源较贫乏而经济发达的国家往往重视利用核能,如法国、韩国、日本、英国等。根据 2013 年底的数据,核电占国家总发电量份额较高的国家有:法国(73.3%)、比利时(52.1%)、斯洛伐克(51.7%)、匈牙利(50.7%)、乌克兰(43.6%)、瑞典(42.7%)、瑞士(36.4%)、捷克(35.9%)等。

世界核电站分布情况如图 5-2 所示。截至 2014 年底,全球共有 437 个运行中的核动力堆,71 座在建动力堆,150 座永久关停动力堆,2 座长期关停动力堆。在运行中的核动力堆里面,美国达到 99 座,为全球最高;法国共 58 座,位居第二位;日本 48 座,排第三位;俄罗斯 33 座,排第四位。美国在世界核电领域处于主导地位,从技术历程来看,费米反应堆首次实现自持核反应,西屋公司设计了第一座商业化核反应堆,通用电气公司设计了首座沸水堆,率先设计出非能动三代压水堆,美国目前在第四代核反应堆的研发中仍占据了领先优势。

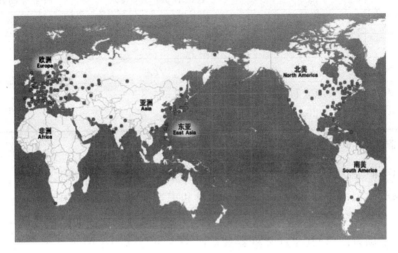

图 5-2　世界核电站分布

资料来源:百度图片

　　截至 2016 年 1 月,中国大陆运行的核电机组有 30 台,总装机容量 2 831 万千瓦,在建的核电机组 24 台,总装机容量 2 672 万千瓦,在建的核电机组排名世界第一。在经历了核电建设初期从美国、法国、俄罗斯等多国的技术引进后,目前从技术水平来看,中国与世界核电大国已经基本同步。目前中国投入运行的主要是 2 代和 2 代＋的核电机组,在建的已经逐渐向 3 代技术的核电机组转变,第 4 代核电机组也在研发。

5.3.4　风电

　　风电的高速增长是由其越来越有竞争力的价格驱动的,同时风电价格稳定,并能够帮助缓解大气污染。2014 年,全球风电产业发展形势良好,全球新增风电装机容量 5 252 万千瓦,同比增长 44%。截至 2014 年底,全球风电机组累计装机容量 37 134 万千瓦,同比增长 16.6%。2014 年,全球风电年发电量达到 7 500 亿千瓦·时,2014 年底风电占全球电力需求比例为 3.4%。风电利用比例高的国家有:丹麦 39%,西班牙 21%,葡萄牙 20%,爱尔兰 16%,德国 10%。在 2014 年,全球新增海上风电装机 1 720 兆瓦,欧洲海上风电场正在向大型化和深海领域发展,德国和英国在海上风电方面处于领先位置。

表 5-4　2014 年风电装机容量排名前十的国家

排名	国家	装机容量(万千瓦)	占全球的比例(%)
1	中国	11 460.9	31
2	德国	6 587.9	17.74
3	美国	3 916.5	10.55
4	西班牙	2 298.7	6.2
5	印度	2 246.5	6.1

排名	国家	装机容量(万千瓦)	占全球的比例(%)
6	英国	1 244.0	3.4
7	加拿大	969.4	2.6
8	法国	928.5	2.5
9	意大利	866.3	2.3
10	巴西	593.9	1.6

资料来源:世界风能协会

　　2014年,非经合组织国家的风电装机容量超越了传统的欧洲和北美市场。非经合组织国家的风电发展由中国和巴西引领,墨西哥和南非紧随其后。中国的年新增装机达到了创纪录的2 300万千瓦,累计装机容量达到11 460.9万千瓦。而巴西也跃居2014年全球新增风电市场第四位,其累计装机容量首次进入了全球排名前十之列。到2014年底,亚洲的累计风电装机容量也首次超过了欧洲,说明全球风电产业的重心正在从欧洲移到亚洲。2014年风电装机容量排名前十的国家见表5-4。2014年新增风电装机容量中,市场份额居前的十大设备制造商见表5-5。

表5-5　2014年全球风电容量销售排名前十的制造商

排名	风电设备制造商	新增风电装机容量(MW)	占全球的比例(%)
1	维斯塔斯(丹麦)	6 254	12.3
2	西门子(德国)	5 068	9.9
3	GE风能(美国)	4 624	9.1
4	金风科技(中国)	4 593	9.0
5	Enercon(德国)	3 957	7.8
6	苏司兰(印度)	2 947	5.8
7	联合动力(中国)	2 593	5.1
8	歌美飒(西班牙)	2 399	4.7
9	明阳风电(中国)	2 263	4.4
10	远景能源(中国)	1 963	3.8

资料来源:世界风能协会

 拓展案例:快速发展的欧洲风电

　　欧洲的离岸风电装机总量在2015年出现了翻倍增长,值得注意的是,德国开始超过英国,成为新建风力发电机组最多、风电领域发展最快的欧洲国家。名为 Agora Energiewende 的德国能源智库称,2015年德国可再生能源发电量再创新高,占能源生产的比重从2014年的27.3%增加到32.5%。据彭博新能源金融(BNEF)报告,2014年全球风电设备数量同比增加了25%,发电功率达到6.2万兆瓦。2015年,英国和荷兰分别发了 556 兆瓦和 180 兆瓦的离岸风电,而德国生产了 2 282 兆瓦离岸风电。德国在能源领域的目标是,到 2030 年实现可再生能源发电量占总发电量的 45%。而风电领域的目标是到 2020 年实现风电装机容量 6 500 兆瓦,实现能源转型。另一个值得注意的欧洲风电国家是丹麦,该国 2015 年 42% 的发电量均来自风电,创下全球最高风电占比纪录。该国的目标是到 2050 年使风电占比达到 50%。

欧洲风能协会(EWEA)发言人奥利弗弗称,2015 年欧洲海上风电投资同比增加了一倍,达到 133 亿欧元。不久,全球第一座适合冰冻环境的风力发电场也即将在芬兰海岸开工建设,包括 10 座 4 兆瓦的风机,总投资 1.2 亿欧元。像芬兰这样拥有较长海岸线、海水较浅、海床坚固且具备强风气候条件的地区是海上风力发电场的绝佳选址。

国际能源组织估计,到 2050 年风力发电将占全球总发电量的 18%。欧洲风能协会(EWEA)呼吁各国政策制定者需要为 2020 年后的风力发电领域发展设立明确目标,因为只有在政策的鼓舞之下,投资者和从业者对这个市场的前景才会更加看好。

资料来源:第一财经日报,2016 年 2 月 4 日

5.3.5 光伏发电

近年来,随着各国对可再生能源发展的重视,太阳能光伏发电成为世界新能源领域的一大亮点。2000 年至今,全球太阳能光伏发电市场一直处于持续、快速的发展过程中。一直以来,欧盟国家是太阳能光伏行业的领跑者。随着 2011 年以来欧债危机的爆发,以德国、意大利为代表的欧盟各国迅速削减补贴,需求迅速萎缩,2013 年欧洲新增光伏装机容量 1 025 万千瓦,占全球新增装机总量由 2008 年的 85.12% 下降到 2013 年的 27.70%。而以中国、日本、美国为代表的新兴光伏发电市场发展较快,份额持续攀升,其中中国占全球新增装机总量份额由 2008 年的 0.6% 增长到 2013 年的 30.54%,首次跃居全球首位。2013 年,日本的光伏新增装机容量为 690 万千瓦,位居全球第二位;美国为 480 万千瓦,位列全球第三位。光伏产业正从依赖欧洲市场向全球化迈进。

2008 年全球光伏发电平均每度电成本约为 38 美分,2015 年则下降至 7.3 美分左右,预计未来 5 年内还会再度下降 30%。成本的下降将会成为整个系统成本下降以及融资成本下降的标志,这意味着产业高速发展时机到来。2015 年,全球光伏市场强劲增长,新增装机容量超过 5 000 万千瓦,同比增长 16.3%,累计光伏容量超过 23 000 万千瓦。日本、美国、欧洲的新增装机容量分别达到 900 万千瓦、800 万千瓦和 750 万千瓦,依然保持强劲势头。太阳能光伏应用在东南亚、拉丁美洲诸国也发展迅猛,印度、泰国、智利、墨西哥等国装机规模快速提升,如印度在 2015 年达到 250 万千瓦。2015 年,中国光伏发电新增装机容量达到 16 500 万千瓦,增量继续位居全球首位。

目前,中国光伏产业已经开始走上了自主研发新技术的道路且颇有成效。高效多晶硅电池平均转换效率、单晶硅电池平均转换效率以及汉能薄膜发电技术均已达到国际领先水平。从光伏应用市场情况看,现阶段国内新增光伏装机容量和累计装机容量主要集中在大型地面电站,而分布式电站占比较小。截至 2015 年 9 月,中国地面电站装机占 83.5%,分布式光伏装机仅占 16.5%,这与发达国家形成反差。随着中国西北地区地面电站的逐渐饱和,以及光伏发电平价上网的条件达成,未来分布式光伏发电将迎来发展良

机,配合储能技术的成熟,华东、华南将兴起建设分布式光伏电站的热潮。

5.4　化　学　工　业

全球化学工业通过持续不断的并购联合等战略措施调整产品结构,强化核心业务,逐步形成了一批专业性强、市场化程度高、处于技术垄断地位的大型跨国公司。它们无论是对资源的占有还是技术市场的垄断,都在全球占主导地位。美国化学学会的《化学与工程新闻》杂志每年会推出全球化工 50 强排行榜,按照各公司上年度化学品销售额排名。2015 年,德国巴斯夫公司(BASF)以 787 亿美元雄踞榜首,这是巴斯夫连续第 10 年获此殊荣。陶氏化学以 582 亿美元位居第二,中国石化以 580 亿美元排名第三。第四名至第十名分别为:沙特基础工业公司、埃克森美孚、台塑、利安德巴塞尔、杜邦、英力士和拜耳。

进入 21 世纪以来,发达国家的经济增长速度趋缓,石油化工产业进入成熟期,这是由于能源成本不断上涨以及环境要求更加苛刻等因素,使大宗石化产品的利润变薄,迫使大型化工企业纷纷采取低成本战略,以提高自身的竞争能力。与发达国家相反,具有市场资源和丰富能源、石化工业初具规模的发展中国家,在发达国家调整时期,正在积极寻求自身发展的机会。发展中国家尤其是亚洲地区石化工业发展迅速,正处在由粗放型向集约化经营转变的过程中。

由于世界发达国家化工产品市场已经处于饱和状态,加之环保压力,运输和劳动力价格等因素,其初级化工产品、大宗石化产品及传统化工产品的生产正在向拥有广阔市场、丰富原料和廉价劳动力的发展中国家迁移,特别是亚洲地区化学工业投资增长迅速。由于亚洲的快速增长,欧洲化学工业占世界总量的份额将持续下降。新兴经济体的快速发展,为全球化学工业提供了强大动力和市场空间,并推动市场增长重点由北美、西欧加快向亚太迁移。

从投资的产业方向来看,未来美国将更多地关注可再生能源、生物质产业;西欧和日本将重点放在精细与专用化学品、新材料的生产和研发上;中国、印度、巴西和俄罗斯将在大宗有机原料和化学品上增加投资的同时,向高技术含量的特种化学品和新材料过渡;中东则依靠丰富的石油和天然气资源,重点发展大型基础有机原料。

为应对生态环境危机、气候变化等严峻挑战,大型化工企业都增加了研发投入,致力于新能源、化工新材料、节能环保等新兴产业领域的科技创新。高端化工材料的研制和开发备受关注,特别是生物医药、包装材料、电子化学品、新型建材等将加快发展。

5.5　汽　车　工　业

1886 年,德国人本茨和戴姆勒先后用汽油发动机装在三轮和四轮车上做动力,发明了汽车。1913 年福特公司首创世界第一条汽车装配流水线,这使得汽车产量迅速扩大、成本不断下降,汽车工业进入规模化时代。到第一次世界大战结束时,世界上的一半汽车是福特 T 型车。汽车生产所需原材料来自钢铁、机械、电子、化学、建材、纺织、橡胶等许多部门,因此汽车工业的发展有利于带动一系列工业部门的发展。一百多年来,汽车技术的进步和汽车工业的发展对人类文明和经济发展产生了无与伦比的促进作用。

　　20 世纪 50 年代以前,世界汽车工业主要集中在美国和西欧,1949 年美国、加拿大和西欧的汽车产量占世界的 94.5%。20 世纪 60 年代以后,日本汽车工业飞速发展,后来居上。20 世纪 80 年代后,新兴市场国家的汽车工业迅猛发展,如韩国、巴西、墨西哥、中国等。

　　随着东亚经济的崛起、中东欧经济的转轨以及拉丁美洲经济的复兴,世界汽车工业的分布正发生着较大变化。中国汽车产量飞速增加,2010 年起跃居世界首位。中欧的波兰、捷克、匈牙利、斯洛伐克等国已经成为欧洲新兴的汽车生产基地。拉丁美洲的巴西和墨西哥也都以汽车工业为支柱产业。2015 年全球十大汽车生产国见表 5-6。中国稳居全球最大汽车生产国,产量相当于排名第二的美国的两倍。

表 5-6　2015 年全球十大汽车生产国

排名	国　家	汽车产量(万辆)	同比变化(%)	排名	国　家	汽车产量(万辆)	同比变化(%)
1	中国	2 450.33	3.3	6	印度	412.57	7.3
2	美国	1 210.01	3.8	7	墨西哥	356.55	5.9
3	日本	927.82	−5.1	8	西班牙	273.32	13.7
4	德国	603.32	2.1	9	巴西	242.95	−22.8
5	韩国	455.60	0.7	10	加拿大	228.35	−4.6

资料来源:世界汽车组织 OICA

　　当然,世界汽车工业分布发生变化,并不是传统的汽车生产大国已衰落,而是它们进行了全球性调整。通过对外直接投资把零部件和部分车型的生产调换到劳动力便宜、市场广阔的发展中国家去,以降低成本、拓宽销售市场,而高端产品留在国内生产,并继续主导世界汽车市场。2014 年世界主要汽车制造商见表 5-7。

表 5-7　2014 年世界主要汽车制造商

序号	汽车制造商	总部所在国	产量(辆)	序号	汽车制造商	总部所在国	产量(辆)
1	丰田	日本	10 475 338	11	雷诺	法国	2 761 969
2	大众	德国	9 894 891	12	宝马	德国	2 165 566
3	通用	美国	9 609 326	13	上海汽车	中国	2 087 949
4	现代	韩国	8 008 987	14	戴姆勒—奔驰	德国	1 973 270
5	福特	美国	5 969 541	15	长安	中国	1 447 017
6	日产	日本	5 097 772	16	马自达	日本	1 328 426
7	菲亚特	意大利	4 865 758	17	东风	中国	1 301 695
8	本田	日本	4 513 769	18	三菱	日本	1 262 342
9	铃木	日本	3 016 710	19	北京汽车	中国	1 115 847
10	标致雪铁龙	法国	2 917 046	20	塔塔	印度	945 113

资料来源:中国汽车工业协会

从汽车销售量来看,2015 年全球汽车销量前十名的国家依次是中国、美国、日本、德国、印度、英国、巴西、法国、加拿大和韩国。2015 年部分国家或地区人均汽车销量见表 5-8。中国、美国和日本虽然汽车产量和销量均居于前三位,但是美国与中国、日本不同的是其汽车销量远高于产量,和美国相似的还有英国、俄罗斯、法国等。而日本、韩国、德国等则是汽车产量高于销量。尽管有产业内贸易的情况存在,主要国家汽车产销量的对比还是能够大致反映汽车产品的国际贸易格局和流向。例如,美国是主要的汽车进口国,而日本、韩国和德国则是主要的汽车出口国。

表 5-8   2015 年部分国家或地区人均汽车销量

排名	国家或地区	人均销量 (辆/万人)	总销量 (辆)	排名	国家或地区	人均销量 (辆/万人)	总销量 (辆)
1	卢森堡	917	51 607	35	葡萄牙	205	213 654
2	美国	543	17 470 659	39	中国	179	24 597 583
3	加拿大	542	1 939 949	59	俄罗斯	98	1 437 930
12	德国	432	3 539 825	66	中国香港	80	58 800
16	日本	398	5 046 511	87	越南	23	209 804

资料来源:国际汽车制造商协会,国际货币基金组织

从汽车产品的需求侧来看,世界范围内的汽车需求增长主要体现在目前基数较低的发展中国家。图 5-3 显示了世界汽车保有量的预计增长情况,可见非经合组织国家是今后汽车销售的主要市场,世界汽车工业仍然具有很大的发展空间。

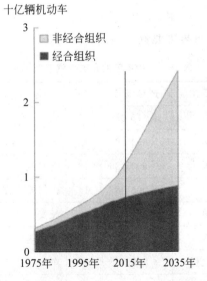

图 5-3   世界汽车保有量的预计增长情况

资料来源:英国石油公司.BP2035 世界能源展望[R],2015.2

5.6　电子信息工业

电子信息工业的产品范围广泛,包括电子计算机、通信设备、消费电子产品、电子元件,以及办公、医疗、工业、军用设备等。20 世纪 90 年代以来,电子信息技术飞速发展,成为促进世界经济增长的原动力,使世界经济进入一个繁荣发展的新时期。因此,电子信息工业的发展受到各国重视,投入研发的费用越来越多,生产和销售规模也越来越大。

美国是全球最大的电子信息产品的生产国和消费国。美国电子信息工业分布广泛,主要分布在旧金山硅谷、波士顿 128 号公路、西部的丹佛和菲尼克斯、南部的休斯敦和达拉斯等地。日本是仅次于美国的世界第二大电子信息产品的生产国。日本电子信息产品的生产主要集中在"三湾一海"的太平洋沿岸和九州岛南部,如东京、大阪、神户、横滨、名古屋、筑波等地。

未来世界电子信息产业将持续增长,新兴经济体地位不断提升。从区域格局看,亚洲和其他新兴经济体市场份额将提高,美、欧、日等发达经济体市场份额会下降,新兴市场国家将成为带动全球电子信息产业发展的新引擎。韩国面板产业加快外迁,日本在大地震后逐步将包括设计环节在内的产业链上游转到中国和越南,欧美电子信息制造业也继续向发展中国家迁移。中南美及亚太地区的部分发展中国家成为国际金融危机后引领全球信息产业复苏的主导力量。其中,除中国已具备成为全球电子信息制造业大国的能力之外,墨西哥、巴西、马来西亚、越南等国家在电子信息工业承接全球产业迁移方面也逐步发挥更大作用。

目前,全球新一代信息技术集成化、融合化、多样化演进趋势日益突出,技术升级换代速度快,新兴增长点多且拉动性大,促使旧有垄断格局开始瓦解。全球各主要经济体业已同步进入一个领域更为宽广、增长更为迅速,但竞争程度也更为激烈的发展阶段。在技术层面,网络的高速化及融合发展为新型移动智能终端的兴起提供了基础条件,对传统体系产生了巨大冲击。以苹果 iOS 和谷歌 Android 为代表的操作系统在智能手机、平板电脑等领域得到广泛应用,成为产业竞争新的制高点。在产业层面,基于软件、内容和终端的产业链整合成为推动产业增长的新引擎。在应用层面,以移动互联网、云计算、物联网为核心派生出的大批新兴应用崛起。这不仅催生了大量的商业模式创新,更促使一批以满足消费者用户体验为主业方向的新兴企业蓬勃发展,如 Facebook、Twitter 等,推动产业竞争格局进一步多元化。建立在信息技术应用基础上的服务业将高速增长,特别是电子商务、互联网金融、软件和服务外包等新型门类。

复习思考题

一、简答题

1. 简述世界钢铁工业空间布局的演变趋势和原因。
2. 简述汽车工业分布国际梯度变迁的规律和动因。

二、案例分析

1. 中欧钢铁贸易纷争

2016年2月15日,5 000多名来自钢铁等行业的工会代表以及游说组织人员在欧盟总部布鲁塞尔游行,试图将陷入窘境的欧洲钢铁业同欧盟给予中国市场经济地位的问题相挂钩,阻止欧盟授予中国市场经济地位。汇集了30家欧洲行业组织的商业游说联盟AEGIS Europe,更是打出了"阻止中国倾销,阻止中国获得市场经济地位"的口号。

根据中国商务部数据,2015年中国钢铁工业遭遇的贸易摩擦案件共37起,涉案金额达47亿美元,这是连续第八年处于遭遇贸易摩擦次数最多的行业首位。钢铁已经成为中欧贸易摩擦频发的重点领域。自2014年以来,欧盟针对中国产品发起贸易救济调查共计15起,其中钢铁类产品8起,占比超过半数。

中国商务部负责人强调,产能过剩是当前全球钢铁行业面临的共同问题,需要各成员方协同应对。中国政府对处理钢铁产能过剩问题非常重视,正采取一系列措施并付出很大的代价。不过处在困境之中的欧洲钢铁行业对此并不买账。要求对中俄两国展开反倾销调查的欧洲钢铁行业协会出具数据显示,2015年欧洲钢材进口总量在第四季度同比增长51%,来自中、俄、乌兹别克斯坦三国的钢材占欧洲市场约60%。与此同时,欧洲钢铁行业就业人员自2009年来已减少25%左右。

然而即便是在欧盟内部,对于究竟是反倾销还是在实行新的贸易保护主义尚有争论。英国商务大臣贾伟德(Javid)表示,如果不恰当地征税,将对英国钢铁消费者产生不利影响。到目前为止,包括钢铁行业在内的游说组织所采取的策略是试图将钢铁行业反倾销问题同欧盟给予中国市场经济地位的问题挂钩,欲阻止中国获得市场经济地位,从而继续维持在反倾销调查中"替代国"的计算方式。中国商务部表示,根据《中国加入世贸组织议定书》相关条款,在2016年12月11日之后,针对中国的反倾销"替代国"做法将失去多边法律依据,各成员方应立即停止使用"替代国"做法。欧盟的解决方案可能是:授予中国市场经济地位,并确保对欧盟重点行业的长期保护,比如附带对重点行业(钢铁或化工)贸易保护的协商解决方案。

资料来源:第一财经日报,2016年2月15日

问题:欧洲钢铁工业发展的困难及原因是什么?

2. 中国工人薪资上升,在华美企"回巢"增加

据美国《纽约时报》网站2016年7月25日报道,中国拥有大批工人,且其薪资水平远远低于美国工人,这对想要削减成本、提高利润率、维持低价的制造商而言颇具吸引力。然而在今天的中国,经济增长放缓,生产成本不断升高,来自外国(包括美国)制造业的竞争日益加剧,工人可能丢掉工作。德勒有限公司与美国竞争力委员会联合发布的《2016全球制造业竞争力指数》报告称,预计未来五年内,美国有望超越中国成为全球最具竞争力的制造业大国。

随着中国经济向前发展,许多行业涌现出新机会,流水线工作的吸引力已经不像以前那么有吸引力了。于是,为了吸引工人,经理们开出了更高的工资。与此同时,深圳及其他工业重镇的地方政府一直稳步提高强制性最低工资标准,以便提升工人家庭的福利水

平,并促使企业生产附加值更高也更昂贵的产品。报道称,上述因素共同推高了中国工厂工人的薪资水平。与其他许多新兴经济体相比,中国当前的劳动力成本要高出一大截。越南工厂里的工人赚的钱还不到中国工人的一半,孟加拉国等国工人的薪水还不到中国工人的 1/4。

生产成本不断升高还极大地改变了中国相对于美国的竞争地位。波士顿咨询集团(简称 BCG)于 2015 年开展的一项研究显示,把薪资水平、工人的生产率、能源成本以及其他因素考虑在内,中国主要出口加工区的制造成本几乎与美国相当。由于大幅降低成本这一好处不见了,越来越多的美国企业正在"回巢",也就是把工厂迁回美国本土。根据 BCG 在 2015 年开展的另一项针对美国制造企业的调查,24% 的受访者表示,正积极地把生产从中国搬回本土,或者打算在未来两年内这样做。而在 2012 年,这一比例仅为 10%。这意味着美国工厂的工人会得到更多工作机会。

尽管中国向美国出口服装的规模依然遥居首位,但也面临成本更低的亚洲对手越来越多的竞争。在位于北京的中国美国商会担任主席的吉莫曼说:"中国并不是一个对所有低成本岗位都有吸引力的地方,中国正在往价值链上游走,这意味着会出现调整。"

资料来源:参考消息网,2016 年 7 月 31 日

问题:中国在世界工业版图中的角色将会发生什么变化?

第 6 章

世界服务业发展与贸易

英国统计局(ONS)的数据显示,英国 2015 年 1 月整体贸易赤字 44 亿英镑,赤字强劲收窄,创 2000 年 10 月以来的最低水平,这是受服务业出口飙升所提振。1 月服务业出口升至高位,服务贸易盈余 78 亿英镑,创下单月最高纪录。尽管英国经济复苏持续强劲,但是该国的国内需求和对欧元区出口,却受到强势英镑的打压。虽然英国的消费者信心依然强劲,但是经济持续且均衡增长需要企业投资和出口都作出更大的贡献。

资料来源:FX168 财经网

问题:服务贸易可以在一国经济增长和国际收支平衡中发挥什么作用?

本章学习目标

- 理解现代产业发展规律,认识服务业与服务贸易的战略地位;
- 了解国际旅游、金融服务等主要服务部门的全球性格局。

6.1 服务业与服务贸易发展

6.1.1 各国服务业发展

"二战"之后,美国等发达经济体都相继从工业经济社会进入服务经济社会,服务业增加值与就业在国民经济中所占的比重很高。与此同时,经济形态的相对落后,特别是服务业发展滞后,成为制约发展中经济体基础设施改善、贸易便利化、国际竞争力提升、民生改善乃至经济可持续发展的结构性障碍。因此,这些经济体正面临工业化和服务化的双重任务,即在促进工业化转型升级、实现新兴工业化的同时,完成整体经济的服务化转型。

服务业促进了产业融合和经济融合。在服务业发展的影响下,其他产业尤其是制造业也发生了很多变化,比如日趋轻型化、高附加值化、服务与商品的互补性等。一些学者认为,农业、采掘业和制造业是经济发展的砖块,而服务业则是把它们黏合起来的灰泥。服务业是经济的黏合剂,是有助于一切经济交易的产业。总之,服务业在国民经济和世界经济中的地位不断上升,已不再是"边缘化的经济活动",而是位于经济的核心地带。也正因为如此,服务业成为经济增长和效率提高的助推器、经济竞争力提升的牵引力、经济变革与经济全球化的催化剂。表 6-1 是世界部分经济体的三次产业结构。

表 6-1　世界部分经济体的三次产业结构（2014 年）　　　　单位：%

经济体	第一产业	第二产业	第三产业
新加坡	0.03	25.11	74.86
中国香港	0.06	7.20	92.74
英国	0.61	19.76	79.63
比利时	0.74	22.51	76.75
德国	0.75	30.69	68.56
日本	1.21	26.21	72.58
美国	1.45	20.50	78.05
沙特阿拉伯	1.92	56.93	41.15
葡萄牙	2.29	21.19	76.51
韩国	2.34	38.23	59.42
俄罗斯	3.95	36.27	59.78
巴西	5.56	23.41	71.03
土耳其	8.03	27.08	64.89
中国	9.16	42.64	48.19
印度	16.96	30.05	52.99
老挝	27.54	31.28	41.18
埃塞俄比亚	42.33	15.43	42.25
世界平均	3.09	26.42	70.49

资料来源：世界银行

　　中国在传统计划经济体制下，一直不重视服务业，导致其发展十分缓慢。由于理论观念的影响，大部分服务业被当作社会福利事业，而不是当作经济部门来看待。改革开放以后，服务业进入了恢复和发展的新时期。直到近些年，服务业才成为中国经济增长的关键力量之一，服务业投资增速明显超过整体投资的增速。2014 年服务业投资超过 28 万亿元，增长 16.8%，比第二产业高出 3.6 个百分点。服务业在快速增长的同时，也呈现出内部分化和结构优化的趋势。一方面是交通运输业、邮电通信业等传统服务业增速放缓；另一方面是新兴服务业蓬勃发展，互联网信息服务、汽车租赁、节能技术推广服务、知识产权服务等新兴业务快速增长。

6.1.2　世界服务贸易发展

　　自 1986 年国际服务贸易成为"乌拉圭回合"新议题以来，服务贸易日益得到各国的重视。据 WTO（世界贸易组织）年度报告的数据显示，1991—2011 年全球服务贸易额年均增长速度超过 8%，远高于世界同期 GDP 的增长速度。根据世界贸易组织的报告，2015年世界服务贸易总额为 47 万亿美元，服务贸易发展继续快于货物贸易，服务贸易占世界贸易比重较 2014 年提高 1.1 个百分点，上升至 22.2%。全球服务贸易发展的地区及国别不平衡比较突出。世界服务贸易的 80% 左右集中在发达国家和亚洲新兴经济体,欧美发达国家展现出强大实力,美英等服务贸易强国一直保持顺差。新兴市场国家的服务贸易发展势头良好,中国、印度、新加坡等均增长迅猛,2015 年世界主要服务贸易经济体的情况如表 6-2 所示。

表 6-2　2015 年世界主要服务贸易经济体比较

经济体	服务出口额 (10 亿美元)	服务进口额 (10 亿美元)	服务出口占该国出口贸易 总额的比重(%)
美国	690	469	31.08
英国	345	208	43.84
德国	247	289	15.76
法国	239	228	28.18
荷兰	178	157	23.89
日本	158	174	20.18
印度	155	122	35.02
新加坡	139	143	26.55
爱尔兰	128	151	47.69

资料来源:汤婧,夏杰长.我国服务贸易发展现状、问题与对策建议[J].国际贸易,2016(10):48-53

近几年,旅游、运输等服务贸易传统大项增长趋缓,而金融服务、计算机信息服务及商业服务等项目发展迅速。在网络信息时代,文化具有独特的渗透力。为了扩大文化国际影响力,发达国家都在大力发展文化产业和文化贸易。电影音像等细项在欧盟和北美国家的优势越来越明显。同时,亚洲新兴国家的计算机与信息服务快速发展,竞争力明显提升。

国际范围内服务业开放的水平与标准将有新的提升。1986 年开始的"乌拉圭回合"谈判首次将服务贸易列为新议题,目标是为实现服务贸易自由化,制定各缔约方普遍遵守的国际服务贸易规则,即《服务贸易总协定》(GATS)。然而很多年过去了,WTO 框架下的服务贸易谈判尽管取得一些进展,但结果并不理想。为了加快服务领域开放步伐,一组自称为"服务的真正好朋友"的经济体开始着力推动新的诸边《服务贸易协定》(TISA)。TISA 是一个雄心勃勃的服务贸易协定,未来很有可能多边化。TISA 将一改 GATS 的"混合清单"开放模式,采用"负面清单"开放模式。因此,服务业开放国际规则的"升级"必将极大地推动有关经济体服务业的市场化、自由化和国际化。

相关链接:2015 年的中国服务贸易

2015 年,中国服务进出口总额占对外贸易总额(货物和服务进出口之和)的比重为 15.4%,较上年提升 2.7 个百分点;服务出口占比为 11.2%,同比提升 0.8 个百分点;服务进口占 20.5%,提升 5.1 个百分点。当前,中国正处于经济增长方式转变的进程之中,服务贸易具有知识含量高、资本和技术密集、资源消耗少等特点,其比重的提升将有力促进中国外贸结构优化。这背后,是中国服务业整体占比提高。2015 年,中国服务业增加值占 GDP 的比重达 50.5%,比上年增加 2.3 个百分点。服务贸易主要领域与国内相关产业发展联动性不断增强。

2015 年,中国实现服务进出口总额 7 130 亿美元,比上年增长 14.6%。其中出口 2 881.9 亿美元,同比增长 9.2%;进口 4 248.1 亿美元,增长 18.6%,增幅均比上年提升。其中高附加值服务出口规模进一步扩大,服务出口结构继续优化。电信、计算机和信息服务出口 270 亿美元,同比增长 25%,占服务出口总额比重提升 1.5 个百分点;专业管理和咨询服务出口 291 亿美元,同比增长 13.6%,占比提升 0.7 个百分点;广告服务、文化和娱乐服务、知识产权使用费出口增幅分别达 37.1%、43.9%、64.9%,占比均比上年提高。分区域来看,2015 年中国中西部地区服务进出口占比为 15%,比"十一五"末(2010 年)增加 6 个百分点。

资料来源:新浪财经

6.2　国际旅游业

6.2.1　增长历程

在过去 60 年中,旅游经历了持续扩张和多元变化,已经成为全球经济中最大和增长最快的行业之一。许多新兴目的地已经成为继欧洲、北美等传统热门目的地之外的新宠。全球国际游客到访量从 1950 年的 0.25 亿人次、1980 年的 2.78 亿人次、1995 年的 5.27 亿人次,增长到 2014 年的 11.33 亿人次。全球范围内旅游目的地的国际旅游花费在 1950 年为 20 亿美元,1980 年增加到 1 040 亿美元,1995 年增长至 4 150 亿美元,在 2014 年达到 12 450 亿美元。旅游业已经成为创造就业、出口创收以及拉动基础设施建设的驱动力。

根据世界旅游组织长期预测报告《旅游走向 2030 年》(*Tourism Towards 2030*),全球范围内国际游客到访量从 2010 年到 2030 年,将以年均 3.3% 的速度持续增长,到 2030 年将达到 18 亿人次。在 2010—2030 年,新兴目的地的游客到访量预计将以年均 4.4% 的速度增长,是发达经济体年均 2.2% 增速的两倍。新兴经济体的市场份额从 1980 年的 30% 增加至 2014 年的 45%,预计到 2030 年达到 57%。

6.2.2　主要旅游国家的近期表现

从 2014 年来看,美洲国际游客到访量增加最强劲,增速为 8%;亚太和中东市场的国际游客增速为 5%;欧洲的国际游客增长为 3%,非洲国际游客到访量增长为 2%。2014 年全球范围内,国际游客花费达到 12 450 亿美元,比 2013 年的 11 970 亿美元继续提升,剔除外汇波动和通货膨胀因素,实际增加达 3.7%。2014 年国际游客到访量和旅游收入方面,法国、美国、西班牙和中国继续居全球前列。见表 6-3 和表 6-4。

就旅游外汇收入排名而言,中国位居第三位。墨西哥重新进入国际游客到访量前十名单,位居第十位。中国澳门和香港特别行政区,都跻身于全球旅游收入前十,分别以 508 亿美元和 384 亿美元位居第五位和第十位。

表 6-3　2014 年国际游客到访量前十名的国家

排名	国家	国际游客到访量（百万人次）
1	法国	83.7
2	美国	74.8
3	西班牙	65.0
4	中国	55.6
5	意大利	48.6
6	土耳其	39.8
7	德国	33.0
8	英国	32.6
9	俄罗斯	29.8
10	墨西哥	29.1

资料来源：世界旅游组织（UNWTO），《2015 全球旅游报告》

表 6-4　2014 年国际旅游收入前十名的国家和地区

排名	国家或地区	国际旅游收入（亿美元）
1	美国	1 772
2	西班牙	652
3	中国	569
4	法国	554
5	中国澳门	508
6	意大利	455
7	英国	453
8	德国	433
9	泰国	384
10	中国香港	384

资料来源：世界旅游组织（UNWTO），《2015 全球旅游报告》

6.2.3　主要旅游目的地城市

一个城市接待国际旅游的规模、收入和人均旅游花费，是衡量一个城市的经济、社会、文化和生态环境的整体水平，衡量它的国际影响和旅游发展水平的最直观的标志，同时也折射出城市所在国的国际形象和国际软实力。

万事达卡发布了 2014 年世界旅游目的地城市预测指数（master card global destination cities index），见表 6-5。在世界 20 强入境旅游目的地城市中，亚洲 10 座，欧洲 8 座，美洲 2 座，表明亚洲旅游已经崛起，欧洲独大的局面已经打破。按国家分，中国 3 座、意大利 2 座，其余国家均为 1 座。该表还显示，香港、台北和上海是大中华区名列前茅的三大国际旅游城市。

表 6-5　2014 年世界 20 强入境旅游目的地城市

排名	目的地城市	国家	入境游客（百万人次）	人均花费（美元）
1	伦敦	英国	18.69	1 032.6
2	曼谷	泰国	16.42	791.7
3	巴黎	法国	15.57	1 091.8
4	新加坡	新加坡	12.47	1 146.8
5	迪拜	阿联酋	11.95	912.1
6	纽约	美国	11.81	1 574.9
7	伊斯坦布尔	土耳其	11.60	810.3
8	吉隆坡	马来西亚	10.81	749.3
9	香港	中国	8.84	938.9

续表

排名	目的地城市	国家	入境游客(百万人次)	人均花费(美元)
10	首尔	韩国	8.63	1 332.6
11	巴塞罗那	西班牙	7.37	1 519.7
12	阿姆斯特丹	荷兰	7.23	608.6
13	米兰	意大利	6.82	780.6
14	罗马	意大利	6.79	824.7
15	台北	中国	6.29	1 717.0
16	上海	中国	6.09	870.3
17	维也纳	奥地利	6.05	925.6
18	利雅得	沙特阿拉伯	5.59	733.5
19	东京	日本	5.38	1 375.5
20	利马	秘鲁	5.11	352.3

资料来源：美国万事达卡(Master Card)

　　世界范围内,近几年伦敦和曼谷争夺全球最大旅游目的地城市的商旅之战愈发激烈,成为全球"双雄"。2012 年、2013 年曼谷接待入境游客人数曾超过伦敦雄居世界首位。近来泰国时局动荡使曼谷入境游客人数下降,变为第二位,但潜力不可低估。

　　值得注意的是,在入境游客人均花费方面,台北市居首位,达 1 717 美元,超过纽约、伦敦、巴黎、东京、巴塞罗那等老牌旅游城市和首尔、新加坡、曼谷、吉隆坡等新兴旅游城市,表明台北接待入境游客的停留时间长、综合消费水平高。台北既没有世界闻名的世界自然文化遗产,也没有迪士尼这样的时尚主题公园,却有较强的旅游吸引力。

　　在亚太地区的城市中,外国游客花钱最多的是曼谷。2015 年,外国游客到访曼谷支出总额达到 152 亿美元。相比政局动荡对旅游业造成影响的 2014 年,游客增加了 29.7%,游客的累积逗留天数也创出了新高。居第二位的是首尔,外国游客支出了 144 亿美元,第三位的新加坡支出了 141 亿美元。在首尔和新加坡,外国游客每日平均支出分别为 258 美元、255 美元,金额较高。

　　此外,游客每日平均支出额超过 200 美元的城市还有上海(269 美元)、北京(262 美元)、香港(240 美元)和台北(224 美元)这 4 个城市。在首尔,中国游客比率非常高,达到 48.9%。外国游客在东京的总支出达到 119 亿美元,对中国人的签证发放条件放宽和日元贬值是其促进因素。在中国经济增长放缓的背景下,保持旺盛消费的中国人的存在感依然很高。在亚太地区内,2015 年中国游客的支出占整体的 20%。

6.2.4　酒店服务业的发展

　　与全球旅游业快速发展相配套的是酒店业的成长壮大。一国或一个城市的旅游竞争力在很大程度上取决于酒店的规模和质量。美国权威酒店杂志 *HOTELS* 公布的 2014 年度"全球酒店集团 325 强"(HOTELS 325)排名中,希尔顿和万豪位居前两名,见表 6-6。

中国酒店集团在该排名中表现良好,共有 34 家上榜。铂涛集团挺进十强,位列第七位;锦江紧追其后,排名第九位;如家、华住位列第十一位、第十二位;格林豪泰排在第十五位;开元位列第二十六位。中国香港的香格里拉酒店排名第三十六位。

表 6-6　全球酒店集团十强

排　名	酒　店　集　团	总部所在地	房间数(间)
1	希尔顿全球(Hilton Worldwide)	美国	715 062
2	万豪国际(Marriott International)	美国	714 765
3	洲际酒店集团(Inter Continental Hotels Group)	英国	710 295
4	温德姆酒店集团(Wyndham Hotel Group)	美国	660 826
5	精选国际酒店(Choice Hotels International)	美国	500 000
6	雅高酒店集团(Accor Hotels)	法国	482 296
7	铂涛酒店集团(Plateno Hotels Group)	中国	442 490
8	喜达屋(Starwood Hotels & Resorts Worldwide)	美国	354 225
9	锦江国际酒店集团(Jin Jiang International Hotel)	中国	352 538
10	最佳西方国际酒店(Best Western International)	美国	303 522

资料来源:《HOTELS》,2015

6.2.5　中国的国际旅游

中国作为全球第一大旅游客源市场,国际旅游量持续高速增长,2014 年中国游客海外花费同比增加 27%,达 1 650 亿美元。受可支配收入提高、旅游设施改善和出境旅游限制减少等利好因素的影响,中国出境游市场在过去 20 年增速惊人。

中国旅游研究院、Visa 公司主办的《中国入境旅游发展年度报告 2015》显示,2014 年中国入境游客满意度指数为 73.97,处于"基本满意"水平,比 2013 年下降 1.49。大范围持续的雾霾天气对中国入境游客满意度产生直接影响。入境游客对空气质量的敏感程度远大于国内游客,雾霾天气甚至被国际媒体列入全球旅游警告。此外,包括不文明行为、居民友好程度等旅游环境因素都在一定程度上影响了全年的入境游客满意度提高和旅游发展质量提升。

受全球经济复苏乏力、地缘政治、国际市场竞争加剧、人民币汇率波动、中国环境问题突出等多重因素的影响,预计中国入境旅游市场需求依然相对平稳。由于受到旅游资源、地方知名度、空间距离、旅游费用等多重因素的影响,中国入境客流的分布呈现出典型的"等级性"与"近程性"特征。就政策环境而言,免签退税政策和 72 小时过境免签拓展了入境旅游的空间。

✎ **拓展案例:方兴未艾的中国出境游**

国家旅游局统计数据显示,2015 年中国公民出境旅游 1.2 亿人次,旅游花费 1 045 亿美元,同比分别增长 12.0% 和 16.7%。目的地国家的服务体系、文化魅力和新兴旅游项目等都成为吸引中国游客的"闪光点"。例如近年来,越来越多的中国游客赴韩旅游。受"韩流"影响,许多中国游客把首次出国游目的地定为在影视剧中看到的韩国。在济州岛和板门店等著名景点,中国游客有时达到拥挤程度;在首尔的明洞、南大门及大型商场的免税店,操着各地口音的中国游客络绎不绝。

资料来源:新华社

6.3　金融服务业

6.3.1　国际金融市场的发展特点

1．全球资本流动速度加快

金融自由化浪潮、信息技术的飞速发展和新兴市场的迅速崛起,为资本在全球范围内寻求最佳回报创造了有利的环境,资本跨国流动达到空前的规模和速度。信息技术产业突飞猛进的发展,促进了金融衍生工具的创新;新兴市场快速发展对资本的需求以及投资者追求高回报,为资本流动创造了外部环境。在上述多种因素的共同作用下,国际资本流动以前所未有的数量、速度和形式迅速发展。

2．金融市场一体化加快

金融市场一体化逐步加深,主要体现在以下方面:第一,体现在各地区之间金融市场的相互贯通上。金融市场业务的网络化把全球主要国际金融中心连成一片,使全球各地的市场融为一体,打破了不同地区市场时差的限制,网上金融市场替代了传统的集中竞价交易,为金融活动提供了全天候交易场所。第二,金融市场一体化还体现在不同类型市场的贯通上。金融市场有银行信贷、债券、股票、外汇市场等众多类型,不同类型金融市场之间的联结使金融机构间的关系日益密切。从而使资金不但在某一类型市场内跨国流动,而且在不同类型市场之间灵活调度。

3．金融机构业务综合化

在金融创新的推动下,分业经营的管制失去了效力,各国金融当局不得不放松管制,使得跨国银行的经营业务扩展到非银行业务领域。跨国银行开始经营过去主要由投资银行、保险公司和其他金融机构经营的债券、信托、咨询、保险等业务,金融创新和自由化为跨国银行向"全能型银行"转变创造了条件,推动了跨国银行服务的综合化。

4．金融体制趋同化

在牙买加体系确认了浮动汇率制的合法性以后,大多数国家选择了浮动汇率制。这就为国际货币关系的协调确立了一个共性基础。金融全球化并不是简单的放松管制,而是要求政府重新建立规则,使公共力量能够约束整个金融交易,才能控制金融风险。越来越多的发展中国家正提高金融体系的透明度,完善金融监管体系。

6.3.2　金融服务实体:银行与金融中心

SNL 金融信息公司按照总资产价值排出的 2015 年世界十大银行如下:第一,中国工商银行;第二,中国建设银行;第三,中国农业银行;第四,汇丰银行;第五,中国银行;第六,摩根大通国际银行;第七,法国巴黎银行,第八,三菱日联金融集团;第九,美国银行;第十,英国巴克莱银行。总部设在北京的中国工商银行排名第一,资产价值达 3.5 万亿美元。

全球金融中心指数(GFCI)是最具权威的代表国际金融中心地位的标志。2007 年开始,该指数对全球范围内的金融中心进行评价,并且定期更新以显示金融中心竞争力的变化,每年发布两次。该指数着重关注各金融中心的市场灵活度、适应性以及发展潜力等方面。该排行榜依据商务环境、金融部门发展、基础设施、人力资本和声誉等因素,列出全球最重要的金融中心。表 6-7 是 2016 年 4 月发布的排名前二十的金融中心。

表 6-7   全球前二十的金融中心

排 名	城 市	排 名	城 市
1	纽约	11	芝加哥
2	伦敦	12	首尔
3	新加坡	13	迪拜
4	香港	14	卢森堡
5	东京	15	日内瓦
6	苏黎世	16	上海
7	华盛顿	17	悉尼
8	旧金山	18	法兰克福
9	波士顿	19	深圳
10	多伦多	20	大阪

资料来源:英国智库 Z/Yen 集团

复习思考题

一、简答题

1. 亚太旅游业崛起的主要原因是什么?

2. 国际金融中心的形成需要具备哪些条件?

二、案例分析

1. 中国对美投资的产业分布变化

2015 年中国在美国的直接投资创下了 157 亿美元的新纪录,同比增长 30%。其中,并购方式尤为强劲,103 项对美企的并购交易总计达 140 亿美元。2015 年,中国资本最青睐的美国投资领域包括:房地产行业(安邦收购 717 第五大道的一处办公楼)、金融服务业(复星收购艾伦索尔保险)、信息通信业(中国财团收购集成硅解决方案公司)、汽车业(中国航空工业集团公司收购 Henniges 汽车)、保健和生物技术业(海普瑞收购 Cytovance 生物制品)、娱乐业(万达收购世界铁人三项公司)。2015 年,中国对美总投资的 2/3 进入了服务业领域,而在 2009 年仅有 14% 的投资进入上述领域。

资料来源:第一财经日报,2016 年 2 月 16 日

问题：为什么服务业成为中国对美投资的重点方向？

2. 爱尔兰的服务外包产业及启示

20 世纪 50 年代，以软件外包为主的服务外包产业在爱尔兰兴起，并很快形成了令人瞩目的国际竞争力。目前，爱尔兰是全球领先的软件供应基地，是欧洲最典型的服务接包国。在欧洲市场上，爱尔兰的软件外包市场占有率超过 60%，世界主要软件企业均在爱尔兰开设了分支机构。近些年，服务外包产业作为现代高端服务业的重要组成部分，开始由发达国家向发展中国家迁移，并以资源消耗低、环境污染少、就业能力强、国际化水平高等特点获得青睐。根据商务部资料显示，2014 年中国企业共签订服务外包合同 20.4 万份，合同金额首次超过 1 000 亿美元。在中国承接的这些业务中，发包市场主要集中于美国、欧洲、中国香港和日本。

资料来源：胡剑波, 任亚运. 爱尔兰自由贸易园区服务外包发展研究[J].

经济体制改革, 2015(5)：180-184

问题：爱尔兰服务外包产业的成功对作为后来者的中国有何启示？

第 7 章

国际贸易运输地理

1596—1598年，一名叫巴伦支的荷兰船长，试图找到从欧洲北面到达亚洲的路线。他经过了三文雅（俄罗斯的一个岛屿），但是被冰封的海面困住了。三文雅地处北极圈之内，巴伦支船长和17名荷兰水手在这里度过了8个月的漫长冬季。他们拆掉了船上的甲板做燃料，以便在零下40℃的严寒中保持体温，靠打猎勉强求生。最终，在这样恶劣的险境中，8个人死去了。但荷兰商人却做了一件令人难以想象的事情，他们丝毫未动他人委托给自己的货物，而这些货物中就有可以挽救他们生命的衣物和药品。冬去春来，幸存的商人终于把货物几乎完好无损地带回荷兰，送到委托人手中。他们用生命作代价，守望信念，创造了传之后世的经商法则。在当时，这样的做法也给荷兰商人带来显而易见的好处，那就是赢得了海运贸易的世界市场。

资料来源：中央电视台《大国崛起——荷兰》

问题：以外贸运输为代表的交易成本对国际贸易的影响有多大？

本章学习目标

- 了解五种现代运输方式的技术经济特性；
- 掌握主要外贸运输通道的空间分布和适用范围；
- 掌握集装箱运输和大陆桥运输的主要特征。

在原始社会，人们主要以人力、畜力和木帆船等作为运输力量。地理大发现以后，海上运输成为一种日益重要的运输方式。美国的富尔顿发明轮船，英国的斯蒂芬森发明火车，这两个事件标志着机械运输业的开端。"二战"以后，运输业产生了巨大的变革，特别是集装箱运输的出现和应用促进了各种运输方式间的合作，并引发了运输组织技术、经营管理的巨变，国际贸易运输的效率大大提高。

交通运输是国际贸易活动的重要环节。宏观来看，交通运输对国际贸易的作用表现为：第一，交通运输为开辟更广阔的市场提供了可能。如苏伊士运河、巴拿马运河的开通，大大缩短了洲际间的航程，节约了运费，促进了贸易发展。第二，交通运输的发展促进了国际分工深化，加强了各国间的经济联系，加速了经济全球化的实现。第三，交通运输的发展有利于降低出口产品成本，提高一国产品的国际竞争力。第四，国际贸易运输是一些国家外汇收入的重要来源。

对于五种现代运输方式及其在国际贸易中的作用,本章将分别论述,并在此基础上分析国际集装箱运输和大陆桥运输。下面先重点研究在国际贸易运输中占据主导地位的海洋运输。

7.1　海 洋 运 输

海洋运输是历史悠久和最重要的国际贸易运输方式。一些国家的地理特征,以及海洋运输具有的运量大、运费低等优点,使海洋运输成为国际贸易运输的首选。目前,国际贸易总运量的约 80% 是通过海洋运输实现的。但是,海洋运输也有受自然条件影响大、速度慢、风险较大等缺点。

7.1.1　海洋运输的要素

1. 船

货轮可分为干散货船、杂货船、油轮、集装箱船、液化天然气船、滚装船等很多种类。"二战"以后,国际贸易快速发展,商船数量也快速增加。根据 Vessels Value 发布的数据,2015 年按照船舶资产价值排序的前十名船东国家为:希腊、日本、中国、德国、新加坡、美国、挪威、韩国、丹麦、英国。其中希腊船队的资产价值为 952.9 亿美元,日本船队资产价值 808.2 亿美元,中国船队资产价值 674.9 亿美元。

从数量上看,日本、美国及一些具有航海传统的国家,如希腊、挪威等,大都拥有规模庞大的商船队。在实际情况中,很多发达国家的商船以及部分发展中国家的商船都悬挂"方便旗"(flag of convenience)。船东为逃避本国较高的船舶税和保障较高船员待遇的规定,改向税收和船员待遇要求低的开放登记国注册,并悬挂该国国旗,人们称其为方便旗,此船即是方便旗船。所以说,方便旗船的登记国籍与所属国籍是不同的。

根据国际运输工人联合会(ITF)的认定,目前世界上的方便旗国家或国际船舶登记处有 34 个,主要包括巴拿马、利比里亚、马耳他以及塞浦路斯等。其中,在巴拿马登记的商船数量和总吨位均居世界第一。联合国贸发会议的报告显示,截至 2015 年 1 月,共有 8 351 艘船悬挂巴拿马国旗,占世界总量的 9.33%,领先于排在第二位的利比里亚 3 143 艘、3.51% 的份额。方便旗船队的构成在各开放登记国之间存在显著差异。利比里亚的船队以油轮和干散货为主,杂货船很少;而塞浦路斯则与之相反,杂货船数量较多;巴拿马籍船队基本上处于上述两国船队之间。交通运输部上海海事局的资料显示,截至 2012 年 3 月,中国的"方便旗"船舶数量超过 1 600 艘,占中资国际海运船队总吨位的一半以上。

2. 货

从形态上,货物可分为包装货物、裸装货物和散装货物;从性质上,可分为普通货物和特殊货物;从重量上,可分为重量货物和轻泡货;从运量大小上,可分为大宗货物、杂项货物和长大笨重货物。货物的种类不同,直接影响着装卸、配载、保管和运价。

3. 港

港口是一个国家的海陆交通枢纽,是进出口的门户,在国际贸易中发挥着重要作用,沿海国家都视港口为经济咽喉。世界港口大约有 3 000 多个,大西洋沿岸大约占港口总数的 3/4，太平洋地区占 1/6，而印度洋地区占 1/10。根据功能可将港口分为商港、军港、渔港等；根据地理位置可分为海港、河港等；根据开发工程可分为天然港、人工港等；根据国家政策可分为国内港、国际港、自由港等。港口的基本功能在于货物装卸储存、船舶停靠和周转、船舶补给和维修等。港口的建设既要受水深、地形、气候等自然因素的影响，更受经济腹地和集疏运能力的制约。表 7-1 是 2016 年按照货物吞吐量排名的世界十大港口。

表 7-1　2016 年货物吞吐量世界前十大港口

排名	港　口	所在国家	排名	港　口	所在国家
1	宁波—舟山港	中国	6	广州港	中国
2	上海港	中国	7	唐山港	中国
3	新加坡港	新加坡	8	青岛港	中国
4	苏州港	中国	9	黑德兰港	澳大利亚
5	天津港	中国	10	鹿特丹港	荷兰

资料来源：中国港口网

4．线

航线是海洋中由一定的水深、潮流、风向和港口组成的，可供船舶航行的通道。航线的开辟和选择主要考虑以下几个因素：安全因素，如风向、潮汐、海流、水深、暗礁等；货运因素，主要是货物的运量和流向，包括运量平衡及市场竞争状况；港口因素，如港口装卸、靠泊、仓储、集疏和物资供应能力；技术因素，如航行距离、通过能力等；沿途各国的法律政策等。航线根据距离可分为沿海航线、近洋航线和远洋航线。图 7-1 是世界主要海运航线。

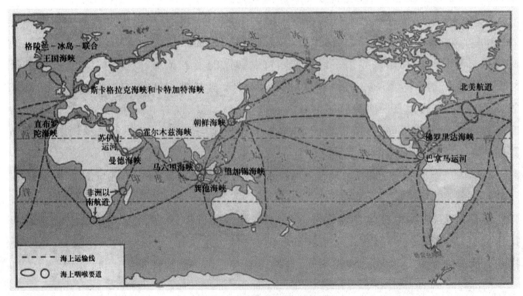

图 7-1　世界主要海运航线

资料来源：百度图片

按照航运经营方式,可将航线分为定期航线和不定期航线。前者又称班轮运输(liner transport),是指使用固定的船舶、固定的航线和港口,并以相对固定的运价经营运输业务的航线。定期航线一般船舶性能好、速度快、船期准、运价稳定,适宜杂货的运输。其服务对象是非特定的、分散的众多货主,班轮公司具有公共承运人的性质。不定期航线是临时根据货物运输需要而选择的航线。船舶、船期、挂靠港口均不固定,采用租船方式(charter transport),主要经营大宗散货。

7.1.2 海洋运输的技术经济特征

第一,通过能力强。由于海运是利用天然航道运输,不受道路、轨道的限制,加之海洋是一个相互沟通的整体,可以通往世界沿海各港口。

第二,运量大。由于船舶日益向大型化、专业化发展,其运量越来越大。海运的运量是其他任何运输方式都无法比拟的。

第三,运费低。海洋航道开发和整治费用低,多利用天然水域,同时船舶运输的单位燃料耗费较少,有利于节省能源。据统计,海运运费一般为铁路运费的 1/5、公路运费的 1/10、航空运费的 1/30。因此,费用低廉的海运特别适于运送低值而笨重、远距离的大宗货物。

第四,速度慢。一般大船每小时航行 15～16 海里,不适宜运送时效性强的商品。海运受自然因素特别是气候、海流、浮冰等条件影响较大,因此风险较大。加之政治、经济政策、战争、贸易禁运等外部环境的影响,船期可能得不到保证。

7.1.3 海洋运输发展的特点

1. 发展迅速

海运优势明显,因此发展十分迅速。随着世界经济的发展,特别是各国间经济联系的扩大,海运在世界贸易中的地位更加重要。1950 年,世界海运贸易量为 5.5 亿吨,1960 年 10.8 亿吨,1972 年 27 亿吨,1985 年 32 亿吨,2000 年 53.74 亿吨,2013 年达到了 96 亿吨。

与此相适应的是世界商船队的规模不断扩大。根据联合国贸发会议(UNCTAD)发布的 *Review of Maritime Transportation 2015*,截至 2015 年初,希腊是世界最大的船东国,船舶总载重吨占世界总量的比例达到 16%,随后是日本 13.30%、中国 9.08%、德国 7.04%、新加坡 4.84%。前 5 个国家拥有船队总载重吨占比超过了 50%,前 10 个国家中有 5 个来自亚洲,4 个来自欧洲,以及美国。在拉美,拥有船舶载重吨位最多的是巴西,其次为墨西哥和智利。非洲拥有最大船队的国家排序依次为安哥拉、尼日利亚和埃及。

2. 船舶的大型化、自动化、高速化和专业化

1950 年,世界上最大的油轮为 2.5 万吨,1959 年达 10 万吨,1966 年超过 20 万吨,1968 年出现了 30 万吨级以上的超级油轮(VLCC)。在商船队中,以油轮最大,其他如集装箱船、液化天然气船(LNG)、运煤船、矿石船和粮食船也都出现了大型化的趋势。与此同时,海运船舶在自动化、高速化和专业化方面进展明显,进一步提升了海运方式的竞争力。

3. 海运结构与国家经济发展水平密切相关

海运货物主要是量大、低廉、笨重和运输距离长的大宗物资,其中又以干散货物运量最大,如煤炭、谷物、矿石等。发达国家的海运装货量占全球海运量的比例明显要小于卸货量占全球海运量的比例,反映出发达国家海运货物的构成特点是输出的多以工业制成品为主,故重量较小,而输入的多以原料、燃料等初级产品为主,故重量较大。发展中国家则与之相反,装货量多,卸货量少。

4. 海运发展不平衡

在地球四大洋水域中,以大西洋航区海运量最大。大西洋两岸是世界主要发达国家所在地,其海运货物的周转量和吞吐量约占世界海运总量的一半;其次为太平洋、印度洋;北冰洋航区因气候和地理位置等原因,目前海运量较少。

近些年,随着亚太地区经济的迅速发展,国际航运市场的重心正在向亚太地区移动。根据联合国贸发会议(UNCTAD)发布的 *Review of Maritime Transportation* 2015,在班轮运输连接性指数排名上,中国位居第一,其次是新加坡、中国香港、韩国和德国。班轮运输连接性指数(liner shipping connectivity index,LSCI)用于检视国家与全球海运网络的连接度,也是判断一国融入全球市场程度的依据之一。在非洲,连接度最高的依次是摩洛哥、埃及以及南非。三国分居非洲大陆三角,这反映出它们在地域上的优势。在拉丁美洲,巴拿马的 LSCI 指数高居第一,得力于巴拿马运河得天独厚的地域优势,接下来是墨西哥、哥伦比亚和巴西。此项指数排名最后的 10 个国家都为小岛国,原因在于它们贸易总量的低下以及地域遥远。

7.1.4　主要的海运航线

1. 太平洋航线

太平洋位于亚洲、大洋洲、南北美洲和南极洲之间,面积近 1.8 亿平方千米,是世界上面积最大、深度最大、岛屿最多的海洋,随着东亚经济快速发展和太平洋东西两岸贸易规模的扩大,近年来,跨太平洋航线已逐步发展成为世界主要航线之一。

(1)远东—北美西海岸航线。这是指从中国、朝鲜、韩国、日本和俄罗斯的太平洋沿岸港口出发,横跨太平洋,到达加拿大、美国和墨西哥西海岸港口的航线。

(2)远东—北美东海岸航线。这是指从远东各港口出发,跨太平洋,过巴拿马运河,到美国东海岸各港口和加勒比海沿岸的航线。

(3)远东—南美西海岸航线。这是指从远东各港口出发,越过赤道,进入南太平洋水域,到达南美西海岸各港口的航线。

(4)远东—东南亚航线。这是指从远东港口出发,到东南亚各港口,或是经马六甲海峡去印度洋港口的航线。

(5)远东—澳新航线。从远东各港到澳大利亚的东、西海岸的航线是不同的。若去东海岸,须经琉球群岛、加罗林群岛;若去西海岸,则需经龙目海峡、望加锡海峡进入印度洋。

(6)澳新—北美东、西海岸航线,指从澳大利亚或新西兰出发,经夏威夷至北美西海岸,或再经巴拿马运河,到达北美东海岸的航线。

2. 大西洋航线

大西洋位于欧洲、非洲、南北美洲和南极洲之间,面积约 9 336 万平方千米,是世界第二大洋。大西洋沿岸特别是北大西洋沿岸,是目前世界经济最发达的西欧、北美所在地,长期以来,大西洋的海运量一直居各大洋之首。其主要航线有:

(1) 西欧—北美东岸航线。该航线历史悠久,是联系西欧和北美两个最发达地区之间的运输线,也是世界最繁忙的航运干线。两岸港口众多。由于该航线冬季风浪大,并伴有浓雾和冰山,所以船舶在该航线要格外注意安全。

(2) 西欧与北美东岸—加勒比航线。这是指从西欧和北美东岸各港出发,斜跨或南下大西洋,进入加勒比海沿岸各港,或再经巴拿马运河至北美西海岸。

(3) 西欧与北美东岸—地中海、苏伊士运河至亚太地区航线。这是北大西洋两岸与亚太地区贸易往来的通道,也是世界上运输最繁忙的航线之一。

(4) 西欧与地中海—南美东海岸航线。这是指从西欧和地中海各港出发,斜跨大西洋,到南美东海岸港口的航线。

(5) 西欧与北美东海岸—好望角、远东航线。该航线所经之处都是天然航道,是一条巨型油轮航行的航线。

(6) 南美东海岸—好望角—远东航线。这是一条主要运送石油和矿石的航线。

3. 印度洋航线

印度洋位于亚洲、非洲、大洋洲和南极洲之间,面积近 7 500 万平方千米,是世界第三大洋。它沟通了太平洋和大西洋的联系,在世界航运中起着"海上走廊"的作用。沿岸资源丰富,尤以波斯湾地区的石油最突出,印度洋航线大多与石油运输密切相关。

(1) 波斯湾—东南亚—远东航线。这里主要是指中国、日本、韩国从海湾地区进口石油的航线。

(2) 波斯湾—好望角—西欧、北美航线。这里主要是指西欧、北美从海湾地区进口石油的路线。这条航线因是天然航道,货运量大,但风险较大。

(3) 波斯湾—苏伊士运河—地中海—西欧、北美航线。这也是一条石油航线,适用于相对较小吨位的油轮以及巨型油轮的空载航行。

4. 北冰洋航线

北冰洋面积 1 310 万平方千米,是世界第四大洋。沿岸国家少,所处纬度高,冬季港口大多结冰,航运相对不发达。北冰洋是面积最小、温度最低的海洋,然而由于近年来世界气温不断升高,尤其是北半球夏季,北极附近的冰面融化到北纬 80°附近。跨越极地将北美、亚欧等大洲相联系的北极航线在世界航运中的作用受到更多关注,美国、加拿大、俄罗斯、丹麦等相关国家纷纷谋求北冰洋权益。目前北冰洋已开辟有从俄罗斯摩尔曼斯克至远东港口的季节性航线;以及从摩尔曼斯克直达冰岛雷克雅未克和英国伦敦的航线。随着航海技术进步、全球温室效应和北冰洋地区的经济开发,北冰洋航线也将会有更大的发展。

7.1.5　世界主要海峡

海峡是两块陆地间连接两个水域的狭窄水道,是世界航运中的咽喉要道。全世界海峡有 1 000 多个,其中可航行的有 130 多个,重要的有 40 多个。

1. 英吉利—多佛尔海峡

英吉利—多佛尔海峡位于英法两国之间,地处国际海上航线要冲,西北欧的 10 多个国家到大西洋和世界各地的海上航线,几乎全部从此通过,使其成为世界上海运最繁忙和通过船只最多的海峡。1994 年,英吉利海峡隧道正式开通,位于英国多佛尔与法国加来之间,全长 50 千米。隧道的开通大大缩短了英国与欧洲大陆间的通行时间。

2. 马六甲海峡

马六甲海峡位于马来半岛和苏门答腊岛之间,海峡呈喇叭形,西北—东南走向,长约 1 080 千米。是连接南海和安达曼海的一条狭长水道,是沟通太平洋与印度洋的捷径,是北太平洋沿岸国家通往孟加拉湾、阿拉伯海、红海、地中海最短航路的必经之地,有两洋"战略走廊"之称。欧洲与远东的贸易大都经此海峡,每年通过海峡的船只在 6 万艘次以上,是世界上第二繁忙的海峡。对于中国乃至整个东亚石油安全而言,马六甲海峡的地位极其重要。海峡事务由马来西亚、新加坡和印度尼西亚三国共管。为减少事故发生,载重超过 20 万吨或吃水 18 米以上的巨型船舶禁止在马六甲海峡通行。20 万吨以上船舶可以绕道龙目—望加锡海峡,约增加 1 000 海里航程。

3. 霍尔木兹海峡

霍尔木兹海峡位于亚洲西南部的阿曼与伊朗之间,海峡呈"人"字形,最窄处仅 50 多千米,是波斯湾通往印度洋的唯一出口,是海湾产油国石油出口的唯一海上通道,该海峡是石油运输最繁忙的海峡,亦被称为"石油海峡"。

4. 曼德海峡

曼德海峡位于阿拉伯半岛西南端与非洲大陆之间,是红海中最狭窄的地段,紧扼红海南端门户,是沟通印度洋、红海、苏伊士运河、地中海的咽喉要道。

5. 直布罗陀海峡

直布罗陀海峡位于欧洲西南的西班牙和非洲西北的摩洛哥之间,是出入地中海和大西洋间的唯一海上通道,有地中海西部"咽喉"之称。

6. 黑海海峡

黑海海峡又称土耳其海峡,位于土耳其的亚洲部分和欧洲部分之间,包括博斯普鲁斯海峡、马尔马拉海和达达尼尔海峡,全长 375 千米。该海峡是黑海与地中海之间的唯一海上通道,经济和军事地位十分重要。该海峡为亚欧两洲分界线之一,是黑海沿岸国家重要的出海口,是俄罗斯通往大西洋和印度洋之咽喉要道。

7.1.6　世界主要运河

1. 苏伊士运河

苏伊士运河位于埃及东北部,扼欧、亚、非三大洲交通要冲,沟通地中海与红海,连接大西洋与印度洋,是亚洲到欧洲海上运输的捷径,比绕道好望角缩短 8 000～10 000 千米的航程。运河北起塞得港,南至陶菲克港,经几次拓宽和加深后,目前可通行 25 万吨级船舶。苏伊士运河是当今世界上最繁忙的通航运。

2．巴拿马运河

巴拿马运河位于中美洲,地处巴拿马共和国中部,是沟通太平洋和大西洋的重要国际通道。运河全长 81.3 千米,为船闸式运河。船舶通过运河须编队穿行,从编队到通过运河,约需 14～16 小时。巴拿马运河使太平洋至大西洋的航程缩短了 1 万多千米,因此成为西半球最重要的航运枢纽之一,航运量位居世界运河的第二。

相关链接：巴拿马运河扩建

1914 年通航的巴拿马运河是世界重要的航运通道,高峰时期 5%～6% 的全球货物贸易量通过巴拿马运河完成。随着全球化进程加速和中国、印度、巴西等新兴经济体崛起,亚洲至美东地区(包括南美东海岸)货运量逐年攀升,这使得有着百年高龄的巴拿马运河力不从心。船舶大型化发展趋势也使巴拿马运河的通行能力遭遇瓶颈。

2016 年 6 月 26 日,巴拿马运河扩建工程竣工。运河扩建内容主要包括对现有运河的疏浚和沿运河新修一条航道及在运河两端各修建一个三级提升的船闸和配套设施。扩建后的巴拿马运河航道运能增大一倍,允许最大通航船舶长度为 366 米、宽度 49 米、吃水 15.2 米。新船闸可通航 17 万载重吨或 1.4 万 TEU 集装箱船、15 万载重吨苏伊士型油轮和 18 万载重吨海岬型散货船。扩建后的巴拿马运河新船闸对船舶型宽制约有所放松,从而将改变全球船队的船型结构,船东开始选择更大的新巴拿马型船更换传统巴拿马型船。港口市场格局方面,美东港口此前受制于巴拿马运河的通过能力,导致大量集装箱货物运输必须通过美西港口以及内陆铁路运输至美东。在巴拿马运河扩建后,美东港口迎来发展契机。

资料来源：腾讯财经,和讯网

3．基尔运河

基尔运河地处德国北部日德兰半岛上,全长 98.6 千米,宽 111 米,平均水深 11.3 米,有船闸 6 座,允许载重 2 万吨级以下、吃水 9 米、宽 40 米的海轮通航。这条运河沟通北海和波罗的海,是波罗的海沿岸各国通往大西洋的捷径,可缩短航程 740 多千米。

4．圣劳伦斯河

圣劳伦斯河由美国和加拿大交界的五大湖注入大西洋,原为天然河流,后经人工疏浚而成,其中包括数段人工运河和水闸,该河从安大略湖口起至圣劳伦斯湾长 1 287 千米,可通航载重 5 万吨的船舶。但水闸较多,而且一年有 4 个月的冰冻期,影响了航运价值。

7.1.7　世界主要港口

鹿特丹港位于荷兰西部、北海沿岸,是欧洲进出口货物的转运中心,素有"欧洲门户"之称。鹿特丹市有 700 多年的历史,港区沿马斯河南岸向西推进,并在罗曾堡岛及其以西陆续建立了面积达 81.5 平方千米的 3 个新的临港产业园区。

汉堡港是德国第一大港,汉堡是德国第二大城市,位于易北河下游的北德低地,距出海口 100 多千米。汉堡港正式开埠于 1189 年,因地处欧洲发达地区的东侧,对北欧、中东欧国家是很好的中转枢纽。

圣彼得堡港是俄罗斯重要的海港,位于芬兰湾东岸、涅瓦河入口处。圣彼得堡港可全年通航,但从 11 月至次年 4 月中下旬,需由破冰船引路。

上海港位居中国大陆海岸线中点,扼长江入海之咽喉,地处长江运输通道与海上南北运输通道的交汇点,是中国沿海的主枢纽港,是中国对外开放、参与国际经济大循环的首要窗口。由于黄浦江泥沙淤积、运能有限,上海港逐步在长江口和外海建设了外高桥、洋山等深水港区。

高雄港位于中国台湾岛西南沿海的高雄市,濒临南海,隔台湾海峡与福建省相望,扼台湾海峡与巴士海峡航运要道,地理位置重要。高雄港所在的高雄湾港阔水深,风平浪静,为天然良港。

釜山港位于韩国东南沿海,东南濒朝鲜海峡,是韩国最大的港口,始建于 1876 年,在 20 世纪初由于京釜铁路的通车而迅速发展起来。

纽约港位于美国东北部的大西洋沿岸,地理位置优越,海上交通十分方便。纽约港的自然条件优越,港湾具有深、宽、隐蔽、潮差小、冬季不冻的优点,曾经长期是世界第一大港。

洛杉矶港位于美国加利福尼亚州南部的太平洋沿岸,是北美大陆桥重要的桥头堡,也是美国西海岸的最大海港和贸易中心。

温哥华港地处加拿大太平洋沿岸,是加拿大最大的港口。自然条件优越,港湾深邃,外围有温哥华岛作为屏障,潮差较小。由于受到阿拉斯加暖流和海岸山脉的影响,港口终年不冻。目前,温哥华港已成为加拿大西部地区能源、矿产、农林产品的主要集散中心。

相关链接:内河运输

内河运输的优点主要是通行能力强、运费低、占地少、节省能源。但内河运输受天然河道分布、走向和航道环境的制约,连续性差,在世界贸易运输中所占的比重较小。目前,全世界内河航道长度为 50 多万千米。较完善的内河运输系统主要集中在发达国家,最重要的有欧洲的莱茵河、多瑙河,美国的密西西比河。另外,俄罗斯的伏尔加河、亚洲的湄公河及非洲的尼罗河等内河航运也较发达。这些内河流域水量充足、航道通畅,周边地区经济较为发达、货物运输量大。

作为中国的黄金水道,长江货运量在 2005 年首次超过美国密西西比河、欧洲莱茵河,由原来的世界内河货运量第三位跃居首位。到 2015 年,长江干线货运量突破 21.8 亿吨,分别相当于密西西比河、莱茵河的 4 倍和 10 倍。"十三五"期间,还将进一步改善长江通航条件,其中安庆至武汉航道水深将达到 6 米,武汉到宜昌航道水深达 4.5 米,万吨级海轮可常年直达武汉。

资料来源:新华社

7.2 铁路运输

1825 年,世界上第一条营运铁路在英国诞生。铁路运输在世界贸易运输中占重要地位,它是内陆邻国间贸易的主要运输方式,也是大陆桥运输的重要组成部分。铁路的突出特点是:运量大,虽不如海运,但优于其他运输方式;速度快,虽不如空运,但却快于其他运输方式;连续性强,由于铁路运输是在固定轨道上运行,几乎不受自然因素影响,可全天候运行;运输成本低于空运和公路运输,高于水运;时间性强,由于铁路实行统一调度管理,从而保证了时间的准确性。但铁路建设投资大,工期长,占用土地多。世界各国采用的铁路轨距不尽相同,其中以 1 435 毫米的最多,称为标准轨距。大于标准轨的为宽轨,其轨距多为 1 520 毫米,小于标准规的为窄轨,其轨距有 1 067 毫米和 1 000 毫米两种。

　　铁路运输在各种运输方式中所占比重曾逐渐下降,但近期重新崛起。在世界范围内,20 世纪 20—60 年代由于石油的大量开采使用以及汽车数量的飞速增长,使铁路运输的货运量下降了 1/3 左右。进入 20 世纪 80 年代以后,可持续发展成为人类新的发展观,各国认识到铁路运输在节约资源、保护环境等方面的优势,重新将铁路发展摆上重要议程。在欧洲大陆,20 世纪 70—80 年代,许多国家用于公路建设的投资比铁路高出数倍;现在,二者的投资比例正趋于持平。一些发达国家在铁路营运步入低谷时,曾大量封闭甚至拆除铁路,后又重新恢复。可见,铁路运输在世界范围内又重新受到重视。

　　从铁路运输自身的技术演进来看,从最初的蒸汽机车到后来的内燃机车,再到目前基本实现电气化。电力机车具有牵引力大、速度快、能耗低和环境友好等特点,因此要满足铁路运输高速、重载、大密度运输和节能的需要,电力机车是理想的牵引方式。高速铁路的兴建是铁路运输重新崛起的重要标志之一,也是铁路运输未来发展的主要趋势。目前,很多国家正在积极推行铁路高速化和高速铁路网的兴建计划。

　　目前,全球铁路营运里程为 120 万千米以上。就空间分布状况看,西欧铁路网密度最大,如图 7-2 所示,非洲密度最低。美国铁路网稠密,货运占铁路运输的 99%,集装箱运输和多式联运是北美铁路最主要的业务之一,特别是双层集装箱运输。到 2014 年底,世界各国中美国铁路营运里程最长,有 22 万千米。其次为中国的 11.2 万千米,但是中国铁路网的密度仍远低于主要发达国家。中国铁路运输强度位居世界之首,以占世界 9% 的铁路里程完成占世界 24% 的货运量,说明铁路负荷较重,今后仍需要大力建设新线,扩大路网密度,特别是积极发展高速铁路。

相关链接：走向世界的中国高铁

　　中国高铁的建设始于"十一五"规划期间。至 2016 年底,中国高速铁路营业里程达 2.2 万千米,以高速铁路为骨架,包括区际快速铁路、城际铁路及既有线提速线路等构成的快速铁路网基本建成。

　　中国高铁在不断自我完善的同时开始走出国门、冲向世界,在土耳其、俄罗斯、印度尼西亚等国已经开展了建设项目。与世界上最早运营高铁的日本相比,中国高铁的技术优势包括：中国拥有亚洲最大最先进的风洞群,高铁机车的气动外形可以利用其进行优化设计;中国幅员辽阔,各种地形和气候带兼备,锻炼出了一支举世无双的工程队伍,目前世界上具有高海拔和高桥隧比例施工经验的高铁承建商只有中国企业。中国拥有世界先进的高铁集成技术、施工技术、装备制造技术和运营管理技术,上下游配套产业完整,具有组团出海的实力。

资料来源：搜狐公众平台

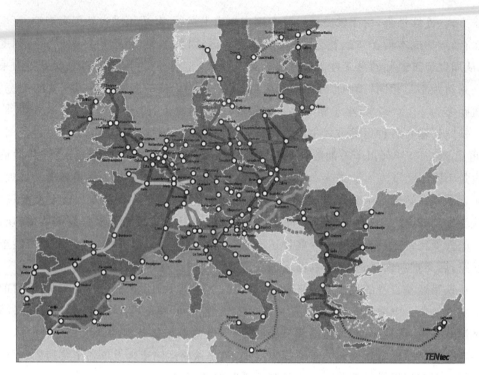

图 7-2　泛欧铁路网

资料来源：欧盟委员会网站

7.3　公 路 运 输

公路运输是当今世界应用最广的一种运输方式。特别是 20 世纪 50 年代后，随着公路网和高速公路的兴建，以及汽车工业的迅猛发展，交通运输结构发生了重大变化，公路运输的地位日益提升。发达国家的交通运输大都改变了原以铁路为中心的局面，公路运输起到了主导作用。公路运输的优点包括：第一，适应性强。公路运输机动性强，车辆可以随时调度，各环节之间的衔接时间也较短。第二，可实现"点对点"运输。公路运输网络密集，汽车受线路的限制较小，可以将货物由承运人直接运至目的地。第三，设施投资少。公路运输所需固定设施简单，车辆购置费用也比较低，因此项目投资额相对较少。公路运输的局限性包括：载重量小，不适宜装载重件、大件货物，不适宜长途运输，环境污染大，运价比水运及铁路高。

公路运输可以是一种单独运输方式，也可以作为水运、空运、铁路运输的辅助，是港口、车站、机场集散货物的重要手段。公路运输可以将两种或多种运输方式衔接起来，实现多种运输方式联合运输，做到进出口货物运输的"门到门"服务。但在世界贸易中，公路运输的地位远不及海运，也不如铁路，主要定位于邻国间边境贸易和港口集疏运业务。公路运输是欧洲大陆国家之间进出口货物运输的重要方式。中国的边境贸易运输、港澳货物运输中，也有相当部分是靠公路运输完成的。

世界公路分布很不平衡，全球现有公路总长 2 000 多万千米。1932 年，德国建成通车的波恩至科隆的高速公路,是世界上第一条高速公路。截至 2015 年底,中国的公路总里程约为 458 万千米,其中高速公路通车里程达到了 12.35 万千米,居世界第一,第二名美国 10.3 万千米,第三名加拿大 1.7 万千米。

7.4 航 空 运 输

第二次世界大战后,航空运输业获得了飞速发展。世界航空运输网主要呈带状横贯于北半球中纬度地带,并由此延伸到南半球。航空网分布存在明显的地区差异,西欧、美国、东亚地区最稠密,而非洲、拉美和亚洲部分地区则很稀疏。其中,美国是世界上航空运输业最发达的国家。

航空运输的物质基础主要包括航路、航空港、飞机和通信导航设施等。航路是根据地面导航设施建立的走廊式空域,是飞机航线飞行的领域。其划定是以连接各个地面导航设施的直线为中心线,在航路范围内规定上限高度、下限高度和宽度。对在其范围内飞行的飞机,要实施空中交通管制。航空港是民用飞机场及有关服务设施构成的整体,是飞机安全起降的基地,也是旅客、货物、邮件的集散地。飞机是主要的载运工具,机型选用根据所飞航线的具体情况和考虑整体经济技术性能而定。通信导航设施是沟通信息、引导飞机安全飞行并到达目的地安全着陆的设施。

7.4.1 航空运输的特点

1. 运输速度快

现代喷气式飞机一般时速在 800 千米左右,而且航空运输不受地面条件的限制,因而可以实现点对点的运输,航程缩短,速度大大优于其他运输方式。

2. 运输安全性高

由于航空运输的航线在大气中的平流层,因而受自然条件和地理限制的影响较小。此外航空运输管理制度较为严格,货物的破损率低,不易发生货损货差,使得运输质量大大提高,安全性得以保证。

3. 运输手续简便

航空运输可以实现点对点的运输,可以将货物直接由卖方运至买方的目的地,中间不需要换装和转运等,因而航空运输的托运手续简单。

4. 运输费用较高

航空运输相对于其他运输方式而言,运费较高,而且单程运输量小,因而适合批量小、时效性强、高价值的商品。

7.4.2 世界机场运营

2014 年,全球机场旅客吞吐量同比增长 5.7%,达到 67 亿人次。北美和欧洲成熟市场继续保持温和增长,而新兴经济体则表现出较为强劲的增长。新兴经济体航空自由化开放进程、人口基数优势和人均收入的稳定增长成为航空运输发展的持续动力和引擎。

2014 年,全球最大机场的 30 个城市的航空旅客吞吐量占到全球客运量的 1/3 以上。其中英国伦敦依然拥有全球最大的机场系统,市内 6 家机场旅客总吞吐量 1.47 亿人次;美国纽约 3 家机场的旅客吞吐量 1.16 亿人次,排名第二;日本东京两家机场的旅客吞吐量 1.09 亿人次,排名第三。中国上海和北京两家机场旅客吞吐量都接近 0.9 亿人次。2014 年全球最繁忙的国际航空客运机场见表 7-2。

表 7-2　2014 年全球最繁忙的国际航空客运机场

排名	机　　　场	国家	排名	机　　　场	国家
1	亚特兰大哈茨菲尔德-杰克逊	美国	6	迪拜	阿联酋
2	北京首都	中国	7	芝加哥奥黑尔	美国
3	伦敦希思罗	英国	8	巴黎戴高乐	法国
4	东京羽田	日本	9	达拉斯-沃思堡	美国
5	洛杉矶	美国	10	香港赤拉鱲角	中国

资料来源:国际机场协会(ACI)《2014 年世界机场运输报告》

航空货运市场与世界经济贸易紧密相关。2014 年全球机场货物吞吐量增长 4.7%,达到 1.02 亿吨。其中亚太机场货物吞吐量绝对领先,总量 4 050 万吨,占全球份额的 40%。2014 年全球最繁忙的国际航空货运机场见表 7-3。

表 7-3　2014 年全球最繁忙的国际航空货运机场

排名	机　　　场	国　家	排名	机　　　场	国　家
1	香港赤鱲角	中国	6	迪拜	阿联酋
2	孟菲斯	美国	7	路易斯维尔	美国
3	上海浦东	中国	8	东京成田	日本
4	仁川	韩国	9	法兰克福	德国
5	安克雷奇	美国	10	台湾桃园	中国

资料来源:国际机场协会(ACI)《2014 年世界机场运输报告》

中国是仅次于美国的全球第二大航空市场,北京首都机场是仅次于美国亚特兰大的全球第二大客运机场,上海浦东机场是仅次于香港和美国孟菲斯的全球第三大货运机场。但是在全球航空国际旅客运输量排名和国际货邮运输量排名方面,中国机场的整体水平仍较弱。

 拓展案例:只有一条国际航线的孟菲斯机场

美国的孟菲斯国际机场没有华丽的航站楼,没有琳琅满目的免税店,甚至飞往荷兰阿姆斯特丹的航班是机场唯一的国际航班。但它是全球第二繁忙的货运机场,美国联邦快递(Fedex)的总部就坐落于此,这里的晚上甚至比白天繁忙。图 7-3 所示为孟菲斯机场的夜景。

繁忙从 22 时开始。每天 22 时左右,联邦快递总部的上空总是闪烁着"漫天星光",那

图 7-3　孟菲斯机场的夜景

都是等待着陆的飞机上的灯光。上晚班的工人陆续到达分拣中心,各部门都已做好接机准备,这里即将展开一场与时间的赛跑。到了 23 时,进港飞机开始陆续降落,整个货运区灯火通明。从飞机着陆,装卸工人驾驶牵引车、挂斗卡车和电动车开往停机坪卸货,全程只需要 20 分钟。到次日凌晨 3 时左右,飞往东部的飞机开始陆续离港。各个环节需要分秒必争,因为联邦快递要保证邮件必须在早上 10 时之前抵达收件人手上。

1973 年 4 月,联邦快递创始人弗雷德·史密斯将公司总部从阿肯色州小石城迁到孟菲斯。此后,孟菲斯成为美国数一数二的航空城,并曾经多年保持全球航空货运量第一的位置。因为联邦快递所有 70 千克以下的包裹都要在孟菲斯"吞吐"一下。联邦快递并不是孟菲斯唯一的航空运输专家,美国联合包裹服务公司(UPS)在机场也拥有 535 000 平方英尺[①]的分检设施。

由于位处中心地理位置,且拥有丰富的运输基础设施,孟菲斯已经吸引了不计其数的主要公司来此驻扎,建立它们的供应链网络。这是一座多种运输方式并存的城市,通过高速公路、水路和铁路与全球相连。400 家卡车运输公司在本地区运营,业务遍及美加墨三国。此外,孟菲斯港还是密西西比河沿岸的第二大港口。通过 5 条一级铁路,孟菲斯的多式联运能将货物快速分拨,因此孟菲斯也成为美国第三大铁路中心。在此基础上,孟菲斯利用自己原有铁路优势又布下了覆盖北美的多式联运网络,以强大的物流能力吸引了不少高科技企业驻扎。

资料来源:重庆商报,2014 年 10 月 31 日

7.4.3　航空公司排名

航空公司业务量可以反映其行业竞争力以及为国际贸易的服务能力。按照国际国内全部旅客运输量排名(单位:人次),2014 年全球十大航空公司为:第一,美国达美航空,旅客运量 1.294 3 亿;第二,美国西南航空,旅客运量 1.290 8 亿;第三,中国南方航空,旅客运量 1.006 8 亿;第四,美国联合大陆航空,旅客运量 9 044 万;第五,美国航空,旅客运量 8 737 万;第六,爱尔兰瑞安航空,旅客运量 8 637 万;第七,中国东方航空,旅客运量 6 617 万;第八,英国易捷航空,旅客运量 6 231 万;第九,德国汉莎航空,旅客运量 5 985 万;

---

① 1 平方英尺=0.092 903 04 平方米。

第十,中国国际航空,旅客运量 5 158 万。

2014 年,全球货运周转量整体排名前十的航空公司依次为：美国联邦快递、阿联酋航空、美国联合包裹服务、香港国泰航空、韩国大韩航空、德国汉莎航空、新加坡航空、卡塔尔航空、卢森堡货运和台湾中华航空。中国内地所有的航空公司均缺席前十名,航空货运的竞争力相对更弱一些。

7.5 管道运输

管道运输始于 19 世纪 60 年代,1865 年美国宾夕法尼亚州建成了世界上第一条输油管道。此后,各种规模的管道在世界各地纷纷修建。管道运输的运载工具是管道,它固定不动,只是货物本身在管道内移动,属于运输工具和运输通道合二为一的运输方式,主要是随石油生产的发展而出现的一种特殊运输方式。管道运输量大、损耗少、运费低、占地少、污染低、输送快、连续性强、不受气候条件和地面因素影响。随着"二战"以后石油工业的发展,管道的建设进入一个新的阶段,各产油国竞相兴建大量油气管道。

在油气运输上,管道方式的优势明显。首先,在于它的平稳、不间断输送;其次,通过管道在地下密闭输送,实现了油气安全运输;最后,是质保,油气在管道中不挥发,质量不受影响。目前,管道不仅可输送原油及制品、天然气,还可输送矿砂、水煤浆等。管道运输的发展趋势是：管道的口径不断增大,运输能力大幅度提高;管道的运距迅速增加;运输货物的范围不断扩大。

相关链接：中国的交通运输发展

新中国成立之初,交通运输面貌十分落后。全国铁路总里程仅 2.18 万千米,能通车的公路仅 8.08 万千米,民用汽车 5.1 万辆。内河航道处于自然状态。民航航线只有 12 条。主要运输工具还是畜力车和木帆船等。60 多年来,中国交通运输总体上经历了从"瓶颈制约"到"初步缓解",再到"基本适应"经济社会发展需求的历程,一个走向现代化的综合交通运输体系正展现在世界面前。

截至 2015 年底,全国铁路营业总里程达 12.1 万千米,居世界第二;其中高速铁路 1.9 万千米,位居世界第一。全国铁路复线率和电气化率分别达到 53.5％和 61.8％。全国公路通车总里程达 457.73 万千米。高速公路通车里程达 12.35 万千米,位居世界第一。全国港口拥有生产性码头泊位 3.13 万个,其中万吨级及以上泊位 2221 个。内河航道通航里程达 12.7 万千米,长江、西江、京杭运河等航道通航条件不断改善。全国民航运输机场达 210 个,陆上油气管道总里程达 11.2 万公里。

截至 2015 年底,中国与周边 14 个国家中的 5 个国家有铁路联通,有 11 个铁路口岸,开行多条通往欧洲和亚洲国家的中欧、中亚铁路集装箱班列。中老缅泰共同推进澜沧江—湄公河国际航运开发。加强与"一带一路"沿线国家合作,积极推动交通基础设施互联互通和运输便利化。

交通运输加快发展为中国加快构建全方位开放新格局、提升国家竞争力提供了重要保障。海上运输承担了 90％以上的外贸货物运输量以及 98％的进口铁矿石、91％的进口原油、92%的进口煤炭和99%的进口粮食运输量,成为加快发展外向型经济的重要支撑。

中国铁路、交通工程建设和港口运营领域等向全世界展示了雄厚的产业竞争实力。中国交通运输企业不断加快"走出去"步伐,正在从传统劳务输出和工程承包向资本输出、技术输出、管理输出、标准输出转变,业务涉及交通运输基础设施建设、港口经营、远洋运输、交通运输装备、船舶检验、航海教育等众多领域。

资料来源:《中国交通运输发展》白皮书,2016 年

7.6　集装箱多式联运

7.6.1　产生和发展——运输领域的革命

集装箱运输首先是在铁路和公路上开始的。19 世纪后期,英国的兰开夏(Lancashire)出现了一种为运输棉纱和棉布用的带有活动框架的载货工具,被称为"兰开夏框架"(Lancashire flat),实际上它可以算作最早使用的雏形集装箱。但正式使用集装箱是在 20 世纪初期。1900 年在英国铁路上首先出现了简单的集装箱运输,1917 年美国铁路也开始试行集装箱运输。但后来由于公路运输的迅速发展,铁路的地位相对下降,这两种运输方式间展开了激烈竞争,以致在进行铁路和公路的集装箱联运时,两者不能相互配合,集装箱运输的经济效果不甚明显。

"二战"以后,海上运输船舶向大型化、专业化方向发展。但从运输杂货的班轮来看,装卸工作的机械化程度仍然很低,万吨级定期货船每年航行天数一般不超过 200 天,而剩余的时间多半是为了装卸而在港内停泊,其停泊时间占航次时间的 40%~50%,而装卸实现自动化的油轮和干散货船的停泊时间仅占航次时间的 10%~15%。要提高海上杂货运输的竞争力,唯一的办法就是改革装卸方式,提高效率,缩短船舶在港停泊时间。而杂货运输装卸合理化的关键是要求货物能够成组化,而集装箱是杂件货物运输中理想的成组工具。海上集装箱运输就是基于上述原因发展起来的。

1956 年,美国人马尔科姆·麦克莱恩将 58 个满载货物的集装箱装在改造过的油轮里,从美国新泽西州的纽瓦克港运至休斯敦,获得成功,从此集装箱运输时代开启,麦克莱恩被誉为"集装箱之父"。1966 年,美国海陆公司将装有 226 个 TEU 的集装箱船引入大西洋,从北美运往欧洲,从而揭开了国际集装箱运输的序幕。全球运输业随之发生革命性变革,从此改变了全世界的货物运输方式。

7.6.2　集装箱运输的规格标准与优缺点

集装箱是用具有一定强度和刚度的轻金属、按一定标准规格制成的金属箱体。标准化集装箱是指箱体高 8 英尺(2.44 米)、宽 8 英尺(2.44 米)、长 20 英尺(6.096 米)的集装箱,国际上通常用 TEU(twenty-foot equivalent unit)表示,即 TEU=8 英尺×8 英尺×20英尺。在统计型号不同的集装箱时,一律换算成 TEU 计算。集装箱运输是指将一定数量的单件货物装入一定规格的集装箱内,以集装箱为运输单元的现代运输方式。

集装箱运输的优点包括:第一,装卸速度快,缩短船舶在港停泊时间,加快了船舶周

转率。在全程运输中,不管使用多少种运载工具或运输方式,均不需移动箱内货物。运送的货物在工厂或仓库装箱后,最终送到收货人的工厂或仓库,实现了"门对门"运输。第二,节省多种费用,降低成本,可节省的费用包括停泊费、包装费、装卸费等。集装箱本身是一个强度很大的外包装,所装货物的包装可以简化。第三,不易受天气等自然条件限制,货损货差小,货运质量提高。第四,有利于装卸的机械化和自动化,能够作为连接纽带把多种运输方式结合起来。

集装箱运输的主要缺点包括:第一,需要大量投资,包括购置或制造集装箱和装卸机械、修筑集装箱码头、建设专用场站等。第二,在运输过程中往返货运量难以平衡,必然出现空箱运输现象。据统计,目前全球海运集装箱中,约20%是空箱运输。

7.6.3 集装箱运输发展的特点

1. 大型化趋势

随着集装箱运输的发展,集装箱船舶越造越大。船舶大型化可通过规模经济效应来降低单位成本,提高盈利空间,增加竞争优势。大型化趋势还表现在船公司规模的大型化上。随着船舶大型化进程的加快,客观上要求班轮公司加大揽货力度,以确保更高的载货率,使船舶大型化优势转化为实际效益。全球前二十大集装箱班轮公司见表7-4。另外多数大型承运人都加入了航运联盟组织。这使资源可在更大范围内配置,航线和船队可在更大范围内调整,规模优势明显。从2004年到2015年,全球集装箱班轮公司的平均载箱量翻了3倍,而提供集装箱运输的船公司数量则下降了29%。随着集装箱船越来越大以及船公司对规模经济的追求,越来越少的公司能够独立于市场之内。

表 7-4 全球前二十大集装箱班轮公司

排名	公司中英文名称	总部所在地	船舶载箱量(TEU)	市场份额(%)
1	马士基(APM-Maersk)	丹麦	3 040 784	15.1
2	地中海(MSC)	瑞士	2 663 374	13.2
3	达飞(CMA CGM Group)	法国	1 834 010	9.1
4	长荣海运(Evergreen Line)	中国台湾	951 876	4.7
5	赫伯罗特(Hapag-Lloyd)	德国	919 759	4.6
6	中远集运(COSCO)	中国	857 751	4.3
7	中海集运(CSCL)	中国	699 795	3.5
8	汉堡南美(Hamburg Sud)	德国	641 723	3.2
9	韩进海运(Hanjin Shipping)	韩国	628 764	3.1
10	东方海外(OOCL)	中国香港	577 233	2.9
11	商船三井(MOL)	日本	568 938	2.8
12	美国总统轮船(APL)	美国	535 795	2.7
13	阳明海运(Yang Ming)	中国台湾	528 734	2.6
14	日本邮船(NYK Line)	日本	527 223	2.6

续表

排名	公司中英文名称	总部所在地	船舶载箱量(TEU)	市场份额(%)
15	阿拉伯轮船(UASC)	科威特	467 624	2.3
16	现代商船(Hyundai M. M.)	韩国	388 969	1.9
17	川崎汽船(K Line)	日本	378 368	1.9
18	太平船务(PIL)	新加坡	367 551	1.8
19	以星航运(Zim)	以色列	361 016	1.8
20	万海航运(Wan Hai Lines)	中国台湾	206 343	1.0

资料来源：Alphaliner 航运资讯网，数据截至 2015 年 9 月 30 日

2. 发展不平衡

在全球集装箱运输普遍发展迅速的前提下，各大洲发展不平衡，以亚洲特别是东亚发展最快。就 2015 年世界集装箱港口吞吐量来看，排名前十位的均分布在亚洲，见表 7-5。目前，世界集装箱运输的主干航线是：第一，太平洋航线，主要由远东至北美航线组成。近年来，随着东亚经济快速发展和太平洋东西两岸贸易规模的扩大，此航线已逐步发展成为世界上最主要的集装箱运输航线之一。第二，亚欧航线，从亚洲港口经印度洋至欧洲的航线。第三，大西洋航线，主要是欧洲至北美航线。

表 7-5　2015 年世界集装箱吞吐量前十名港口

排　名	港　口	国　家	排　名	港　口	国　家
1	上海港	中国	6	釜山港	韩国
2	新加坡港	新加坡	7	青岛港	中国
3	深圳港	中国	8	广州港	中国
4	宁波—舟山港	中国	9	迪拜港	阿联酋
5	香港港	中国	10	天津港	中国

资料来源：中国港口网

7.7　大陆桥运输

7.7.1　大陆桥运输的渊源

大陆桥运输是指以横跨于大陆的铁路或公路为"桥梁"，把两端的海洋运输连接起来的运输方式。它形成了"海—陆—海"的连贯运输，两边是海运，中间是陆运，大陆起到了"桥"的作用。大陆桥运输一般都是以集装箱为媒介，因为采用大陆桥运输，中途要经过多次换装，如果采用传统的海陆联运，不仅增加运输时间，而且大大增加了装卸费用和货损货差。以集装箱为运输单位，则可以大大简化理货、搬运、储存和装卸等环节。外贸集装箱经海关铅封后，中途一般不用开箱检验，可以迅速转换运输工具。

20 世纪 50 年代初期，日本货运公司把集装箱从美国太平洋沿岸港口登陆，再利用横

贯美国东西的大铁路运到美国东海岸港口,再装船继续运到欧洲。于是人们把美国大陆比喻成一座大桥,称为"大陆桥"运输。1967年,中东战争造成苏伊士运河关闭,随即巴拿马运河因运输压力大而出现拥堵。从远东到欧洲的船舶只能绕行南非好望角,交货期大幅延长。于是很多从远东到欧洲的货物选用美国大陆桥运输,从而导致了一场海、陆运输之间的竞争。

7.7.2 大陆桥运输的优点

大陆桥运输的主要优点包括:第一,缩短运输距离。大陆桥的最大优越性是缩短运输里程。以从日本东京至荷兰鹿特丹为例,经西伯利亚大陆桥,全程1.3万多千米,比经苏伊士运河或巴拿马运河的日本—西欧航线,运距缩短约1/3,比绕行好望角缩短约1/2。第二,速度快。大陆桥运输较之海运可加快运输速度,尽管大陆桥运输比全程海运多两次换装作业,但因绝对里程的缩短以及陆路运输的相对快速,可以节约时间。第三,扩大经济辐射范围。海运是经由海洋的港口间的运输,基本上遗漏了陆路空间。大陆桥运输不仅将许多港口连接起来,而且将港口与许多内陆的各类经济区连接起来,并能集散这些地区的物流。大陆桥运输有利于内陆区域的对外开放,使其通过大陆桥运输更直接地参与国际经济活动,可以深化毗邻国家间的经济联系。

7.7.3 主要的大陆桥线路

1. 北美大陆桥

北美大陆桥运输线由加拿大大陆桥运输线和美国大陆桥运输线构成。由于二者是平行的,且都是连接大西洋和太平洋的大陆通道,故统称北美大陆桥运输线。以美国大陆桥运输线为例,它包括两条路线:一条是从西部太平洋口岸至东部大西洋口岸的铁路或公路运输系统;另一条是西部太平洋沿岸至墨西哥湾口岸的铁路或公路运输系统。

美国大陆桥是世界上第一条大陆桥,后由于东部港口太拥挤,货物到达后很难保证及时换装,使大陆桥运输的优越性不能体现出来,从而使大陆桥运输基本上处于停顿状态。由此派生的小陆桥在不断发展。小陆桥运输是一种海运与陆运联合的运输方式,比大陆桥少一段海上运输,成为海—陆或陆—海运输形式。如从远东至美国东部大西洋口岸或南部墨西哥湾口岸的货运,由原来的全程海运,改由远东装船运到美国西部太平洋口岸,再用陆上铁路或公路作为陆桥,将美国西海岸港口同东海岸或南部港口连接起来。这种运输较全程海运缩短了距离、节约了运输时间。目前,从远东至美国南部口岸的货运,约70%用这种方式运输。

2. 西伯利亚大陆桥

西伯利亚大陆桥运输线是连接太平洋、大西洋、波罗的海以及黑海的运输线,因地跨亚欧两洲,又称亚欧大陆桥,如图7-4所示。西伯利亚铁路位于俄罗斯境内,是世界上最长的铁路干线,全线均系电气化复线。它是连接亚洲东部国家、欧洲各国铁路网的运输干线,是亚欧大陆桥的重要组成部分,在世界贸易货物运输中占有重要地位。西伯利亚大陆桥近年来制定了更具竞争力的价格体系,完善了信息服务,简化了通关手续,缩短了过境滞留时间,正以便捷的路线和较高的速度与海运竞争,吸引亚欧间的巨大物流。

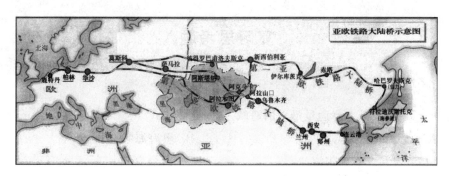

图 7-4　亚欧大陆桥

资料来源：百度图片

3. 新亚欧大陆桥

新亚欧大陆桥东起中国连云港，西至荷兰的鹿特丹，途经中国、哈萨克斯坦、俄罗斯、白俄罗斯、波兰、德国和荷兰，辐射 30 多个国家和地区，全长 1 万多千米。该大陆桥以古丝绸之路为主干，横贯亚欧大陆，被称为现代化的钢铁丝绸之路。在中国境内，这条大陆桥东起江苏省连云港市，西至新疆的阿拉山口，全长 4 100 多千米，将陇海铁路、兰新铁路、北疆铁路连在一起。新亚欧大陆桥自 1992 年底正式运营后，货运量稳步增长，在国际贸易运输中显示出重要作用，带动了沿线的经济社会发展。在中国"一带一路"战略提出后，新亚欧大陆桥更是展现出蓬勃的发展势头。

该大陆桥较西伯利亚大陆桥的优越性主要表现在地理位置和气候适宜，港口无封冻期，可常年作业；但劣势主要是途经的国家较多，硬件和软件的协调配合均有较多困难。由于新亚欧大陆桥要经过多国口岸，货物在口岸的平均滞留时间占全程时间的 30％～50％，这样就抵消了新亚欧大陆桥的运距优势。沿桥国家多，且有不同的法律法规，通关环境复杂，执行政策随机性大。因此，为使新亚欧大陆桥发挥其应有的作用，沿桥各国必须做好协调和服务工作。

相关链接：中国内陆地区国际物流新走廊——渝新欧铁路

渝新欧国际铁路联运大通道，是中国铁路总公司、国家海关总署及途经各国加强合作，在原新亚欧大陆桥的基础上进一步优化完善的国际物流大通道。"渝"指重庆，"新"指新疆阿拉山口，"欧"指欧洲，合称"渝新欧"。运行路径从重庆市始发，经甘肃兰州、新疆乌鲁木齐，再经北疆铁路到达中国边境阿拉山口，进入哈萨克斯坦，再转俄罗斯、白俄罗斯、波兰，至德国的杜伊斯堡，全程 11 179 千米，并可继续西进 202 千米至比利时安特卫普。

渝新欧国际铁路通道是重庆生产的笔记本电脑、汽车配件等出口商品快速运往欧洲的战略通道，运行时间约为 13 天，该线路运费比航空节省、运输时限比海运缩短、安全性高、通关便捷。截至目前，占据着中欧班列先导地位的渝新欧铁路已经完全常态化运行，成为重庆物流的"王牌"，吸引着世界各地投资者的目光。

资料来源：互动百科

复习思考题

一、单选题

1.（　　）是世界上海运量最大的海峡。
   A. 马六甲海峡　　　　　　　　　　B. 黑海海峡
   C. 英吉利—多佛尔海峡　　　　　　D. 白令海峡
2. 沟通地中海与红海的运河是（　　）运河。
   A. 巴拿马　　　　　B. 京杭　　　　　C. 伏尔加　　　　　D. 苏伊士
3. 沟通太平洋与大西洋的运河是（　　）运河。
   A. 巴拿马　　　　　B. 鲁尔　　　　　C. 基尔　　　　　D. 苏伊士
4. 目前，全球最繁忙的国际航空客运中心是（　　）机场。
   A. 亚特兰大　　　B. 伦敦希思罗　　　C. 上海浦东　　　D. 孟菲斯

二、多选题

1. 从上海洋山通过海运到达英国费利克斯托的货物，如果走苏伊士航线，应经过的海峡有（　　）。
   A. 霍尔木兹海峡　　B. 马六甲海峡　　　C. 曼德海峡　　　D. 直布罗陀海峡
   E. 英吉利—多佛尔海峡
2. 以下集装箱班轮公司中属于日本的包括（　　）。
   A. 日本邮船　　　　B. 达飞　　　　　C. 马士基　　　　D. 商船三井
   E. 地中海航运
3. 目前主要的大陆桥有（　　）。
   A. 亚欧大陆桥　　　B. 北美大陆桥　　　C. 新亚欧大陆桥　　D. 拉美大陆桥

三、简答题

1. 集装箱运输的优点和缺点分别是什么？
2. 很多国际运输船舶到开放登记国注册并悬挂方便旗的原因是什么？

四、案例分析

全球变暖对哪个区域影响最大？答案毫无疑问是北极。研究表明，北极是全球增温最显著的区域，它变暖的速度是世界其他地区的两倍。剧烈增暖使得北极地区海冰明显减少，而随着海冰的消融，一条隐藏的"黄金水道"逐渐浮出冰面，这就是北极航道。

北极航道是指穿过北冰洋、连接大西洋和太平洋的海上航道。截至目前，北极已有两条航道，分别是大部分航段位于俄罗斯北部沿海的"东北航道"，以及大部分航段位于加拿大北极群岛水域的"西北航道"。此外，北极航道理论上还有一条"中央航道"。这条航线从白令海峡出发，直接穿过北冰洋中心区域到达格陵兰海或挪威海。

　　北极航道最大的优势在于"拉近"了北美洲、北欧和东北亚国家之间的距离。目前,从欧洲到亚洲的传统航线有三条:一条经苏伊士运河,19 931 千米,约需 35 天;一条经巴拿马运河,26 186 千米,约需 40 天;一条经非洲好望角,22 356 千米,约需 46 天。如果借道北极航道,则只有 12 456 千米,约需 22 天,减少近一半时间。此外,还可节省穿越苏伊士运河和巴拿马运河的费用,减少航运中的能源消耗,且船体大小和吃水深度不受限制,可航行各种大型货轮。

　　北极航道对中国海外贸易的商业价值十分明显。利用北极航道,中国沿海诸港到北美东岸的航程,比走巴拿马运河的传统航线节省 2 000～3 500 海里。到欧洲港口的航程更是大大缩短,上海以北港口到欧洲西部、北海、波罗的海等港口比传统航线航程短 25％～55％。北极航道将大大缩短中国与欧洲、北美的海运距离。北极航道开通不仅会直接改变原有的世界海洋运输格局,还将使北极地区的战略地位整体提升。新航线将带动沿线经济发展,航线经过的国家在世界上的地缘政治影响力也将随之提高。

资料来源:《中国气象报》,2016 年 3 月 19 日

　　问题:北极航道的优势和劣势分别是什么?

第 8 章

亚　洲

　　迪拜国际金融中心(以下简称 DIFC)管理局的首席业务开发官 Salmaan Jaffery 每个月都会到中国来和企业沟通,以寻求合作机会。2015 年,已在 DIFC 设立分支机构的中国四大银行(中国银行、中国工商银行、中国建设银行和中国农业银行)在当地的业务量翻了一倍。除了中国的四大银行,目前 DIFC 也吸引了很多非金融类公司,比如中石油、上海电气和中兴通讯等。在迪拜登记在册的中国企业达 3 000 家。大部分入驻阿联酋的中企都将其作为通往中东、南亚、非洲,甚至欧洲的枢纽。2014 年,中国与阿联酋的贸易总额达到了 548 亿美元,同比增长了 18.5%。其中,近 60% 的双边贸易转口到非洲和欧洲。另外,迪拜的杰贝阿里自由贸易区(JAFZA)也已入驻超过 250 家中国企业,包括中石油、中国中铁和海尔等。中国作为 JAFZA 最大的贸易合作伙伴,从油气、电子、重型机械、建筑到汽车,有不少中国领先的跨国企业均将该自贸区作为中东市场的"大本营"。

　　在过去的 20 年里,迪拜和阿联酋的政府都在转型上作了努力,产业趋于多元化。目前,阿联酋只有30%的经济收入来自石油,而迪拜只有不到5%的收入来自石油。产业多元化的好处是不会受限于某一个行业,因此油价下跌不会影响迪拜的长远规划。DIFC 发布了 2024 年的发展规划,计划通过南南经济走廊间的贸易和投资驱动未来业务增长,承接中国"一带一路"战略的实施。

资料来源:第一财经日报,2016 年 2 月 28 日

　　问题:迪拜经济转型的原因和经验是什么?

本章学习目标
- 熟悉亚洲国家的经济贸易活动分布特点和规律;
- 掌握日本、四小龙等亚洲主要经济体的经贸发展。

　　亚洲三面环海,东、南、北三面分别濒临太平洋、印度洋和北冰洋,总面积约 4 400 万平方千米,人口超过 43 亿,约占世界总人口的 60%,是世界上面积最大、人口最多的一个洲,现有 48 个独立的国家。第二次世界大战后,亚洲各国和各地区的经济获得了不同程度的发展。20 世纪 80 年代后,随着亚洲"四小龙"的经济腾飞,东盟国家经济的迅速发展,以及中国改革开放后经济的突飞猛进,亚洲成为世界上经济发展最有活力的地区。全球生产正重新走向再平衡,亚洲国家占世界 GDP 的比重明显上升,如图 8-1 所示。

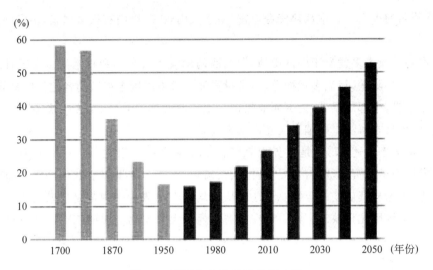

图 8-1　亚洲占全球 GDP 比重上升

资料来源：亚洲开发银行

　　但是，亚洲内部各国各地区经济发展极不平衡。其中，日本经济发展水平最高，但其经济规模在 2010 年已被中国超过；"四小龙"成为新兴工业化国家和地区；东盟国家和印度的经济正在迅猛发展；西亚国家依靠丰富的石油资源，成为高收入国家；目前，中国、印度和印度尼西亚等国是亚洲经济迅速增长的重要贡献者。与此同时，亚洲还有一些负债累累、至今仍未摆脱贫困的最不发达国家。

8.1　日　　本

8.1.1　地理特征

1. 自然地理

　　日本是位于亚洲东部、太平洋西侧的一个岛国。东濒太平洋，北隔宗谷海峡与俄罗斯相邻，南与中国台湾、菲律宾相望，西隔东海、黄海、日本海与中国、韩国、朝鲜、俄罗斯相望。面积 37.79 万平方千米，由北海道、本州、四国、九州四大岛和 6 800 多个小岛组成，最大的本州岛面积 22.74 万平方千米，约为领土面积的 3/5，是日本最重要的部分。位于北海道以北的择捉岛、国后岛、色丹岛和齿舞群岛，称为"北方四岛"（俄罗斯称"南千岛群岛"），"二战"后被苏联占据，日本长期与苏联（现俄罗斯）交涉，要求收回，至今未能实现。

　　日本领土南北狭长，海岸线全长约 3.3 万千米，西部日本海一侧多悬崖峭壁，港口稀少，东部太平洋一侧多入海口，形成许多天然良港。日本境内多山，山地成脊状分布于日本的中央，将日本的国土分割为太平洋一侧和日本海一侧。山地和丘陵约占全国面积的 3/4，平原面积狭小，且分布零散。位于本州东南的关东平原，是日本最大的平原，也是日本农业最发达的地区。

　　日本位于环太平洋火山地震带上，多火山和地震。全球有 1/10 的火山位于日本，1/5 的地震发生在日本，每年发生有感地震 1 000 多次。富士山海拔 3 776 米，是日本第一高峰,也是著名的火山。日本地热资源丰富,由于火山较多,境内有很多温泉,多发展成为旅游景点。

日本的河流大多发源于中部山地,向东西两侧流入太平洋和日本海。由于日本东西狭窄,加之山势陡峭,河流多短而急促,水量充沛。日本因国土狭长而各地气候差异较大,北部属亚寒带,中部属温带,南部属亚热带。就东西两侧来看,东部太平洋沿岸偏重海洋性气候,西部日本海沿岸则偏重大陆性季风气候。

森林覆盖率高达 67%,是世界上森林覆盖率最高的国家之一。日本的渔业资源丰富。日本境内矿产资源贫乏,主要有石灰石、硫黄、铜等。与世界上其他同等人口规模的国家相比,无论从其矿物的蕴藏总量还是从人均占有蕴藏量来说都是比较贫乏的,石油、煤炭、铀等资源则尤显缺乏。这一点在其需要耗费大量矿物资源的工业高速发展以后显得更加突出。

2. 人文地理

2015 年,日本有人口 1.27 亿,居世界第十位。人口密度达 336 人/平方千米,是世界人口密度最大的国家之一。日本城市化水平高,城市人口占总人口的 77% 以上。民族成分较单一,以大和民族占绝大多数,北海道有 2 万多阿伊努族人,通用日语。日本居民主要信奉佛教和神道教,神道教是日本的传统民族宗教。

第二次世界大战后,日本经历了两次生育高峰:1947—1949 年和 1971—1973 年。此后,人口增长趋于稳定。日本人口分布不均衡,约有 80% 的人口集中在太平洋沿岸的狭窄平原地带;日本海沿岸人口较少。人们把经济较为落后、人口稀少的日本海沿岸称为"里日本";把经济发达、人口稠密的太平洋沿岸叫"表日本"。日本的行政区域划分为两级,一级行政区称谓为都、道、府、县。共有一都,即东京都;二府,即大阪府和京都府;一道,即北海道;43 个县,如兵库县、千叶县、爱知县等。东京旧称江户,明治维新后改称东京,并定为首都。

日本是一个实行君主立宪制的国家,天皇是名誉国家元首,采用世袭更替。立法机构是国会,由自由民主党、社会党、民社党、公明党等党派推选的议员组成。行政机构采用内阁制,首相是内阁的首脑,由国会中取得多数议员席位的执政党的党首担任。

8.1.2　经济概况

日本是当今世界上经济最发达的国家之一,日本工业化历史不长,但发展很快,是一个后起的发达国家。1868 年明治维新后,日本才进入资本主义发展阶段,1900 年工业产值只相当于英国的 5.5%,1939 年提高到英国的 36%。第二次世界大战后,日本经济迅速恢复与发展,其经济总量 1966 年超过法国、1967 年超过英国、1968 年超过联邦德国、1984 年超过苏联,成为仅次于美国的世界第二大经济强国。但是自进入 20 世纪 90 年代以来,日本经济转入不景气状态,长时间原地踏步,复苏乏力,日本产品的国际竞争力明显削弱。

2015 年,日本国内生产总值 4.12 万亿美元,是世界第三经济大国;人均国内生产总值 3.2 万美元,排名第 26 位。对外贸易额约 1.56 万亿美元。截至 2015 年 2 月,日本拥有外汇储备 12 511 亿美元。截至 2013 年年底,拥有约 3.06 万亿美元海外资产,是世界最大债权国。

日本经济在"二战"之后能够迅速崛起有很多原因,其中从国际环境分析主要有以下几方面:第一,美国的支持和援助。"二战"结束初期,日本由美国实行军事占领。根据波茨坦公告和盟国远东委员会的决议,日本军需工业应予以彻底摧毁。但当 1949 年新中国成立后,美国为使日本成为遏制中国和苏联的桥头堡,便宣布停止日本的一切赔偿,还通过著名的"马歇尔计划"把美国国内的物资援助给日本。第二,朝鲜战争和越南战争促进了日本经济迅速恢复和快速增长。在 1950 年爆发的朝鲜战争和 1955 年爆发的越南战争中,日本均成为美国军需品的生产供应基地。第三,20 世纪 50—70 年代初,世界市场上石油、煤炭、铁矿等大宗商品供应充足,价格低廉。对日本这个资源贫乏的国家而言,价廉而充足的能源和原材料无疑有利于其经济发展和贸易扩大。第四,战后发生的新一轮科技革命成为日本经济增长的重要动力,日本抓住机会实现了技术和经济跨越。第五,"二战"之后出现了全球范围的贸易自由化浪潮,为非常依赖海外市场的日本产品出口创造了有利条件。

8.1.3 主要产业发展

1. 农业

日本农业现代化水平高,但农业在国民经济中不占重要地位。农业规模小,以小农经济为主,主要使用中小型机械。农业集约化程度高,精耕细作,农产品单产高。日本的农业劳动力数量持续减少,从 20 世纪 60 年代到 90 年代减少了 2/3 以上,兼业农户比例占到 70%。农业劳动力老龄化也很明显,从事农业生产的男劳力平均年龄比非农业部门劳动力的年龄高 10 岁以上。

水稻、蔬菜和水果、畜牧业是日本农业的三大支柱。水稻是日本的主要粮食作物,种植分布较广。日本的蔬菜、水果及花卉均不能满足国内需要,每年需大量进口。畜牧业经营规模远落后于欧美各国。日本是渔业生产大国,主要分布在北海道和九州沿岸,但鱼类产品是日本人的主要食物,所以水产品进口量依然很大。农产品自给率低,仅为 40% 左右,农产品进口不断增加。日本已成为世界上最大的农产品进口国,其中水产品进口金额最多。美国是日本进口食品的最大供应国,其次为中国、澳大利亚、加拿大等国。

2. 工业

钢铁工业是日本的基础工业之一。日本的钢铁产量、质量和出口竞争力均名列世界前茅。日本钢铁工业的现代化水平、劳动生产率、生产技术均居世界领先地位。主要的钢铁企业有新日铁住金、川崎制钢、日本钢管、神户制钢等。日本钢铁工业是建立在进口资源基础之上的,约 80% 的铁矿石来自澳大利亚、巴西和印度,90% 的焦煤来自澳大利亚等。日本钢材出口占其产量比重较大,2015 年出口 4 164 万吨,占比 40% 左右。

汽车工业是日本的支柱产业之一。1980 年至 1992 年,日本曾连续 13 年汽车产量居世界第一位,后被美国重新超过。汽车工业是战后日本发展最快、影响最大的工业部门,成为战后日本经济高速发展的缩影。1970 年起,日本汽车工业取代钢铁成为领军产业,对日本工业的发展起到了至关重要的作用。多年来,日本汽车以价格较低、节油、故障少等优势,在国际市场占有较大份额。自 1977 年起,日本成为世界最大的汽车出口国。日本的汽车工业大多分布在太平洋沿岸带状地带,尤以京滨和中京工业区最为集中。日本主要的汽车制造商包括丰田、日产、本田、马自达、三菱、铃木等。

代表性厂商:丰田汽车

成立于 1933 年的丰田公司是日本最大的汽车制造商,创始人是丰田喜一郎。丰田市是日本的汽车城,是丰田公司总部所在地。"二战"之后,丰田公司创造了著名的丰田生产管理模式,大大提高了工厂的生产效率进而提高了产品的竞争力。20 世纪 80 年代以后,丰田汽车成功推进了以北美市场为主要对象的国际化战略。近几年,丰田汽车的年产量位居世界第一。

机械工业是日本经济支柱产业之一,门类繁多,包括机床、一般机械、电器机械、精密机械等。日本机床业自 20 世纪 50 年代起步以来,发展迅速。日本的机床普遍采用计算机和数控装置,智能化水平高。日本的工业机器人发展水平世界领先,应用广泛。工业机器人是尖端机械技术和电子技术的组合,日本生产的工业机器人主要用于焊接、涂装、组装、检查等领域,可以大大提高生产效率。

电子信息工业是战后日本新兴的工业部门,是日本出口主导型高新技术产业之一。日本的电子工业是典型的"出口工业",电子数码产品是日本在国际市场上竞争力最强、销量最大的王牌产品之一,索尼、松下、夏普、尼康、卡西欧等为世界著名品牌。日本半导体技术发达,特别是集成电路的研发生产处于世界领先地位。日本的家用电器产品曾经占据国际市场的很大份额,近些年由于中国、韩国等国竞争力的提高,其市场影响力显著下降。日本电子信息工业地理分布较分散,但主要集中于关东和九州地区。九州岛成为半导体工业基地,被称为"硅岛"。

代表性厂商:佳能

佳能(Canon)是日本的一家全球领先的生产影像与信息产品的综合集团,1937 年成立。佳能的产品系列包括三大类别:个人产品、办公设备和工业设备,主要有照相机及镜头、打印机、复印机、传真机、扫描仪、广播设备、医疗器材及半导体生产设备等。佳能总部位于日本东京,并在美洲、欧洲、亚洲及日本设有四大区域性销售总部,在世界各地拥有子公司 200 家,雇员超过 10 万人。

日本的造船工业历史悠久,是日本现代经济发展的先驱部门,也曾是推动日本工业化的动力。自 1956 年超过英国后,日本造船量曾长期居世界首位,被誉为"造船王国",1993 年首次被韩国超过。但日本造船技术仍处于世界领先地位,船舶仍是日本重要的出口商品,其建造量的一半以上供出口。主要造船企业有石川岛播磨重工、三菱重工、川崎重工、三井造船等。造船工业主要集中在太平洋沿岸。

日本的工业在第二次世界大战后迅速崛起,形成了规模巨大的工业地带,但是同时也产生了布局过密、环境污染、工厂用地和工业用水不足、交通堵塞等各种问题。为解决这些问题,一些新工厂开始向工业地带周边、大工业地带的间隙迁移,形成了一些新工业地带。日本工厂的分布特色是在大工厂的周围,成立很多中小工厂,主要向大工厂提供零部件,形成了许多工业区。日本的中小企业技术水平较高,能够生产出优质零部件和产品。

相关链接:日本工业的临海型布局

　　形成日本工业临海型布局,尤其是临太平洋沿岸布局主要有以下几方面原因:第一,日本经济对外依赖性强,原料靠进口,产品靠出口,因此临海型的工业布局既有利于降低运输成本,又能使产品尽快投入国外市场。第二,日本土地面积狭小,工业用地紧张,而钢铁、石化等工业往往占用较多土地,临海布局可以填海造陆,扩大用地面积。第三,太平洋沿岸港宽水深,潮差小,宜于修筑大型码头。第四,"二战"前日本的原料主要取自中国和朝鲜,"二战"后原料来源转向澳大利亚、美国、巴西、印度和西亚地区,太平洋沿岸有利于原料的输入。第五,日本大城市和人口主要集中在太平洋沿岸,临海布局可以使工业生产接近消费地,便于产品销售。

3. 服务业

　　日本交通运输业非常发达,铁路、公路、海运、航空等形成密集的交通运输网络,与国内各地相通,并与世界各地保持密切往来。主要铁路线多分布在沿海地带,且与海岸线平行。日本从 20 世纪 60 年代开始修建时速 200 千米的高速铁路,称为"新干线"。公路是日本交通运输的骨干,约承担国内货运总量的 90% 和客运的 70% 左右。日本航空运输业发达,其中以飞往东南亚和横越太平洋到北美西海岸的航线最重要。日本大型国际机场主要有东京的成田机场和羽田机场、大阪关西机场等。日本的国际贸易运输基本依靠海运,总货运量中卸货量占主体,说明日本进口商品以大宗原料燃料为主。日本主要的船公司有日本邮船、商船三井、川崎汽船等。

8.1.4　对外经贸

　　对外贸易在日本经济中占有特殊重要地位,日本一向把"贸易立国"作为国策。日本自然资源缺乏,工业原料大部分从国外进口;国内市场又相对狭小,很多工业产品需销往海外。因此,发展对外贸易、加强对外经济关系,对日本有重要意义,日本把对外贸易看作生命线。日本出口商品绝大多数是工业制成品,主要有汽车、电子产品、机床、钢材、船舶、化工产品等。进口商品中初级产品占很大比重,但 20 世纪 80 年代后日本进口商品结构有明显变化,包括零部件和消费品在内的工业制成品进口比例提高。出现这一变化主要有两个原因:第一,20 世纪 80 年代后,以美国为首的西方国家普遍出现经济不景气,导致贸易保护加剧,日本在美国压力下被迫开放市场。第二,在日元升值的背景下,日本加快了对外直接投资和产业再布局,然后再以制成品方式返销本国。日本的主要贸易对象为中国、美国、韩国、澳大利亚等。

　　近年来,日本的对外贸易伙伴有较大变化。出口贸易过去非常依赖北美市场,而目前则形成了亚洲、北美、西欧三大出口市场的格局,特别是亚洲在日本进出口贸易中的地位越来越重要。1972 年中日外交关系恢复后,双边经贸关系发展迅速。2015 年,中日贸易额为 2 786 亿美元。中日两国在资金流动、技术引进方面也合作广泛。截至 2013 年年底,日本累计对华投资 955.6 亿美元,是中国第三大外资来源地。

日本是世界主要援助大国。日本于 1979 年开始提供对华政府开发援助（ODA）。2007 年 12 月 1 日,两国外长签署日本对华最后一批日元贷款换文。日本政府累计向中国政府承诺提供日元贷款协议金额 33 164.86 亿日元,用于 255 个项目的建设。

相关链接:日本的综合商社

日本综合商社指掌控该国大部分进出口业务的特大型综合贸易公司。综合商社堪称日本最古老的企业组织,它诞生于日本近代化源头的明治维新时期,最初的商社主要以物品搬运和贸易中介为核心业务。在明治维新提出"富国强兵、殖产兴业"口号之后,它们就承担了从外国获得资源、采购原材料、进口各种资材设备,以及为获取外汇而从事出口或海外市场开拓的任务。日本综合商社在第二次世界大战后日本经济的重建中也发挥了重要作用。

目前,综合商社的业务范围几乎无所不包,渗透于全产业价值链的综合商社被打造成全能企业。从原来重在产业上游(原材料)和下游(终端商品),逐步延伸到整个产业链。2013 年,日本 43 家综合商社的销售额高达 87 万亿日元,占当年日本 GDP 的 18%。日本的五大综合商社是:三菱商事、三井物产、住友商事、伊藤忠商事和九红。

资料来源:和讯网

8.1.5 经济区划

日本工业生产集中于三湾一海地区,以东京为中心的太平洋沿岸的"表日本",是全国经济最发达的地区,这里集中了全国 60% 以上的工业企业和近 2/3 的工业产值;而日本海沿岸的"里日本",则发展相对缓慢,是日本传统的农业区,是水稻和商品粮基地。日本的三大经济区为南关东地区、关西地区和中部地区,具体如下:

1. 南关东地区

南关东地区是指位于本州岛中部、太平洋沿岸的东京都、埼玉县、千叶县和神奈川县。面积约 1.35 万平方千米,只占全国面积的 3.6%,而人口超过全国的 1/4,工业产值占全国 3/10。这里之所以形成日本工业最发达、城市最集中的工业带,主要因为下列有利条件。

> ⊙ 首都东京位于这里,交通方便、信息灵通,利于人才、资金的聚集。
> ⊙ 有日本最大的平原——关东平原,土地平坦肥沃,对农业、交通、厂房建设有利。
> ⊙ 开发历史悠久,明治维新前是德川幕府所在地,此后又首先在这里发展现代工业。
> ⊙ 东京湾港宽水深,码头泊位众多,有利于海上运输。
> ⊙ 人口众多,既提供充足的劳动力,又形成巨大消费市场。

东京是日本的首都和经济中心,是世界最大城市之一,位于本州关东平原南端,东南濒临东京湾,通连太平洋。东京是日本最大的工业城市,工业产值居全国第一位。东京同它南面的横滨和东面的千叶共同构成了京滨叶工业区。东京金融业和商业发达,素有"东京心脏"之称的银座是最繁华的商业区。近年来,闹市区的中心逐步由银座移向新宿、池袋、涩谷。东京还是日本的文化中心,共有各类大学 190 多所,占全国大学的 50%。著名的东京大学、早稻田大学、庆应大学等集中于此。与东京相距 25 千米的横滨市是仅次于东京、大阪、名古屋的第四大工业城市,是神奈川县的首府。运输机械(汽车、船舶)、电机电器和食品加工是横滨的三大主要工业部门。

2. 关西地区

关西地区以大阪、神户为中心,环绕大阪湾。面积占全国的 3.94%,人口占 13.4%。"二战"前大阪是日本经济中心,主要是靠商业资本和民用工业为重点发展起来的。从明治维新到 1935 年其经济实力要强于东京,居全国首位。"二战"后初期,随着军需工业向东京、横滨迁移,京滨工业区超过了阪神工业区。目前,大阪市是大阪府的首府,地处本州岛西南部的大阪湾畔,是日本第三大城市。大阪是综合性的现代化工业城市,以钢铁、机械、造船、化工、纺织和造纸工业为主,工业产值居全国第二位。

3. 中部地区

中部地区位于本州岛中部,是本州岛地势最高地区,以名古屋为中心的中京工业带沿伊势湾延伸。中京工业带由于正处在京滨和阪神两个工业带之间,为经济发展提供了有利的区位条件。核心城市为名古屋,又称"中京",面对伊势湾,是爱知县的首府,最大的工业部门是汽车制造。

8.2 "亚洲四小龙"

20 世纪 70 年代,东亚地区在经济发展中升起了 4 颗新星,这就是韩国、新加坡和中国的台湾、香港,合称"亚洲四小龙"。曾长期处于日本殖民统治下的中国台湾和韩国,是从落后的农业经济基础上发展起来的,而中国香港和新加坡从前都是英国在远东的商品中转站,经济以转口贸易为主。这四个国家和地区先后都选择了发展外向型经济的道路,中国台湾和韩国实现了出口导向工业化,中国香港和新加坡由单纯的转口贸易转向多元化经济。据《欧洲货币》杂志计算,1974 年至 1984 年,在全球 93 个国家和地区中,经济增长速度最快的前四名依次为新加坡、中国台湾、韩国和中国香港。这就是说,正是在战后世界经济普遍不景气的时期,"四小龙"却取得了异乎寻常的发展。目前,它们已全部进入新兴工业化经济体的行列,成为当今世界一支重要的经济力量。

从人均国内生产总值指标观察,1965 年"四小龙"都还处于很低的水平,这是区别于传统意义上的发达国家的。经过 20 多年的经济起飞和高速成长,到 1991 年其起飞阶段基本结束,已经达到较高的水平,到当下则又实现了进一步的提升。经济规模和人均国内生产总值的增长速度创造了世界经济史上的奇迹,见表 8-1。

表 8-1 "亚洲四小龙"的人均 GDP 分期对比 　　　　　　　　　　单位:美元

经济体	1965 年	1991 年	2015 年
中国香港	564	14 102	42 390
韩国	150	6 498	27 195

经济体	1965 年	1991 年	2015 年
新加坡	100	14 210	52 888
中国台湾	236	8 685	22 288

资料来源：国际货币基金组织官方网站

8.2.1　韩国

1. 地理特征

韩国，全称大韩民国。位于亚洲朝鲜半岛南部，东濒日本海，西临黄海，东南隔朝鲜海峡与日本相望，面积 9.96 万平方千米，约占朝鲜半岛总面积的 45%。北部陆地大致以北纬 38°为界与朝鲜接壤。首都旧称汉城，2005 年 1 月改称首尔。

1910 年韩国被日本吞并，沦为殖民地。1945 年日本投降后重新获得独立，但由于美国和苏联分别占领了朝鲜半岛的南部和北部，以北纬 38°为界分为南北两部分。1948 年 8 月 15 日在美军占领的南朝鲜首先宣布建立大韩民国，同年 9 月 9 日苏军占领的北朝鲜宣布建立朝鲜民主主义人民共和国，从此分裂为两个国家。而 1950—1953 年发生的朝鲜战争更把南北双方推向战争乃至数十年的对立。

韩国地势东高西低，北高南低，平原少，主要山脉有太白山脉、庆尚山脉，山地和丘陵约占国土面积的 70%。南部济州岛的汉拿山，海拔 1 950 米，为韩国最高峰。平原大多分布在西海岸和南部河流的下游地带。汉江是北部最重要的河流，南部有洛东江。洛东江长 525 千米，流入日本海；汉江全长 514 千米，流入黄海。韩国三面环海，海岸线漫长曲折，多海湾和岛屿。韩国四季分明，春秋两季较短；夏季炎热、潮湿；冬季寒冷。韩国自然资源贫乏。

韩国人口约 5 000 万，人口密度大，绝大多数是朝鲜族。城市人口比重高，占 81%，人口日益集中于大城市。韩国行政区划分为 1 个特别市（首尔），1 个特别自治市（世宗市），9 个道（京畿道、江原道、忠清北道、忠清南道、全罗北道、全罗南道、庆尚北道、庆尚南道和济州特别自治道），6 个广域城市（釜山、大邱、仁川、光州、大田、蔚山）。韩国通用韩语。

相关链接：韩语的演变

在朝鲜历史上，世宗大王（1418—1450 年在位）以前朝鲜人是没有文字的，一直使用中国的汉字。1446 年世宗大王创造了谚文，即现在的韩文，是一种拼音文字。但韩文并未取代汉文的地位，成为官方文字则是在 1948 年建国以后。现在韩国语言中 70% 左右是汉语的变音，10% 是日语的变音，还有 10% 是英语的变音，剩下的则是朝鲜语的固有词。韩语与朝鲜语略有不同，战后朝鲜半岛南北长期分裂使语言也出现了略微差异。一般将韩国惯用的表达方式称为"韩语"，将朝鲜惯用的表达方式称为"朝鲜语"。

资料来源：人人网

2. 经济概况

"二战"以后，韩国充分利用国内外的有利条件和机遇，采取适合本国国情的经济政策,适时调整发展战略和经济结构,扶植战略产业,迅速建立起以钢铁、造船、石化、汽车、电子为代表的工业体系,实现了经济的高速增长,迅速发展成为令世人瞩目的新兴工业化国家,创造了"汉江奇迹"。韩国经济步入高速增长轨道始于 20 世纪 60 年代。到 20 世纪 70 年代末,重工业超过轻工业,重化工业率从 60 年代后期的 40% 提高到 80 年代初的 55.6%。80 年代后,韩国继续坚持出口导向战略,谋求产业升级和多样化。目前,韩国产业正迅速由劳动密集型向资本和技术密集型迈进。韩国 1996 年加入了被称为"富人俱乐部"的经济合作与发展组织(OECD)。2015 年,韩国国内生产总值为 1.38 万亿美元,人均 2.72 万美元。

韩国国内资源贫乏,市场狭小,因此发展工业所需的原料、能源和产品对国际市场的依赖性很强,其经济带有明显的外向型特点。经过多年的发展,韩国已形成南北两大工业地带,北部是以首尔、仁川为中心的京仁工业区,南部是以釜山为中心的东南沿海工业区。京仁工业区的轻重工业都很发达,是最重要的工业区。韩国东南沿海工业区,北起迎日湾、南达光阳湾,呈沿岸带状分布,是韩国第二大工业区,重工业发达。韩国工业偏重大企业集团,三星、现代、大宇、LG、SK 等大集团在国民经济中占据举足轻重的地位。

3. 主要产业发展

韩国曾经是个传统的农业国,随着工业化的进程,农业在韩国经济中所占的比例越来越小。目前在韩国的 GDP 构成中,农业约占 2.6%,农业人口约占总人口的 6.8%。现有耕地主要分布在西部和南部平原、丘陵地区。韩国农业生产以种植业为主,约占农业产值的 70%。主要作物有水稻、小麦、玉米、水果、蔬菜等。韩国农业基本上还是小农经济耕种方式,多数农户的耕地在 3 公顷以下。出于国家粮食安全的考虑,韩国长期以来对粮食生产实施了高强度的保护,追求大米的自给。由于土地经营面积小、土地价格和劳动力成本大幅上升、贸易保护等原因,韩国农产品价格比国际市场高出数倍。韩国是农产品主要进口国,但其农业市场对外国的参与极为敏感,是个对外开放程度较小的经济部门。美国一直是韩国农产品进口的第一大供应商,而中国和澳大利亚向韩国的农产品出口也在不断增长。

韩国本身资源贫乏,钢铁工业是建立在进口原料和燃料基础之上的,铁矿石主要来自澳大利亚和印度,煤炭主要来自澳大利亚等国。因此为了节约成本,钢铁生产基地主要分布在沿海港口,主要有浦项和光阳。1970 年成立,位于东南沿海的浦项制铁(POSCO)是韩国最大的钢铁企业。

机械工业是韩国经济的重要支柱,韩国是亚洲国家中仅次于日本的成套设备出口大国。韩国汽车工业起步较晚,1969 年提出"国民车"计划后发展迅猛,现在已经成为主要汽车大国。拥有现代起亚、通用大宇、雷诺三星、双龙等主要厂商,特别是自主控制的现代起亚集团已在世界汽车领域占据着重要位置。

韩国造船工业发达,处于世界领先水平,主要生产大型集装箱船等技术复杂、附加值高的船舶,在最具建造难度的液化天然气(LNG)船舶市场占据全世界约 2/3 的份额。现代重工、三星重工和大宇造船等代表性企业均居世界前列。韩国造船厂多分布在东南沿海,这里水位深、潮差小,辅助产业聚集,劳动力丰富。韩国最大的造船工业中心是蔚山。

电子信息产业方面,韩国从消费电子产品起步,随后大力发展产业用电子和元器件行业,已经可以在尖端领域与发达国家展开竞争,多种主要电子产品在国际市场上已占举足轻重的地位,三星、LG 是代表性厂商。

代表性厂商:三星电子

三星电子(Samsung Electronics)是韩国最大的电子工业企业,同时也是三星集团旗下最大的子公司。三星电子成立于 1969 年 1 月,总部在京畿道城南市。仅在十几年前,三星电子的目标还是赶超日本企业,然而现在三星在电视、手机、半导体存储器、白色家电等领域已经超越了日本同行,处在世界家电企业的领军位置,成为韩国民族工业的象征。

韩国风景优美,有许多文化和历史遗产,旅游业较发达。主要旅游点有景福宫、德寿宫、民俗博物馆、板门店、济州岛等。中国、日本、美国是韩国的主要旅游客源地。韩国的陆、海、空交通运输均较发达。2004 年 3 月,首尔—釜山高速铁路开通,全长 412 千米,最高时速 300 千米。主要港口有釜山、光阳、仁川等。

4. 对外贸易

对外贸易在韩国国民经济中十分重要,外贸依存度较高。在韩国的出口商品中,工业制成品约占 91%,主要出口电子产品、汽车、钢材、船舶、纺织服装等。在进口商品中,制成品约占 62%,燃料占 19%,主要进口机械、钢材、电子元件、原油、煤炭和农产品等。2014 年进出口贸易总额 10 988 亿美元,顺差 474 亿美元。中国、美国、日本是韩国三大主要贸易伙伴。

韩国与中国自 20 世纪 70 年代中期开始民间贸易往来,1980 年双边贸易额突破 1 亿美元。中韩建交以前,两国通过中国香港、新加坡进行间接贸易。1992 年中韩建交后,双边经贸迅速发展,当年贸易额为 63.7 亿美元。2015 年,中韩双边贸易额达到 2 759 亿美元,已经与中日贸易的规模相当。中国已连续多年成为韩国第一大贸易伙伴、第一大出口市场、第一大进口市场、第一大顺差来源国。韩国对中国主要出口钢材、集成电路、电子组件、石油化工产品等,从中国进口服装、铝材、煤炭、家电及农产品等。

目前,中国是韩国最大的海外投资对象国,截至 2014 年年底,韩国对华实际投资累计595 亿美元。韩国对华投资主要集中在环渤海湾地区的山东、辽宁等省份,且以劳动密集型和中小加工型项目为主。2014 年中韩人员往来超过 1 005 万人次,双方互为本国公民最大旅游目的地国和入境客源国。截至 2014 年年底,韩国在华留学生约 6.3 万人,中国在韩留学生约 6.7 万人,均居对方国家外国留学生人数之首。除互在对方首都设大使馆外,中国在韩釜山、光州和济州设有总领馆。韩国在中国上海、青岛、广州、沈阳、成都、西安、武汉和香港设有总领馆。

拓展案例:韩国推进中小企业获益中韩自由贸易协定

2015 年,备受瞩目的《中韩自贸协定》正式生效,至此中韩两国终于宣布携手进入"自贸时代"。在经过最长 20 年的过渡期后,韩国将对 92% 税目数的中国原产货物实行零关税,中国将对 91% 税目数的韩国原产货物实行零关税。这也是中国迄今以来签署的开放程度最高的自贸协定。中韩两国企业期待着自贸协定能够带来更多利好,两国民众也期待自贸协定为消费者带来实惠。据预测,中韩自贸协定将拉动中国实际 GDP 增长 0.34 个百分点,拉动韩国实际 GDP 增长 0.97 个百分点。

中国作为韩国的邻邦,又是具有 13 亿多人口的巨大市场,而且还有来自《中韩自贸协定》的福利"锦上添花",自然也引起了许多拥有优秀技术的韩国企业的关注。而与大型财阀不同,众多韩国国内的中小型企业因资金、资源上的限制,难以发挥规模效应,导致对于巨大的中国市场只能"望而却步"。为帮助希望进军中国市场、享受自贸福利的韩国企业解决销路的问题,2016 年 2 月 25 日,韩国产业通商资源部联合大韩贸易振兴公社、中小企业振兴工团、中小企业中央会、韩国贸易协会等有关机构在首尔举办了"2016 年中韩贸易投资"出口洽谈会。本次出口洽谈会共有来自韩国的 900 家中小企业参展,并且韩国政府邀请了 230 家中方企业参与洽谈。中方企业除苏宁、京东、海尔等知名企业外,也包括许多中西部内陆地区的企业,为韩国产品进入更广阔的地区提供保障。这也是迄今为止,韩国官方主导的对华出口洽谈会中规模最大的一次。

本次活动中,韩国方面筛选出生产消费品的 300 家优秀企业,赋予"e-power 300"企业称号,鼓励通过跨境电商发展中国市场,并在现场展示这些企业的产品,得到了许多中方企业的关注。韩国方面还发挥其在美妆产品、文化产品等方面的优势,为希望赴韩投资优势产业的中国企业提供专场咨询服务。

资料来源:第一财经日报网,2016 年 2 月 28 日

8.2.2　新加坡

新加坡,全称新加坡共和国,古称淡马锡。位于亚洲东南部的马来半岛南端,北部由长堤与马来西亚的柔佛州相连;南部隔新加坡海峡与印度尼西亚相望;东临南中国海,西南临马六甲海峡。新加坡面积虽小,但是地理位置十分重要,是连接太平洋与印度洋的重要通道,素有"远东十字路口"之称,是国际海运交通中心。新加坡 1824 年沦为英国殖民地,1959 年新加坡成为英国属下的自治邦,1963 年与马来西亚合并,成为马来西亚的一部分,1965 年脱离马来西亚宣布独立。

新加坡领土由新加坡岛及附近的 63 个小岛组成,面积为 714.3 平方千米,其中新加坡岛的面积占全国面积的 88.5%。新加坡岛地势平坦,平均海拔 17 米。新加坡离赤道仅 136.8 千米,常年高温多雨,属于热带雨林气候。新加坡环境优美,气候宜人,常年繁花似锦,被誉为"花园城市"。新加坡矿产资源贫乏,渔业资源也不丰富。

新加坡总人口 540 万(2013 年),华人占 75% 左右,其余为马来人、印度人和其他种族。新加坡使用多种语言,其中马来语为国语,英语和汉语均为官方用语。英语是行政语言,使用最为广泛,大多数新加坡人都会讲母语和英语两种语言。马来渔民是当地的土著居民。新加坡的华人大部分源自中国广东、福建和海南等地。新加坡也是除中国以外以华人为多数族群的地区。中华文化对新加坡影响巨大,不仅汉语是新加坡的主要用语,而且衣食住行等人民生活方面也处处可见中华文化的影响。

新加坡由于长期受英国和日本的殖民统治,加上国土面积狭小,资源贫乏,曾经相当落后。不但没有现代化的工业,而且由于面积小、耕地少,农业也不发达,只是英国设在亚洲的一个转口贸易基地。即从欧洲输入工业品向东南亚地区分销,以及从东南亚收购农

矿产品输往欧洲。

新加坡独立后,长期执政的人民行动党积极推行国家工业化计划,利用其地处交通要道的优势,着眼于国际市场,大力吸引外资和技术。经过几十年的努力,新加坡不但摆脱了贫穷落后的面貌,而且成为新兴工业化国家。目前,新加坡已成为世界上重要的制造业中心、金融中心、航运中心和贸易中心。2015 年,国内生产总值 2 927 亿美元,人均国内生产总值 5.29 万美元。截至 2014 年 12 月,外汇储备为 2 568.6 亿美元,无外债。居民生活水平高,生态环境佳,人均寿命 82 岁。政府统一修建公共组屋,居民住房拥有率高。

新加坡是个城市型国家,农业人口仅占 0.1%,农业在国内生产总值中的比重不到 0.1%。所需的蔬菜、水果等农产品大量依赖外国供应。粮食全部靠进口,主要来自马来西亚、中国、印度尼西亚和澳大利亚。新加坡农业只保留着部分高附加值的出口型农产品生产,如种植热带兰花、饲养观赏用的热带鱼等。

电子、炼油、造船是新加坡工业的三大支柱。其中,电子工业在新加坡制造业中占主导地位,新加坡逐渐成为东南亚的硅谷。炼油业是新加坡仅次于电子业的第二大产业,新加坡是仅次于美国休斯敦、荷兰鹿特丹的世界第三大炼油中心。埃克森美孚、皇家壳牌、巴斯夫等全球领先的化工巨头都对新加坡青睐有加。原油主要来自中东、马来西亚及文莱等地,石油产品 90% 供出口。现在,新加坡是东南亚的炼油中心、分销中心和储存中心,裕廊岛(Jurong Island)是世界级石化中心。新加坡的船舶修造业历史悠久,包括修船、造船和海上钻井平台建造三个部分。

相关链接:新加坡裕廊工业区

新加坡的制造业分布包括内外两个环带,内环带主要分布在新加坡城市区,主要以轻工业为主;外环带主要是位于郊区的重工业区,其中以位于新加坡岛西部的裕廊工业区最为著名。裕廊工业区面积约 36 平方千米,南部沿海是以钢铁、炼油、造船、水泥、发电为主的重工业区,北部为轻工业区,东北部为职工生活区,各区之间以小山或人工湖相间隔,既做到了相互协调、配套,又不互相干扰,规划科学、配置合理。

新加坡服务业包括零售与批发贸易、饭店旅游、交通与电讯、金融服务、商业服务等,系经济增长的龙头。2014 年服务业增加值为 2 534.4 亿新元,占国内生产总值的 70.4%。旅游业发达,游客主要来自东盟国家、中国、澳大利亚、印度和日本。2014 年接待外国游客 1 508.6 万人次,主要景点有圣淘沙岛、植物园、夜间动物园等。新加坡旅游当局采取各种措施充分利用其优越的地理位置、发达的海空运输,以及多种民族、文化和经济的特点,将整个东南亚地区的旅游胜地作为自己发展旅游事业的腹地。把新加坡打造成一个安全、舒适、高素质的旅游度假城,与马来西亚和印度尼西亚相联合,将线路扩大到马来西亚和印度尼西亚的沙滩及原始森林、历史古迹,使游客在现代文明与大自然之间得到充分享受。

交通运输业在新加坡经济中占重要地位。马六甲海峡由于是太平洋到印度洋,亚洲到欧洲和非洲海上交通的咽喉要道,所以自 1824 年新加坡沦为英国殖民地后,英国就利用其优越地理位置进行转口贸易。"二战"后随着西亚石油的大规模开发以及亚欧经济贸易的迅速发展,新加坡这种交通地理优势更得到了充分发挥。新加坡 1819 年开港,位于新加坡岛南部沿海,吞吐量居世界前列,并且是世界最大的燃油供应港口。新加坡航空运输业发达,新加坡航空公司是业界领军企业。20 世纪 80 年代建造的樟宜机场是国际著名的航空港,2014 年航班起降 34.1 万架次,客运量 5 409 万人次,货运量 221.63 万吨。

代表性厂商:淡马锡控股

淡马锡控股公司(Temasek Holding)是世界上最著名的国有控股公司之一。成立于 1974 年,由财政部全资拥有,直接对财政部部长负责。拥有政府关联企业 1 000 余家,总资产近 1 300 亿新元,涉及交通、船舶修理及工程、电力与天然气、通信、传媒、金融服务、房地产与酒店、房地产管理和咨询、建筑、休闲与娱乐等行业。

对外贸易是新加坡经济的重要支柱。新加坡外贸占东盟贸易总额的 1/3 以上,是东盟国家中对外贸易规模最大的国家。新加坡是自由港,除对汽车、烟、酒及石油产品收取进口关税外,其他货物可自由进出,不构筑关税壁垒,也不实行外汇管制。马来西亚是新加坡最大的贸易伙伴,进出口均占 15% 以上。2014 年,新加坡进出口贸易总额 9 827 亿新元,其中出口额 5 189 亿新元,进口额 4 638 亿新元。出口商品正由过去的劳动密集型产品转为资本、技术密集型产品。进口商品主要是机械设备、矿物燃料、农产品等。由于土地面积限制及人力成本较贵,新加坡近些年加大了对周边国家的投资,越南、中国等均有新加坡的工业园区。

新加坡独立初期,中新两国虽没有外交关系,但仍保持着民间经贸往来。1990 年中国与新加坡正式建立外交关系,此后中新双边贸易增长迅速。在商品贸易迅速增长的同时,相互投资、劳务和工程承包、科技合作和旅游业也快速发展。由两国领导人共同促成的苏州工业园区,已成为外商在华成片开发的典范。

相关链接:中新苏州工业园区

苏州工业园区位于苏州古城区东部的金鸡湖畔,是一个高科技工业园区和现代化、园林化、国际化的新城区。1992 年年初,邓小平同志视察南方,发表了借鉴新加坡经验的重要讲话。1992 年 9 月,新加坡内阁资政李光耀访问中国,表达了中新合作共同建立工业园区、并以该园区为载体借鉴新加坡经验的意向。此后,中新双方围绕合作开发事宜进行了多次协商和实地考察,最终选址苏州。1994 年 2 月,苏州工业园区经国务院批准设立。此后一直得到两国的高度重视,中新双方建立了由两国副总理担任主席的中新联合协调理事会。苏州工业园区是中国和新加坡两国政府间合作的旗舰项目,是改革开放试验田、国际合作示范区,是中国发展速度最快、最具国际竞争力的开发区之一。苏州工业园区 2015 年实现地区生产总值 2 070 亿元,进出口总额 796 亿美元。

资料来源:百度百科

8.2.3　中国香港

香港地处中国广东省珠江口以东,由香港岛、九龙半岛、新界内陆地区及 262 个大小岛屿组成。其中香港岛约 81 平方千米;九龙半岛约 47 平方千米;新界及 262 个离岛共 976 平方千米,总面积约 1 104 平方千米。香港北接广东省深圳市,南面是广东省珠海市万山群岛。香港与西边的澳门隔珠江口相对,距离为 61 千米。

香港属亚热带气候,全年气温较高。受自然条件的限制,香港自然资源匮乏。食用淡水的 60% 以上依靠广东省供给。农业主要经营少量的蔬菜、花卉、水果和水稻,饲养猪、牛、家禽及淡水鱼,农副产品近半数需中国内地供应。

香港总人口 732 万(2015 年),因其人多地少,填海造地成为香港扩展城市建设用地的重要方式。香港人口绝大多数为华人,大部分原籍广东,主要说广州话(粤语),但英语很流行,说潮州话和其他方言的人也不少。新界土著居民很多说客家话。近年来普通话流行,公共机构也鼓励应用。居住在香港的外籍人士很多,使香港拥有了中西合璧的多元文化。

香港是一个自由港,除了烟、烈酒和动力用的燃油(汽油、柴油等)之外,香港不对其他进口物品征收关税。香港是著名的国际金融中心、航运中心和贸易中心,是亚太地区的交通、旅游中心之一。香港地理位置优越,与内地和其他东南亚经济体系联系紧密,又与世界各地建立了良好的通信网络,因此能够成为重要的国际金融中心。此外,资金可以自由流入和流出香港,也是一项重要因素。

代表性厂商:汇丰银行

香港上海汇丰银行有限公司(The Hongkong and Shanghai Banking Corporation Limited,中文直译为"香港和上海银行有限公司",英文缩写 HSBC,中文简称汇丰,取"汇款丰裕"之意),成立于 1865 年,总部位于香港中环皇后大道。19 世纪 80 年代,汇丰成为香港的准中央银行。到 20 世纪初,汇丰已经成为远东地区第一大银行。长期以来,汇丰是香港金融市场的领导者,是香港最大的注册银行。目前是香港三大发钞银行之一,另两家是中国银行(香港)和渣打银行。

香港的工业曾经在其发展过程中扮演重要角色,尤其是 20 世纪七八十年代,香港的钟表、玩具、成衣生产与出口量居世界前茅。但受内地改革开放等的影响,香港工业布局向外迁移现象明显。目前香港的服务业比重大、地位高。香港也是受旅客欢迎的旅游地点之一,还是举办国际会议及展览的热门选择。香港商业发达,素有"购物天堂"的美誉。香港的港口在九龙半岛与香港岛之间,港湾优良,装卸效率高,基本都是集装箱业务。

据香港贸发局统计,2015 年前 10 个月,香港货物进出口额为 8 110 亿美元。截至 2015 年 6 月,香港共有 10.2 万家进出口贸易公司,雇用 48.4 万名员工。根据海关总署统计,2016 年,中国内地与香港进出口贸易额为 3 052.5 亿美元。其中,内地对香港出口 2 883.7 亿美元,自香港进口 168.8 亿美元。内地是香港最大的贸易伙伴,居香港出口目的地和进口来源地的首位。

8.2.4 中国台湾

台湾位于中国大陆东南沿海的大陆架上,面积 3.6 万平方千米。台湾海峡呈东北—西南走向,北通东海,南接南海。台湾岛西隔台湾海峡与福建省相望,最窄处为 130 千米。台湾扼西太平洋航道的中心,是太平洋各国海上联系的重要交通枢纽。不仅中国东海和南海之间往返的船只从这里通过,从欧洲、非洲、南亚和大洋洲到中国东部沿海的船只也从这里通过。

台湾岛多山,高山和丘陵面积占全部面积的 2/3 以上。台湾山系与台湾岛的东北—西南走向平行,竖卧于台湾岛中部偏东位置,形成本岛东部多山脉、中部多丘陵、西部多平原的地形特征。台湾岛位于环太平洋地震带和火山带上,多发地震。

台湾气候冬季温暖,夏季炎热,雨量充沛,夏季多台风和暴雨。由于北回归线穿过台湾岛中部,台湾北部为亚热带气候,南部属热带气候。河流水势湍急,多瀑布,水力资源丰富。台湾的湖泊数量较少,面积也不大,其中最著名的是日月潭。农耕面积约占土地面积的 1/4,盛产稻米和水果。

2015 年,台湾人口约为 2 349 万人,主要集中在西部平原。台湾居民中,汉族约占总人口的 98%;少数民族占 2%。台湾的语言较为复杂,通用普通话、闽南语,少数民族有自身的语言,客家话和日语也有人使用。

农业在台湾经济发展中曾经占据重要地位,为工业发展提供了大量资金、劳动力与市场,打下了 20 世纪 80 年代台湾经济起飞的基础。工业是目前台湾经济的支柱,建立了部门比较齐全、以委托加工形态为主体、以电子信息工业为支柱的产业体系。

目前,台湾是世界上最大的 IT 代工和生产地区。台湾的工业布局集中在西部地区,台北附近的新竹市、桃园市及南部的高雄市、台南市是工业布局较为集中的地区。而新竹科技园区、台中科技园区与台南科技园区并称为台湾的三大科技园区。新竹科技园区以半导体、通信产业为主,包含了新竹、竹南、龙潭等园区;台中科技园区以纳米技术为基础的光电、航空及精密机械产业为主,包含了台中、虎尾、后里等园区;台南科技园区以光电产业为主,包含了台南、高雄等园区。

代表性厂商：富士康

富士康是台湾鸿海精密集团兴办的科技企业,创始人郭台铭。富士康是全球最大的电子专业制造商、全球第一大代工厂商,现拥有 120 余万员工及全球顶尖客户群。从 1988 年投资深圳开始,富士康的加工基地主要布局在中国大陆。2016 年 2 月,日本夏普公司同意中国台湾富士康公司提出的收购要约,富士康投资 6 500 亿日元收购夏普公司。

台湾地质条件复杂,地形起伏大,气候温暖湿润,景观瑰丽;加之台湾的移民社会有多元文化,人文景观丰富,为台湾的旅游业发展确立了良好基础,旅游业在台湾发展较好。台湾与大陆之间就相互开放旅游市场达成了多个协议,大陆观光客是台湾旅游市场的重要支撑。

拓展案例：消费者奢侈品采购地点的演变

财富品质研究院最新的《中国奢侈品报告》显示,2015 年,中国大陆消费者全球奢侈品消费达到 1 168 亿美元,这意味着买走了全球约 46% 的奢侈品。尽管 2015 年的中外奢侈品价差幅度比 2011 年缩小了一半(约至 25%),但中国人还是喜欢去境外购买奢侈品。一个明显的变化是,在亚洲奢侈品市场,新的购物胜地正在形成。越来越多的亚洲人开始放弃曾经的购物天堂——中国香港和新加坡,而转向日本、韩国和中国台湾等热门地点。

对他们来说,这并不是简单的换个购物环境而已。

CNBC 报道称,日本、韩国和中国台湾是那些精挑细选的亚洲买家最新推崇的热门地点。因为这些地方能提供有吸引力的汇率和必购商品。目前,台北零售业的大部分仍由本土消费者支持,但更有利于消费者的税收系统的政策正有力地刺激当地零售业发展。除此之外,亚洲的消费者也在利用日元疲软的趋势,从而获得更强的购买力。中国大陆的消费者愿意在旅游时消费,这让他们有更多机会以更低的价格购买奢侈品。

资料来源:第一财经日报网,2015 年 11 月 26 日

台湾是从国际贸易、国际分工中快速崛起的地区。国际市场帮助台湾经济腾飞的同时,台湾经济也严重依赖国际市场,原材料、燃料和技术设备大量依靠进口,工业以加工装配和外销为主。目前台湾主要的出口商品有机电设备、电子产品、化工产品、纺织品、服装、塑胶鞋帽、车辆等。台湾的进口商品以资本设备、工业原料等生产资料为主,约占 90%,消费品的进口较少。主要的进口商品是机械及机电设备、基本金属及其制品、化工产品、原油、钢铁、运输工具、食品饮料及烟等。

《海峡两岸经济合作框架协议》(ECFA)的签订促进了两岸的经济合作。过去两岸更多地集中在大企业投资,现在从早期收获清单看,两岸中小企业合作越来越多。今后,两岸经贸合作模式将发生变化,从过去台商在大陆单向投资,转向全方位的要素整合。

8.3　东盟国家

8.3.1　概述

东盟全称东南亚国家联盟,是东南亚国家组成的一个区域性国际政治经济合作组织,于 1967 年成立。现成员国有新加坡、马来西亚、泰国、印度尼西亚、菲律宾、文莱、越南、缅甸、老挝及柬埔寨 10 国,总面积 447.74 万平方千米,如图 8-2 和图 8-3 所示。东盟秘书处设在印度尼西亚首都雅加达。中国人习惯将东南亚称为"南洋",这是世界上海外华人和华侨最集中的地区。

图 8-2　东盟的徽标

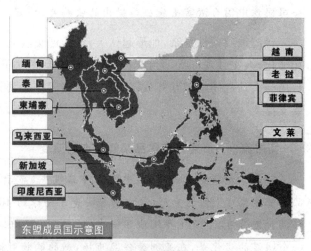

图 8-3　东盟成员国

20 世纪 60 年代东盟成立后,各国经济面貌开始改观,特别是 80 年代后,东盟经济得到快速发展,成为世界上经济最具活力、发展速度最快的地区之一。中国是东盟的近邻,双方有悠久的通商历史。目前,东盟是中国在发展中国家的最大贸易合作伙伴,东盟 10 国都已成为中国公民旅游目的地,并成为中国对外工程承包和劳务合作的重要市场。2010 年 1 月 1 日,中国—东盟自由贸易区正式建成,涵盖 19 亿人口,是继北美和欧盟之后的世界第三大自由贸易区,也是发展中国家间最大的自贸区。

8.3.2 泰国

泰国位于亚洲南部的中南半岛南部,东南临泰国湾,西南濒安达曼海,面积 51.3 万平方千米,人口 6 768 万(2015 年)。泰国是一个多民族国家,有 30 多个民族。佛教是泰国的国教,居民中 90% 以上信奉佛教。首都曼谷。2015 年,国内生产总值 3 953 亿美元,人均国内生产总值 5 840 美元。

农业在泰国国民经济中占有重要地位,农产品是泰国出口创汇的重要品类。近年来,泰国的农业生产面貌发生了巨大变化,农业结构日趋多样化,历史上形成的单一稻米经济已得到扭转。泰国水稻种植历史悠久,米质优良,特别是它的"茉莉香米",更是久负盛名,在国际市场上享有盛誉。泰国是目前世界上最大的大米出口国,主要出口到周边国家和非洲。橡胶和甘蔗是泰国传统的经济作物,橡胶是仅次于稻米的重要农作物,产量、出口量均居世界第一。依托大规模的甘蔗生产,泰国是亚洲最大的糖出口国,在全球仅次于巴西。泰国是世界市场主要鱼类产品供应国之一,也是位于日本和中国之后的亚洲第三大海洋渔业国。泰国森林资源丰富,主要木材有橡胶木、桉木和柚木。

在东盟国家中,泰国的工业化水平较高。最重要的工业部门是汽车制造、纺织服装、电子工业和珠宝加工业等。泰国汽车工业以引进外资为主,日本主要汽车厂商都在泰国设有装配厂。泰国政府积极鼓励外资投入本国汽车领域,引资环境较优越,又因内需市场较大,泰国已成为东南亚汽车生产中心。纺织服装是泰国规模较大的工业部门,产值居各部门之首。泰国服装产品在国际市场上具有较强竞争力,是出口创汇的主要产品。泰国的电子工业发展始于 20 世纪 60 年代,80 年代后发展迅速,是东南亚最大的家电生产基地之一。泰国的红宝石与蓝宝石世界闻名。

泰国政府利用本国的资源优势优先发展旅游业,并使之成为经济社会发展的重要部门。旅游业在泰国观光旅游局的大力推动下,成为泰国主要的经济收入来源。主要旅游点有曼谷、普吉、清迈等。2015 年共有 2 988 万外国游客赴泰旅游,同比增长 20.44%。

对外贸易在泰国经济中具有重要地位。2015 年对外贸易额为 4 171 亿美元,其中出口额 2 144 亿美元,进口额 2 027 亿美元。中国、日本、东盟、美国、欧盟等是泰国重要贸易伙伴。中泰两国于 1975 年建交,贸易往来发展很快。泰国在中国大陆的投资近年有较大增长,在华投资的泰国公司主要有正大集团、盘谷银行等。

8.3.3 马来西亚

马来西亚位于亚洲东南部,地处亚洲、大洋洲和太平洋、印度洋相会的十字中心,地理位置十分重要,总面积 33 万平方千米。全境被中国南海分隔成东、西两部分,简称东马和西马。西马位于马来半岛南部；东马位于加里曼丹岛北部。马来西亚属于热带雨林气候，常年炎热多雨，空气潮湿。马来西亚木材蓄积量丰富，盛产硬木，为世界主要热带硬木产销国之一。

马来西亚有 30 多个民族，人口 3 000 多万（2015 年），以马来族人（占 68.1%）和华人（占 23.8%）为主，伊斯兰教为国教，马来语为国语，通用英语，华语使用较广泛。全国划分为 13 个州和 3 个联邦直辖区。

马来西亚原是以种植业和林业为主的农业国家，20 世纪 70 年代后开始实施新经济政策，80 年代后又提出"以工业为主，经济多元化，面向出口"的战略方针，使经济迅速发展。2016 年，马来西亚的国内生产总值为 2 967.8 亿美元，人均国内生产总值 9 635 美元，人均 GDP 在东盟国家中仅次于新加坡和文莱。

马来西亚的采矿业以石油、天然气和锡为主。石油和天然气的开采是其重要经济部门。采锡业有数百年历史，锡矿开采在世界上占重要地位，产量和出口量均居世界前列，马来西亚被称为"锡的王国"。锡矿在西马分布很广，但主要集中在西海岸和中央山地之间的"胶锡地带"。这里不仅盛产橡胶和锡，还集中了马来西亚大部分的城镇和人口，堪称国家之精华所在。

农业是马来西亚重要的经济部门之一，由于受气候等自然条件影响，传统上马来西亚以种植油棕、橡胶、可可等经济作物为主，粮食生产长期不能自给。马来西亚是世界上最大的棕榈油生产国和出口国。主要工业部门有电子、汽车、纺织、木材加工、炼油和食品等，其中以电子工业最突出。服务业发展迅速，就业人数占全国就业人口的半数以上。旅游业是重要的外汇收入来源，2014 年赴马游客人数为 2 743.7 万人次。最大的港口是巴生港，两家主要的航空公司是马来西亚航空公司和亚洲航空公司。

对外贸易方面，2015 年的进出口贸易额为 3 759.4 亿美元，主要出口市场为新加坡、中国、日本，主要进口来源国为中国、新加坡、日本。马来西亚的主要外资来源地为日本、欧盟、新加坡、中国、韩国和美国。中马于 1974 年建交，此后贸易不断发展。2015 年，中马双边货物贸易额为 591.5 亿美元。其中，马来西亚对中国出口 259.9 亿美元，自中国进口 331.6 亿美元。

8.3.4　印度尼西亚

印度尼西亚位于亚洲东南部，地跨赤道，国土由散布在太平洋和印度洋间的一万多个大小岛屿组成，总面积 190.44 万平方千米，是东盟中面积最大的国家。其海域附近的马六甲海峡、龙目海峡、望加锡海峡皆为连接太平洋与印度洋的重要通道。人口 2.555 亿（2015 年），是世界第四人口大国。人口分布不均，爪哇岛面积不到全国面积的 7%，却聚集了全国人口的一半以上。印度尼西亚是多民族国家，全国有 100 多个民族。居民中约 87%信奉伊斯兰教，是世界上穆斯林人口最多的国家。

印度尼西亚地形以山地和高原为主，仅沿海地区有平原。境内多火山、地震，是世界上活火山最多的国家之一。气候炎热多雨，大部分地区属热带雨林气候。印度尼西亚森林茂密，是亚洲热带森林面积最大的国家，森林覆盖率超过 60%，盛产铁木、樟木、檀木等木材。

20 世纪 60 年代中期以来,印度尼西亚实行对外开放政策,其后相继施行了几个五年计划,使工农业生产迅速发展。2015 年,国内生产总值 8 588 亿美元,人均国内生产总值 3 362 美元,是东盟经济规模最大的国家。国内各地生产力发展水平有明显差异,其中爪哇岛是全国经济发展水平最高的地区。苏门答腊是全国热带作物的主要产区和最大的石油产区。加里曼丹林业发达,也是全国最大的液化天然气出口区。其他地区大多开发不足,经济较落后。

农业是印度尼西亚的主要经济部门,是国民收入的主要来源之一。粮食生产在农业中占重要地位,水稻是主要粮食作物。但粮食不能自给,是世界小麦主要进口国之一。印度尼西亚是东盟唯一的欧佩克成员国,是东盟最大的原油生产国和出口国,也是最大的液化天然气出口国。印度尼西亚的原油含硫低,有"芳香原油"的美名,在国际市场上有较强竞争力。煤炭工业发展迅速,已探明储量 70 亿吨,是东盟国家中最大的煤炭生产国和出口国。纺织工业是印度尼西亚的主要工业部门。汽车工业的外资比重高,其中日资企业约占 90%。

公路和水路是主要运输方式,铁路相对落后,仅爪哇和苏门答腊两岛建有铁路。截至 2013 年年底,印尼全国铁路总里程 6 458 千米,其中窄轨铁路 5 961 千米。旅游业是印尼的主要创汇行业,2013 年到印尼的外国游客人数达到 1 002 万人次。主要景点有巴厘岛、雅加达缩影公园、普拉班南神庙、苏丹王宫等。

印尼的主要贸易伙伴为中国、日本、新加坡、美国等。印度尼西亚和中国于 1950 年建交,后来由于历史原因,双方贸易处于冻结状态。1985 年后,双边贸易发展较快。外国资本对印尼经济发展有重要促进作用,印尼政府重视改善投资环境来吸引外资。2015 年实际利用外资金额 436 亿美元,同比增长 17.8%,主要投资来源国为新加坡、日本、美国、英国、韩国等。

拓展案例:越南受益于中国制造业迁移

据泰国《曼谷邮报》网站 8 月 8 日报道,自 20 世纪 90 年代起,越南经济增长速度一直保持在 6% 左右,使该国从一个贫穷国家变成一个中等收入国家。如果能够保持 6%~7% 的高增长速度,那么越南可能成为另一个韩国。假如出现其他情况,越南的经济增长率或许回落至 4%,那么越南可能像泰国和巴西那样,落入中等收入陷阱。

越南地处中国以南,这带来了经济上的优势。中国的制造业主要集中于华南,随着中国的工资上涨,邻近中国供应链的越南成为中国制造业外迁的合理选择,因为越南的工资和成本更低。农村劳动力规模庞大和劳动者平均年龄低是有利于越南的两大因素。和印度一样,越南劳动力 70% 在农村,有助于拉低工资水平。已经历了几十年城市化的中国只有 44% 的人口生活在农村。越南人口的年龄中位数为 29.6 岁,而中国是 36.8 岁。如果一个经济体年轻员工更多,那么好处也就随之而来,因为年轻工人要的报酬没那么高,更容易管理,生活方式更灵活,与其他单身者生活在工厂宿舍也更方便。

20 世纪 90 年代,越南已成为一个开放的经济体。几十年后的今天,外贸在越南国内生产总值中占到很大一块,外资约占总投资的 25%。越南和韩国的自由贸易协定 2015 年 12 月生效,与欧盟的自由贸易协定也正在谈判中。

　　越南政府始终强调长期规划,为国家的经济发展制订 5 年计划。越南各省都在积极争取投资,越南拥有一个有效的工业园区体系。但提高国有企业的效率是一个大问题。2011 年房地产投机泡沫破裂后,越南银行还遭遇了不良贷款率高的问题。

资料来源:参考消息网,2016 年 8 月 10 日

8.4　印　　度

8.4.1　地理特征

1. 自然地理

　　印度位于亚洲南部,东濒孟加拉湾,西临阿拉伯海,南是印度洋,为亚、非和大洋洲的海上交通要道,地理位置十分重要。印度总面积为 298 万平方千米。印度所在的印度半岛,北有高大的喜马拉雅山的阻挡,东、西、南是浩瀚的海洋,具有相对的独立性,因此称为"南亚次大陆"。

　　印度全境大部分地区地势低平,平原面积广大,按其地表结构可分成三种类型,即北部高山区、中部平原区和南部高原区。北部与中国、尼泊尔、不丹接壤处为高大的喜马拉雅山系,成为隔绝亚洲内陆与次大陆的一道天然屏障,平均海拔 4 000 米以上,这里水力和森林资源十分丰富。中部是恒河平原区,是世界上最大的冲积平原之一,约占印度面积的 1/4,是印度的主要农业区。南部是德干高原,约占全国面积的 1/2,这里资源丰富,主要有铁矿、锰矿和云母矿,是世界著名矿区,又是印度最重要的产棉区。印度是一个贫油国家,石油主要靠进口。

　　由于印度的纬度位置较低,除北部山区属高山气候、西北部塔尔沙漠为热带沙漠气候外,大部分地区属于典型的热带季风气候,热量充足,降水丰沛。印度年平均降水量地区差异也很大,梅加拉亚邦的乞拉朋齐年降雨量高达 1 万毫米以上,是世界降水量最多的地区,被称为世界"雨极";而塔尔沙漠年降雨量不足 100 毫米。恒河全长 2 580 千米,是印度最长、流域最广的河流。

2. 人文地理

　　印度是世界四大文明古国之一。1757 年,印度沦为英国的殖民地。第二次世界大战后,随着英国殖民体系的瓦解,印度人民反英斗争高涨,迫使英国于 1947 年 6 月公布"蒙巴顿"方案,将印度分为印度和巴基斯坦两个自治领。1950 年 1 月 26 日正式成立印度共和国。印度的行政区划分为邦和中央直辖区二类,共有 26 个邦和 7 个中央直辖区,首都为新德里。

　　2015 年,印度人口 12.92 亿,仅次于中国,居世界第二位。人口分布极不均衡,恒河平原东部人口最稠密,而在气候干燥的西北部、北部高山区及德干高原中部则人烟稀少。印度是亚洲的"民族大熔炉",人种繁多,民族复杂。印度斯坦族是印度最大的民族。印度宗教信仰复杂,主要有印度教、伊斯兰教、基督教、锡克教等。目前,全国官方用语为印地语和英语。英语的普及为印度吸收西方发达国家的精神和物质文明提供了方便,而众多的印度方言又限制了经济社会发展。

众多人口虽然为印度提供了丰富的劳动力,但在经济发展水平仍然落后的情况下,人口成为制约印度经济社会发展的不利因素。预计 2030 年之前人口总量将超过中国。印度人口增长率之所以居高不下,有众多的社会原因。其一,印度仍然是以小农经济为主的国家,人是重要的劳动力。其二,无论印度教还是伊斯兰教都是鼓励生育的。其三,早婚是印度的重要习俗,育龄妇女生育时间长。其四,存在种姓制度,各个种姓为了自身集团竞争的需要,对人口增长持支持态度。

印度的种姓是"职业世袭、内部通婚和不准外人参加的社会等级集团"。早在奴隶社会时期,印度社会已分为婆罗门(印度教僧侣,从事文化教育和祭祀)、刹帝利(贵族和武士,负责行政管理和作战)、吠舍(平民,从事商业贸易)和首陀罗(奴隶,从事农业、手工业等)四大种姓。还有一种排除在种姓之外的最受歧视的人,称为达利特。现代种姓制度是在四大种姓基础上形成的,共分为三个等级,即高等种姓(僧侣、贵族、武士和平民);低等种姓,即奴隶;第三等级,即"贱民",或称为"不可接触的人"。印度全国有 3 000 个种姓和 30 000 个亚种姓。其中"贱民"约有 1 亿以上。低等种姓和"贱民"处在社会底层,缺乏人权保障,压抑了劳动人民的积极性,造成了社会的分裂。

印度历史悠久,有着得天独厚的自然条件,但长期的殖民统治和传统封建生产关系的束缚使得经济发展一直都很缓慢。独立以来,印度致力于发展民族经济,经济面貌有了明显变化,尤其是 20 世纪 90 年代的经济改革成效显著。2015 年,印度的国内生产总值为 2.1 万亿美元,排名世界第七;人均 1 617 美元,排名第 144。根据联合国公布的新贫困标准(日生活费用 1.25 美元以下),印度仍有 3.55 亿贫困人口,占全国总人口的 27.5%。因此总体来看,印度是一个发展中国家,工业化水平有待进一步提高。但印度具备了迎接新技术革命挑战的一些条件,发展潜力巨大。

8.4.2 主要产业发展

自古以来,印度以农立国,农业在国民经济中起着举足轻重的作用。至今,农业产值仍占印度国内生产总值的近 1/4,农村人口比重更高达七成。印度现有耕地面积 1.6 亿公顷,超过世界耕地面积的 1/10,其中水浇地面积占 33.6%。种植业是主要生产部门,且以粮食作物为主,主要是水稻和小麦。主要经济作物有棉花、茶叶、烟草、橡胶、咖啡、花生、芝麻等。20 世纪 60 年代实施的"绿色革命"、70 年代实施的"白色革命"和 80 年代实施的"蓝色革命"使得印度农业有了较大发展。印度是世界上养牛最多的国家,以提高牛奶产量和牛的经济价值为目的的"白色革命",使印度成为世界主要的牛奶生产国。以发展水产业为目标的"蓝色革命",充分利用印度 5 560 千米海岸线,迅速提高了印度水产品的产量。

印度独立时工业十分落后,自 20 世纪 50 年代推行工业化政策以来,印度的工业得到了较快发展。特别是 20 世纪 90 年代后,印度实行了大规模经济改革,大力引进外资,成效显著。目前已成为具有完整的工业体系、具有中等技术水平的工农业国家,大部分工业产品能自给。印度不仅能制造和生产各种机床、精密仪器、汽车、飞机和电子产品,而且在核能、航天、计算机等尖端领域中达到了世界先进水平。印度现有 16 座核电站。

纺织工业是印度的传统优势部门,纺织服装是印度重要的出口产品。印度纺织业门类齐全,有棉纺、麻纺、毛纺、丝纺以及服装业等。棉纺业的规模居世界前列,主要分布在以德干高原为主体的棉花产区,孟买和艾哈迈达巴德是最大的棉纺织中心。以黄麻为原料的麻纺业在世界上享有盛誉,规模居世界之首,主要集中在加尔各答。这里是黄麻产区的中心,水陆交通方便,产品可就近由加尔各答港出口。

印度发展钢铁工业的资源条件十分优越,有丰富的铁、锰、石灰石等矿藏。其中,铁矿储量约 134.6 亿吨,居世界前列,且多为高品位矿石。隶属于塔塔集团的塔塔钢铁公司位于东部的比哈尔邦,是印度最大的钢铁公司。汽车生产主要集中在孟买、加尔各答和班加罗尔等城市。印度的飞机制造业以班加罗尔为基地,造船业主要分布在孟买、加尔各答等沿海港口城市。印度是全球最大的钻石切割中心,钻石加工稳居世界之首。

📇 代表性厂商:塔塔集团

塔塔集团(Tata Group)是印度最大的企业集团,创立于 1868 年,总部位于印度孟买。塔塔集团涉及钢铁、汽车、信息技术、材料、能源、化工等重点领域,旗下拥有 100 多家运营公司。塔塔钢铁公司在收购英国康力斯集团以后成为世界前十大钢铁制造商。塔塔汽车公司是位居世界前列的汽车制造商,2008 年收购了英国的捷豹路虎公司。塔塔咨询服务公司(TCS)是世界领先的软件公司。通过收购英国泰特莱(Tetley)茶叶公司,塔塔全球饮料公司确立了世界第二大品牌茶叶公司的地位。塔塔化工公司是世界第二大纯碱生产商。塔塔通信公司是世界最大的语音服务批发商。

电子工业是印度新兴的工业部门,20 世纪 80 年代以后,印度的软件业发展迅速,已成为世界性软件开发基地,软件业被称为印度的“传奇产业”。目前,印度已经成为世界软件外包行业第一大国,也是仅次于美国的世界第二大软件出口国。班加罗尔建有印度第一个计算机软件技术园区,这里已成为印度计算机软件“王国”,被誉为亚洲的“硅谷”。

印度地势平坦,有利于铁路和公路建设,但设施仍然落后。印度最大的港口是孟买,第二大港为加尔各答。旅游业是印度政府重点发展的产业,也是重要就业部门。近年来,印度入境旅游人数逐年递增,旅游收入不断增加。2015 年,印度入境旅游人数约为800 万人次,旅游外汇收入 197 亿美元。

8.4.3　对外经贸

2014—2015 财年,印度的进出口贸易额是 7 583.71 亿美元,其中出口 3 103.38 亿美元,进口 4 480.33 亿美元。印度的进出口商品结构呈现出两个特点:第一,农矿产品出口额下降,工业品出口额不断增长,这反映出印度工业化的进步。出口产品中曾经名列前茅的茶叶和铁矿石等传统产品比重下降,取而代之的是工艺品、服装和机械产品。当然出口商品在日趋多样化的同时,多数商品的技术含量和附加值仍偏低。第二,在印度的出口贸易总额中,商品贸易约占 2/3,服务贸易约占 1/3,服务贸易所占比例明显高于世界平均水平。这首先反映出印度在以软件为代表的信息服务外包方面的强大国际竞争力,也反映出作为服务贸易支撑力的印度服务业的发展水平。据统计,包括软件外包在内的服务外包产业为印度创造了约 230 万个就业岗位。2014—2015 财年,服务业占 GDP 比重上升至 72.4%,成为印度创造就业、创汇和吸引外资的主要部门。

印中两国于 1950 年建交,从 1959 年中印政治关系出现困难之后,两国贸易陷入了停顿。1976 年中印外交关系恢复正常后,两国经贸关系也得到了恢复和发展。进入 21 世纪后随着政治关系的改善,同为金砖国家的中印双边贸易也得到了迅速增长。

8.5　西　亚　国　家

8.5.1　概述

西亚位于亚洲西部,地处亚、欧、非三大洲交界地带,三面环海,自古以来就是连接东西方的国际交通要道。著名的"丝绸之路"就是横贯西亚,将中国与欧洲连接起来的一条商业通道。随着苏伊士运河的开通和波斯湾地区丰富石油资源的开采,西亚地区在世界经济中的地位进一步提高。西亚国家绝大多数是阿拉伯民族,信奉伊斯兰教。1981 年5 月,海湾一些国家成立了海湾合作委员会,成员包括阿拉伯联合酋长国、阿曼、巴林、卡塔尔、科威特和沙特阿拉伯。

按不同的经济特点,可将西亚各国分为石油输出国和非石油输出国。前者包括伊朗、伊拉克、科威特、沙特阿拉伯、巴林、卡塔尔、阿拉伯联合酋长国和阿曼 8 个波斯湾沿岸国家,总人口 1.64 亿(2015 年),占西亚人口的 46%;其余则为非石油输出国。海湾各国经济结构均以石油和天然气开采为主。石油和天然气是大宗出口商品,在对外贸易中一直存在大量顺差。大量石油美元的流入对促进该地区经济发展起到了巨大推动作用。

8.5.2　伊朗

伊朗全称伊朗伊斯兰共和国,位于亚洲西南部,南濒波斯湾及阿曼湾,地处西亚心脏地带,是东亚诸国通往西亚和欧洲的陆上必经之路。属大陆性气候,冬冷夏热,大部分地区干燥少雨。面积 164.5 万平方千米,人口 8 000 万(2015 年)。伊朗是多民族国家,其中波斯人约占全国人口的 66%,阿塞拜疆人约占 25%,库尔德人约占 5%。波斯语为官方语言,伊斯兰教是国教。2015 年,国内生产总值 3 876 亿美元,人均国内生产总值 4 877美元。

伊朗是具有四千多年历史的文明古国,史称波斯。19 世纪以后,伊朗沦为英、俄的半殖民地。1925 年,巴列维王朝建立。1978—1979 年,霍梅尼领导伊斯兰革命,推翻巴列维王朝,于 1979 年 4 月 1 日建立伊斯兰共和国,实行政教合一的制度。

第二次世界大战后,伊朗采取各种措施,大力促进民族经济的发展。伊朗是西亚工业比较发达的国家,拥有化工、钢铁、机械、食品等工业部门。石油是伊朗的经济命脉,西南部地区蕴藏丰富的石油与天然气。伊朗是西亚最早建立炼油工业的国家,早在 1913 年就建成了阿巴丹炼油厂。截至 2013 年年底,已探明石油储量 216 亿吨,居世界第四位,石油年产量 1.75 亿吨,居世界第五位。天然气年产量居世界第三位。纺织工业是伊朗仅次于石油工业的第二大工业部门,伊斯法罕是最大的棉、毛纺织中心。地毯生产是伊朗的传统手工业,有千年历史的波斯地毯享誉世界。

拓展案例：制裁解除后伊朗市场的机遇与挑战

2016 年 1 月 17 日，欧盟和美国宣布鉴于伊朗"完全履行了被要求的承诺"，根据 2015 年 7 月签署的伊核协议，取消对伊朗的经济制裁。伊朗总统鲁哈尼称，伊朗与世界的关系已开启新篇章。应该说，饱受多年的制裁和封闭之苦后，伊朗的政治和经济都将第一次获得通向国际社会的钥匙。此前，自伊朗核问题成为国际焦点以来，加上伊朗伊斯兰革命后与美国 30 多年的敌对，美国持续加大对伊朗的经济制裁力度。截至制裁解除前，美国已推动联合国安理会通过四个制裁决议，集中在能源、金融两大关键领域。2012 年 2 月，美国施压环球银行金融电信协会（SWIFT）禁止伊朗受制裁银行与实体利用其网络进行交易。伊朗许多对外贸易由于缺少支付程序而无法进行。这都给伊朗经济造成重大打击，石油收入锐减，货币里亚尔大幅贬值。解除制裁后，伊朗与全球经贸的联通得到激活，支付体系逐渐畅通，更多外资和技术将进入伊朗，从而推动伊朗经济发展。

制裁解除后，伊朗商业便利提升、市场容量增大，中资企业也会迎来更多商机。伊朗经济的恢复和发展迫切需要大力开展基础设施建设。中国与伊朗在基础设施建设方面有着广阔的合作空间，建设连接东亚至欧洲的铁路、公路、油气管道等都将使伊朗获益。在伊朗遭受美欧经济制裁的 30 多年间，伊朗从西方获得支持的途径有限，中国是伊朗获得商品和技术支持的主要伙伴，客观上使得中国资本、技术、设备、消费品等在伊朗市场上难遇对手。制裁解除后，中资企业失去了特殊的政策优势，来自西方国家的资本和技术就会迅速流入伊朗，中伊合作在未来经贸发展中会受到来自西方企业的激烈竞争。

资料来源：中国对外工程承包商会网站

8.5.3　伊拉克

伊拉克位于西亚中央，阿拉伯半岛东北部，东南临波斯湾，面积为 43.83 万平方千米。幼发拉底河和底格里斯河自西北向东南流贯全境，海岸线长 60 千米。伊拉克地形以平原为主，美索不达米亚平原占全国面积的 1/2 以上，是伊拉克农业最发达的地区。人口 3 600 万（2015 年），其中 78％为阿拉伯人（什叶派约占 60％，逊尼派约占 18％），15％为库尔德人。官方语言为阿拉伯语，北部库尔德地区的官方语言是库尔德语。2015 年的国内生产总值为 1 694 亿美元，人均 4 819 美元。

1979 年，萨达姆在伊拉克掌权。1980 年，历时 8 年的两伊战争爆发。1990 年 8 月 2 日，伊拉克入侵并吞并科威特，由此引发海湾战争。此后，联合国对伊拉克实施了近 13 年制裁。2003 年 3 月 20 日，伊拉克战争爆发。4 月 9 日，美军攻占巴格达，萨达姆政权被推翻。

伊拉克也是西亚地区传统的农业国。20 世纪 50 年代后，因石油工业的发展，农业在国民经济中的地位日趋降低。在农业生产中，以种植业为主，主要农作物有小麦、水稻、棉花、椰枣等。伊拉克被称为"椰枣树之国"，椰枣主要用于出口，输出量居世界首位。

多年来，石油工业一直是伊拉克的经济命脉，是国民经济支柱。探明石油储量达 202 亿吨，居世界第五位。天然气储量约 3.6 万亿立方米，居世界第 12 位。1927 年，在伊拉克北部基尔库克附近发现了石油，使伊拉克成为海湾地区最早从事原油商业性生产的国家。直到 10 年后的 1937 年,在沙特阿拉伯和其他国家才发现原油。20 世纪 70 年代以来,伊拉克致力于经济开发,实行了一系列经济发展计划,成为阿拉伯国家中的经济大国。两伊战争前,石油最高年产量曾达 1.75 亿吨。海湾战争结束后,由于开采设备被毁和联合国制裁,石油产量严重下滑。到 2003 年伊拉克战争爆发前,原油平均日产量约为 200 万桶,主要通过伊朗—土耳其石油管道和南部巴士拉港出口。伊拉克战争结束后,石油生产逐渐恢复。2014 年,原油日产量 350 万桶,石油日均出口量约 290 万桶。

经过两伊战争、海湾战争和伊拉克战争,伊拉克经济基本陷于瘫痪。目前,伊拉克的经济正在重建之中。联合国安理会于 2003 年 5 月通过决议,取消对伊拉克除武器禁运以外的所有经济制裁。伊拉克重建的重点是恢复和发展能源、教育、卫生、供电、供水、食品等领域。但由于安全局势不稳,基础设施严重损毁,经济重建进展缓慢。伊拉克战争后,开始实行开放的外贸政策,对大部分进口商品免征关税。2014 年,伊拉克出口贸易额 853 亿美元,进口额 612 亿美元。

主要旅游景点有乌尔城(公元前 2060 年)遗址、亚述帝国(公元前 910 年)遗迹和哈特尔城遗址(俗名"太阳城"),位于巴格达以南 90 千米处的巴比伦是世界著名的古城遗址,"空中花园"被列为古代世界七大奇迹之一。

8.5.4 沙特阿拉伯

沙特阿拉伯王国位于亚洲西南部的阿拉伯半岛上,东临波斯湾,西濒红海,面积 225 万平方千米。地势西高东低,大部分为高原。多数地区属热带沙漠气候,夏季炎热干燥,最高气温可达 50℃以上,年平均降水不超过 200 毫米。

人口 3 077 万(2014 年),绝大多数是阿拉伯人,另有外籍侨民 460 多万。伊斯兰教是国教,逊尼派占 85%,什叶派占 15%。官方语言是阿拉伯语。全国划分为 13 个省,首都是利雅得。沙特是君主制王国,禁止政党活动。无宪法,《古兰经》和先知穆罕默德的圣训是国家执法的依据。2016 年,国内生产总值 6 396 亿美元,人均国内生产总值约 2 万美元。

沙特 70% 的面积为半干旱荒地或低级草场,可耕地面积只占土地面积的 1.6%。由于大部分地区降水稀少,沙特农业的发展受到极大限制。目前沙特主要农产品有小麦、玉米、椰枣、柑橘、葡萄、石榴等。沙特的谷物自给率比较低,只有 20% 多,依靠大量进口才能满足需求。

石油工业是沙特经济的主要支柱。2015 年,沙特原油探明储量 365.18 亿吨,居世界第一位;天然气储量 8.5 万亿立方米,居世界第六位;原油产量 5.07 亿吨,仅略少于俄罗斯。沙特的油气田普遍具有面积大、油质好、埋藏浅、开采成本低等特点,而且分布集中,绝大部分在波斯湾沿岸及其海域约 12 万平方千米的地区。其中,盖瓦尔、塞法尼耶等均为世界级油田。从 20 世纪 80 年代起,沙特阿拉伯调整经济发展战略,改变单一的经济结构,重视工、农、矿业生产,逐步实现国家经济的多样化和现代化。石油化工是新兴的工业部门,已在朱拜勒和延布建成了世界一流的石油化工城,生产尿素、甲醇和乙烯等。

除石油、天然气之外,沙特积极引进国外先进技术,发展钢铁、炼铝、水泥、电力、海水淡化等非石油产业,单一经济结构有所改观。目前,沙特是世界上最大的淡化海水生产国,其海水淡化量占世界总量的 20% 左右。

沙特外贸出口以石油和石油产品为主,约占出口总额的 90%,石化及其他工业产品的出口量也在逐渐增加。主要进口机械设备、化工产品、食品、纺织品等。主要贸易伙伴是美国、中国、日本、英国、德国等。由于大量出口石油,沙特对外贸易长期顺差。2015 年沙特进出口总额 3 782 亿美元,其中出口额 2 035 亿美元,进口额 1 747 亿美元。贸易顺差只有 288 亿美元,这是 2000 年以来的最低值,说明油价低迷对沙特经济的负面影响较大。

沙特阿拉伯与中国自 1954 年起就有贸易往来,1990 年两国正式建交。目前,沙特是中国在中东地区的最大经贸合作伙伴,两国贸易互补性强、摩擦少。中国是沙特最大的贸易伙伴,对沙出口和进口均居首位。中国从沙特进口的商品种类相对单一,主要是石油和石化产品;中国出口到沙特的商品则种类繁多,范围很广。

拓展案例:沙特经济低油价中求转型

2003—2013 年,国际油价从 30 美元/桶飙升至 130 美元/桶,沙特的 GDP 翻番,家庭收入增长 75%,新增 170 万个就业岗位,沙特政府尽享石油红利,从出售石油资产中获利近 7 000 亿美元。不过,好景不常在。始于 2014 年年中的这波油价下跌狂潮,在 2016 年年初依旧继续。截至 2016 年 1 月 18 日,纽约原油报收 29.98 美元/桶,布伦特原油报收 28.67 美元/桶,纷纷跌破 30 美元/桶大关,为近 12 年来最低点。

面对"跌跌不休"的国际油价,沙特一方面咬紧牙关,在石油输出国组织(OPEC)内部选择"不减产"死扛美欧,另一方面也悄无声息地在油价低谷中艰难地寻求转型。对沙特民众而言,在人心惶惶地度过了近 3 个月后,政府终于在 2016 年年初宣布了一系列紧缩开支,取消了包括免费医疗、免费就学、水电费与天然气价格补贴等福利政策。而且,从不被征税的沙特民众也将开始慢慢习惯缴税的日子了。沙特给予公民的额外补贴涉及教育、燃油、工作等多个领域。政府每年要花费数十亿美元派遣留学生出国,国内的汽油定价也远低于 1 美元/桶,电费更是便宜到可以让利雅得的居民外出度假时不会想到关空调。塞巴金融集团(Samba Financial Group)在报告中说,仅仅是燃料补贴,每年政府就要耗费 520 亿美元。

由于低油价,沙特的公共财政捉襟见肘。除了砍去部分民众享有的补贴,沙特政府正考虑将国有的沙特阿拉伯石油公司部分私有化,为其股票在利雅得上市铺平道路。IMF曾在 2015 年 10 月发布报告称,如果沙特倚重石油的经济模式不调整,那么在油价低位徘徊为常态的当下,沙特政府有可能在 2020 年破产。著名管理咨询公司麦肯锡也警告,沙特必须加快改革步伐,否则"未来 15 年经济将迅速恶化"。

不过,当沙特政府努力探索经济多元化的时候,并不是所有人都看好沙特政府的这次努力。经济分析师马里亚认为,其实 10 多年来,沙特政府一直在探索经济转型之路,但成果寥寥。早期那些呼吁增大矿业、旅游业、金融业部门等非石油产业部门占 GDP 比重的计划,最后都不了了之。早在 20 世纪 70 年代,沙特政府就已制订了 5 年发展计划大纲,通过增加其他产业的生产力,要求政府收入实现多元化,并降低对石油的依赖。智库威尔逊中心(Wilson Center)中东问题研究员戴维指出,沙特政府一直迷恋于石油产业,往往油价降低时,政府改革会加速;当油价回升时,之前的改革又会有所懈怠。此外,几乎90%的沙特人都受雇于政府也在某种程度上抑制了这个国家企业家精神培育与私营部门的发展。

资料来源:第一财经日报网,2016 年 1 月 19 日

8.5.5 阿拉伯联合酋长国

阿联酋位于阿拉伯半岛东部,北濒波斯湾,海岸线长 734 千米。西北与卡塔尔为邻,西和南与沙特阿拉伯交界,东和东北与阿曼毗连。属热带沙漠气候。面积 83 600 平方千米,人口 930 万(2014 年年底)。居民多信奉伊斯兰教,多数属逊尼派。阿拉伯语为官方语言,通用英语。首都为阿布扎比。

公元 7 世纪隶属阿拉伯帝国。自 16 世纪开始,葡萄牙、荷兰、法国等殖民主义者相继侵入。19 世纪初,英国入侵波斯湾地区,1820 年沦为英国的保护国。1971 年,英国宣布终止保护条约。同年 12 月 2 日,阿拉伯联合酋长国宣告成立,由阿布扎比、迪拜、沙迦、富查伊拉、乌姆盖万和阿治曼 6 个酋长国组成联邦国家。1972 年 2 月 10 日,哈伊马角加入联邦。

联邦最高委员会由 7 个酋长国的酋长组成,是最高权力机构。重大内外政策制定、联邦预算审核、法律和条约批准均由该委员会讨论决定。阿布扎比酋长和迪拜酋长分别是总统和副总统的法定人选,任期 5 年。除外交和国防相对统一外,各酋长国拥有相当的独立性和自主权。联邦经费基本上由阿布扎比和迪拜两个酋长国承担。

经济以石油生产和石化工业为主。政府把发展多样化经济、扩大贸易和增加非石油收入在国内生产总值中的比重作为首要任务,努力发展水泥、炼铝、塑料制品、建材、服装、食品等工业,重视发展农、牧、渔业。近年来,大力发展以信息技术为核心的知识经济,同时注重可再生能源研发,首都阿布扎比于 2009 年获选国际可再生能源署总部所在地。2015 年的国内生产总值为 3 454 亿美元,人均国内生产总值 3.6 万美元。

相关链接:沙漠中的时尚之都——迪拜

迪拜(Dubai)是阿联酋人口最多的城市,是继阿布扎比之后的第二大酋长国,是中东地区的经济和金融中心,被称为中东北非地区的"贸易之都"。迪拜位于阿拉伯半岛中部、阿拉伯湾南岸,是海湾地区中心。常住人口约 262 万人,本地人口占 20%左右。迪拜凭借优越的地理位置,实行自由和稳定的经济政策,大力发展转口贸易、旅游等非石油产业。迪拜正以高速的发展让世界惊叹,超前规划、务实奋发成为迪拜缔造发展奇迹的重要因素。

迪拜拥有世界上第一家七星级酒店(帆船酒店)、世界最高的摩天大楼(哈利法塔)、全球最大的购物中心、世界最大的室内滑雪场等,吸引了全世界的目光。如今的迪拜,已经发展为全球性金融中心之一,成为东、西方各资本市场之间的桥梁,同时也成为了重要的物流、贸易、旅游和购物中心,是 2020 年世界博览会主办城市。

资料来源:百度百科

8.5.6   以色列

以色列位于亚洲西部,毗邻巴勒斯坦,东接约旦,东北部与叙利亚为邻,西南部与埃及为邻,西濒地中海,北与黎巴嫩接壤。海岸线长度 198 千米。根据 1947 年联合国关于巴勒斯坦分治决议的规定,以色列的面积为 1.52 万平方千米。1948—1973 年,以色列在四次阿以战争中占领了大片阿拉伯国家领土,20 世纪 80 年代以后部分撤出。目前以色列实际控制面积约 2.5 万平方千米。以色列属地中海型气候,夏季炎热干燥,冬季温和湿润。矿产资源贫乏,森林覆盖率低。

以色列有人口 846.2 万(2015 年年底),其中犹太人约占 74.9%,其余为阿拉伯人、德鲁兹人等。希伯来语和阿拉伯语均为官方语言,通用英语。大部分居民信奉犹太教,其余信奉伊斯兰教、基督教等。建国时首都设在特拉维夫,1950 年迁往耶路撒冷。对于耶路撒冷的地位和归属,阿拉伯国家同以色列一直存有争议。目前,绝大多数同以色列有外交关系的国家将使馆设在特拉维夫及其周边城市。

犹太人远祖是古代闪族的支脉希伯来人。原居住于美索不达米亚平原,公元前 13 世纪末开始从埃及迁居巴勒斯坦地区。公元前 1000 年左右,建立以色列国。此后先后被亚述、巴比伦、波斯、古希腊和罗马帝国征服。公元 70 年被罗马人赶出巴勒斯坦地区,开始长达近 2 000 年流亡生活。19 世纪末,犹太复国主义运动兴起,犹太人开始大批移居巴勒斯坦。第一次世界大战结束后,英国对巴勒斯坦实行委任统治。1917 年,英国政府发表《贝尔福宣言》,表示赞成在巴勒斯坦为犹太人建立民族家园。1947 年 11 月 29 日,联合国大会通过决议,决定在巴勒斯坦地区分别建立阿拉伯国和犹太国。1948 年 5 月 14 日,以色列国正式成立。

以色列经济实力较强,竞争力居世界先列。2015 年,国内生产总值 2 960 亿美元,人均国内生产总值 3.53 万美元。农业发达,科技含量高,其滴灌设备、新品种开发举世闻名。主要农作物有小麦、棉花、蔬菜、柑橘等。工业主要发展能耗少、资金和技术密集型的部门,注重对科技研发的投入。主要工业门类有电子信息、医疗设备、生物技术、军工装备、钻石加工等,均达到世界尖端水平。

以色列国内市场相对狭小,经济对外依存度高。以色列是世贸组织和经济合作与发展组织成员国,与美国、加拿大、土耳其、墨西哥及欧盟、南方共同市场签有自由贸易协定。欧盟是以色列最大的贸易伙伴,美国是其最大单一贸易伙伴国,中国是以色列在亚洲最大的贸易伙伴。

复习思考题

一、单选题

1. 阻碍印度经济社会发展的一个特有因素是(　　)。

    A. 党派斗争　　　　　　　　　　B. 人口过多

    C. 种姓制度　　　　　　　　　　D. 基础设施不完善

2. 泰国(　　)的出口量排名世界第一。

    A. 大米　　　　　B. 油橄榄　　　　　C. 鲜花　　　　　D. 咖啡

二、多选题

1. 韩国的两大工业地带是(　　)。

    A. 京仁工业区　　　　　　　　　B. 京滨工业区

    C. 首都工业区　　　　　　　　　D. 东南沿海工业区

2. 新加坡的三大工业支柱是(　　)。

    A. 电子　　　　　B. 造船　　　　　C. 炼油　　　　　D. 珠宝

三、简答题

1. 何谓"三湾一海"地区,其在日本经济中占有什么地位?

2. 分析促成日本经济在"二战"以后重新崛起的有利国际环境。

四、案例分析

1. 印度高种姓族群骚乱

印度北部高种姓族群骚乱的持续,令该国首都新德里逾千万人陷入缺水危机。据印度媒体报道,示威人群毁坏了从此次骚乱"根据地"哈里亚纳邦到新德里的穆纳可运河设备。而这一切都是因为印度北部哈里亚纳邦高种姓的贾特人的"维权"活动。此次示威游行的贾特人属于第二等级的刹帝利。拥有土地的贾特人在印度相对富裕,且传统上被视为高种姓族群,主要居住在哈里亚纳邦和印度北部的其他 7 个邦。在政治上,贾特人地位也颇高,哈邦 27% 的选民都是贾特人,邦议会 1/3 由贾特人控制。在哈邦过往的 10 个首席部长中有 7 个都是贾特人。

为了减少种姓歧视,促进社会平等,印度政府为低种姓族群"开绿灯",在教育和公共部门给予一定的机会和配额,这引起高种姓族群的不满。随着私营部门工作岗位收缩,农业收入减少,贾特人要求政府保证给予教育以及工作福利的需求和呼声日益高涨,最终发展成近日持续的示威游行。示威者封堵公路,设置路障,修建街垒,焚烧住房和火车站,毁坏了从哈里亚纳邦到新德里的穆纳可运河设备。

资料来源:第一财经日报,2016 年 2 月 23 日

问题:种姓制度给印度的经济社会发展带来哪些困难?

2. 韩国版的"创新驱动战略":大邱案例

从首尔车站出发,乘坐 1 个多小时的高铁,就可以到达位于韩国东南的大邱市。这个拥有 250 万人口的韩国第四大城市,在韩国近现代史上作用独特。1950 年因朝鲜战争,韩国的纺织产业中心由首尔、仁川等地迁移至距离战火较远的大邱。但自 20 世纪 80 年代开始,韩国重点发展重工业以及高新技术产业,加上国内生产成本的提高,韩国纺织行业开始走下坡路,大邱市的经济从此也受到了巨大的打击。

2014 年 9 月,韩国政府开始在所有省级行政区设立"创造经济革新中心",推进 17 个省级行政区与具有技术优势的大型企业合作的创业帮扶体系。这些创造经济革新中心主

要是为创新型企业提供帮扶支持。另外,各大创造经济革新中心结合配对的大型企业具有的集群优势,以及地区产业的特点,推动不同领域的发展创新,并为本地"创客"以及学生提供就业机会。

大邱市将为"创客"提供服务的所有公共机关以及组织均搬迁至这条距离高铁站步行只需 5 分钟的地方,为创客提供一站式服务。对此,第一批入驻该中心的创业企业 Art Share 郑智慧表示,大邱作为曾经韩国纺织产业的集结地,留下来的经验与设施发挥了集群效应。每天来往大邱与首尔的高铁有几十班次,每次往来仅需两个多小时,因此往来首尔不再是一个难题。

另外,在位于各地的中心发展的过程中,与各中心连接的企业"功不可没"。与大邱中心连接的企业是三星集团,在该中心提供相关服务的过程中,三星集团提供了巨大的支持。三星通过参与到创客的项目中,对其提供支援,这些创客的创意,也可为三星将来新产业的发展提供物质及思维基础。这也是创客、政府和三星集团通过"创造经济"获得共赢的方式。

至今,韩国共拥有 17 家创造经济革新中心,并由 15 家韩国大型企业提供支持。政府出政策、企业出资金和技术,共同扶持创新和初创企业,为创业者提供创业平台和成果转化平台。每个创新中心都突出自身的特点,推动相关领域的发展。比如大邱创造经济革新中心以促进当地优势的化纤、汽配、机械等产业发展和提升,注重物联网、智能工厂技术的研发。

资料来源:第一财经日报,2015 年 12 月 1 日

问题:韩国大邱的经验做法对中国有什么启示?

3. 新加坡外劳政策走向

新加坡国小地狭,劳动力结构性供需失衡,本国居民就业更偏重于金融、管理等高技能岗位,建筑、造船等体力劳动,以及石化、电力等行业技术人员不足。经济发展依赖外籍劳工,外劳约占当地劳动力的 1/3。近年来,为保护本国公民就业,推动经济重组、提升企业生产力,新加坡政府持续收紧外劳政策。2015 年,新加坡外籍劳工增幅为 2.3%,创近年来新低,年末在新外劳 138.73 万人。新加坡政府在 2016 年调整外劳税标准,即除海事、加工制造业外,继续提高建筑和服务业 WP 准证(非技术性劳工的工作准证)外劳税。S 准证(专业性劳工就业证)的外劳税也相应上调。

新加坡是中国对外劳务合作的第三大市场,中新劳务合作在新加坡政府收紧外劳政策的大背景下仍发展平稳。2015 年,中国向新加坡派出各类劳务人员 3.8 万人,截至 2015 年年底在新劳务人员 10.2 万人,主要集中在建筑、机械、餐饮等行业。新加坡政府总体上注重保护外劳权益,但劳工住宿条件差、加班强度大,不良雇主拖欠克扣工资、劳动保护不到位等情况导致的劳务纠纷时有发生。中国商务部与新加坡人力部于 2012 年 3 月成立中新劳务合作工作组。工作组及时沟通典型案例,推动新方重视中国劳务人员权益保护。

资料来源:中国对外工程承包商会网站

问题:中新两国国际经贸合作的形式有哪些? 中新劳务流动的前景如何?

第 9 章

欧　洲

中央电视台(CCTV)推出过一部电视系列片《大国崛起》,解读 15 世纪以来世界性大国崛起的历史,探究其兴盛背后的原因。15 世纪以来,人类社会的发展进入一个新的阶段,原先割裂的世界开始真正意义上连成了一个整体,彼此隔膜的世界各国开始相互认识和了解,也展开了相互的竞争。在近现代以来的世界舞台上,有 9 个国家在不同的历史时期先后登场,对人类经济社会发展产生了重大影响。它们是葡萄牙、西班牙、荷兰、英国、法国、德国、日本、俄罗斯、美国。

这里所说的"世界性大国",不是人口和面积意义上的大国,而是在历史"成为全世界的历史"之后出现的具有全球性影响的国家。《大国崛起》为讨论国家发展问题提供了可资借鉴的历史资源和文明资源。全片展示了九国通过不同方式、在不同时期内完成的强国历程,既体现出各自鲜明的不可重复的时代特征和民族个性,同时也探讨了某些相通的规律。特别值得注意的是,其中有 7 个国家位于欧洲。

问题:为何这几个大国在人类近代史中先后崛起,它们成功背后的特性和背景是什么?

本章学习目标

- 熟悉欧洲国家,特别是西欧主要国家和俄罗斯的经济贸易活动特点与规律;
- 掌握欧洲主要国家重点产业门类的空间分布格局和趋势;
- 了解欧洲国家的经济成长历程和方向。

欧洲位于欧亚大陆的西端,北、西、南分别濒临北冰洋、大西洋和地中海,东部及东南部与亚洲相连。总面积 1 016 万平方千米,占世界陆地面积的 6.8%,是世界第六大洲。欧洲现有 45 个国家和地区,地理上被分为南欧、西欧、中欧、北欧和东欧 5 个地区。南欧是指阿尔卑斯山以南的巴尔干半岛、亚平宁半岛、伊比利亚半岛和附近的岛屿,包括意大利、希腊、西班牙、葡萄牙等 17 个国家;西欧(狭义上)是指欧洲西部濒临大西洋的地区和附近岛屿,包括英国、爱尔兰、法国、荷兰、比利时、卢森堡和摩纳哥 7 个国家;中欧是指波罗的海以南、阿尔卑斯山以北的欧洲中部地区,包括德国、波兰、奥地利、瑞士等 8 个国家;北欧是指欧洲北部的日德兰半岛、斯堪的纳维亚半岛一带,包括冰岛、法罗群岛(丹)、丹麦、挪威、瑞典和芬兰;东欧是指欧洲东部,包括立陶宛、白俄罗斯、乌克兰、俄罗斯(西部)等 7 个国家。

　　欧洲是资本主义发祥地,也是世界上近代科技文化发展最早的地区。历史上,欧洲曾长期处于世界政治经济舞台的中心。20世纪后,随着亚非拉国家的崛起和美国势力的膨胀,欧洲对世界事务的影响有所削弱。不过,至今欧洲整体发展水平仍居各洲之首,世界发达国家主要集中在欧洲,其中北欧、西欧和中欧的一些国家经济发展水平最高。

9.1　英　　国

9.1.1　地理特征

　　英国的正式名称为"大不列颠及北爱尔兰联合王国",简称"联合王国"。正式国名反映了英国的领土组成。大不列颠岛分为三部分,北部为苏格兰,中部和南部为英格兰,西南部为威尔士,人们习惯上称其为"英伦三岛"。在这三部分中,英格兰面积最大、人口最多、经济最发达。另外,马恩岛和海峡群岛属于英王领土,为独立的行政单位,但外交、国防权归英国政府。英国总面积24.41万平方千米,其中英格兰13.04万平方千米、苏格兰7.88万平方千米、威尔士2.08万平方千米、北爱尔兰1.41万平方千米。英格兰划分为43个郡,苏格兰下设32个区,威尔士下设22个区,北爱尔兰下设26个区。海岸线长11 450千米,岸线曲折,多海湾和良港。

　　英国是一个位于欧洲西部大西洋中的群岛国家,东临北海,北面和西面濒临大西洋,南隔英吉利海峡和多佛尔海峡与欧洲大陆相望,最窄处仅33千米。大不列颠岛从地质年代的发展上看曾经是欧洲大陆一部分,第四纪时曾为大陆冰川所覆盖。当第四纪冰川消融后,导致海平面上升,原为陆地的北海、英吉利和多佛尔海峡陷落,才使大不列颠岛与大陆分开。这种地理位置在不同的历史条件下曾对英国经济社会发展起到不同作用。地理大发现以前,由于当时的世界经济贸易中心在地中海沿岸,而英国远离贸易中心区,经济落后,曾被称为"世界荒凉的边缘"。地理大发现后,随着新航路的开辟和新大陆的发现,西欧各国纷纷向海外开展贸易,英国正处于欧洲到美洲、非洲和亚洲海上往来的要道上,从而促进了英国对外贸易和海上运输的发展。"二战"中,当希特勒席卷欧洲之际,正是由于有英吉利和多佛尔海峡作为天然屏障,最终使德国无法染指英国,反而使英国成为盟军反攻欧洲大陆的基地。"二战"后,英吉利和多佛尔海峡作为军事屏障的作用虽已消失,但作为航运通道、贸易枢纽的作用却日益重要。尤其当1994年贯穿多佛尔海峡的海底隧道修通之后,英法之间的往来由过去使用轮渡需3个小时,缩短为现在的40分钟,这大大加快了英国与欧洲大陆各国的往来,有利于欧洲一体化。

　　大不列颠岛地势西北高、东南低,山地和高原多分布在北部和西部,平原和丘陵多分布在中南部。英国河网稠密,主要河流有塞文河和泰晤士河。塞文河全长354千米,是英国最长的河流。泰晤士河水位稳定,航运便利。英国受北大西洋暖流影响,属典型的海洋性气候,夏无酷热,冬无严寒,降水丰沛。风大雾多,日照少。西部和北部夏季低温潮湿,对种植业不利,但适宜牧草的生长,有利于发展畜牧业。东南部日照相对充足,是主要的农耕地带。英国有较丰富的煤铁资源,煤主要分布在约克郡、德比、诺丁汉,铁矿主要分布在北安普敦等地。北海大陆架储藏有丰富的石油、天然气。

2014 年,英国人口 6 410 万,主要为英格兰人(占 80% 以上)。通用英语,威尔士北部还通用凯尔特语,苏格兰西北部高地及北爱尔兰通用盖尔语。居民多信奉基督教新教,北爱尔兰部分居民信奉天主教。城市人口比重大,占 90%,百万人口以上的大城市有伦敦、伯明翰,50 万人口以上有利物浦、曼彻斯特、利兹、格拉斯哥等。作为国家元首的英国女王伊丽莎白二世(Queen Elizabeth Ⅱ),1926 年出生,1952 年即位。

英国是世界上最早向海外移民的国家。早在 16 世纪末,英格兰人就开始移居英国的第一个殖民地——爱尔兰,后来又移向北美及其他地区,到 19 世纪末净移出人口达 900万。建立了以英国人为主,以英语为主要语言的国家,包括美国、加拿大、澳大利亚、新西兰等。目前,英国海外移民及其后裔约一亿人。英国大量海外移民对其经济社会发展起了极大的促进作用。把英国的语言、文字、政治制度、法律体系和价值观念传播到全世界。使英语成为世界使用最广泛的语言,使英国的很多商业惯例和术语成为当今国际经济交往的共同法则。

9.1.2　从工业革命到日不落帝国——英国经济简史

英国是世界上工业发展最早的国家,率先建立了纺织、采煤、冶金、机器和造船等工业,并依靠海上霸权,掠夺原料加工后再销往国外,其工业生产和对外贸易长期居于世界首位,有"世界工厂"之称。工业革命使经济增长速度大大提高,机器将人的体力从繁重的工作中解脱出来,极大地提高了劳动生产率。工业革命最显著的表现莫过于人类社会从农业时代走入工业时代,使经济结构发生了翻天覆地的变化。在英国,1688 年约有 75% 的劳动人口从事农业,1801 年为 35%,1841 年减少到 23%。同期,英国的国民收入中农业的比重为:1801 年占 32%,1841 年降到 22%。

在众多的工业门类中,英国的工业革命起步于棉纺织工业。这是因为棉纺织不是传统工业,没有旧传统和行会的束缚,容易进行技术革新和开展竞争。英国人对棉布的需求量较大,但以前水力纺纱要求把工厂建在河边,限制了产能,迫切需要新的动力。所以在棉纺织业首先使用了机器,此后才推广到采煤等领域。

历时近 100 年的英国工业革命,是人类历史上的第一次工业革命。英国借助在工业革命中的首发优势,确立了它在世界经济中的领先地位,英镑也成为国际支付手段。通过对广大亚、非、拉殖民地的掠夺利用,英国到 19 世纪中叶成为经济最发达的国家。在海外拥有的殖民地面积最高达 2 250 万平方千米,是本土面积的几十倍。

19 世纪末至 20 世纪初,英国先后被美国和德国超过,工业退居第三位。"一战"以后,英国开始衰落,其政治、经济、金融及海上霸权地位均为美国所取代。"二战"以后,英国殖民体系土崩瓦解,经济发展缓慢。从 20 世纪 50 年代到 80 年代,国内生产总值的年平均增长率仅为 2.2%,远低于日本、原联邦德国、美国等,经济实力削弱,在欧洲乃至世界的地位日趋下降。但从 20 世纪 80 年代以来,由于北海油田的开发以及英国实施了新自由主义导向的经济改革,经济增速明显加快。总的来看,英国仍是世界上具备较强实力的国家。2015 年国内生产总值为 2.849 万亿美元,人均 GDP 为 4.38 万美元。

9.1.3　主要产业发展

1. 农业

英国农业比较先进,技术水平、专业化水平和劳动生产率都位于欧洲前列,但农业在英国经济中一直不占重要地位。目前,农业在英国国内生产总值中所占比重不到1%,从业人数约45万,不到总就业人数的2%,低于欧盟国家5%的平均水平。农用土地占国土面积的77%,其中多数为草场和牧场,仅1/4用于耕种。农业人口人均拥有70公顷土地,是欧盟平均水平的4倍。在英国的农业生产中,畜牧业是主导,占农业总产值的70%以上。在英国历史上,养羊业曾占十分重要的地位。英国的种植业以粮食(小麦和大麦)和园艺作物(蔬菜、水果、花卉)为主。种植业主要分布在气候条件较好的英格兰东部,这里既是全国重要的耕作区,还是农产品的主要消费区。

2. 工业

英国工业历史悠久,工业体系完整。英国是世界上石油、天然气和煤炭的重要生产国。煤炭资源丰富,储量居欧洲前列。煤炭工业是英国最古老的工业部门之一,曾是英国早期工业化的动力支柱,在产业革命过程中发挥过重要作用。同其他发达国家相比,英国能源消费中的煤炭比重是比较高的。英国的采煤业历史悠久,1913年是其煤炭工业的鼎盛之时,煤产量为2.92亿吨。后因石油的使用,煤炭产量逐渐减少。1956年,英国建成了世界上第一座大型核电站,现有10座核电站。

历史上的英国曾被称为"贫油国",长期以来,所需石油几乎全部靠进口。20世纪60年代末,在英属北海水域发现丰富的油气资源。但在1973年前英国对北海油田并没有大规模开发,原因有两个:第一,1973年以前世界市场上石油价格低廉,英国的采购成本低;第二,北海油田完全是海上采油,投资大、技术要求水平高,而且北海正处于盛行西风带的迎风侧,终年风大浪高,采油风险大。但1973年以后,随着世界石油危机的爆发,油价暴涨,英国开始投入巨资并大力吸引外资,采用世界最先进的技术对北海油田进行勘探和开采。

北海油田的开发对英国经济发展起到了巨大的推动作用:第一,英国从过去的石油输入国变成一个石油输出国,随着石油价格的上涨,石油出口每年给英国赚取了大量石油美元,增加了政府的财政收入,使英国政府能抽出更多资金支持新兴产业发展和传统工业改造。第二,石油工业的发展通过连锁效应带动上下游关联产业的发展,如机械、石油化工、海工装备等。第三,北海油田北部(北纬59°～62°)是石油资源最丰富的地区,因此英国已开发的油田如布伦特、福蒂斯等均位于苏格兰以东和以北海域,这些油田的开发使昔日经济相对落后的苏格兰地区加快了发展。例如,以前只是一个古城堡的阿伯丁,自北海油田开发后已形成采油指挥、物资供应、设备维修中心,被誉为"欧洲石油城"。

英国钢铁工业历史悠久,是现代钢铁工业的发源地,很多炼钢方法均起源于英国。19世纪70年代,钢产量曾占全世界的一半以上,1970年钢产量为2 779万吨,是历史最高水平,此后不断下降,2015年为1 090万吨。由于进口铁矿石不断增加,钢铁工业分布日益靠近沿海地区。2007年,英国钢铁公司(British Steel)被印度塔塔集团收购。

机械工业是英国的主导工业部门,门类齐全、技术先进。英国机械工业内部发展不平衡,早期建立的纺织机械、造船、矿山机械等部门严重衰退,"二战"前建立的汽车、农机、机床等部门发展缓慢,"二战"后新建的与军事和新技术革命有关的飞机、仪表、精密机械等部门发展迅速。机械制造业分布广泛,几乎遍及英国各大城市。

具体来看,英国的汽车工业已有 100 多年的历史,虽然目前英国自主的汽车制造商均已被国外的汽车集团收购,但源自英国本土的著名汽车品牌产品仍活跃于国际市场,包括劳斯莱斯、宾利、阿斯顿马丁、路虎、捷豹、MINI 等。造船工业是英国具有悠久历史的工业部门,20 世纪初的船舶产量曾占世界总量的 60%。1956 年船舶产量被日本超过后,造船业一直不景气,在行业内的国际地位下降。英国是仅次于美国、俄罗斯和法国的世界第四大航空航天工业国,产品有民用和军用飞机、航空发动机、卫星、航电设备等,研发及制造水平处于世界前列。

代表性厂商：罗尔斯—罗伊斯公司

罗尔斯—罗伊斯公司(Rolls-Royce Ltd.)又译作"劳斯莱斯",劳斯莱斯这个译名主要用于汽车,于 1906 年在英国正式成立。创始人是汽车设计师罗伊斯和汽车销售商罗尔斯。1971 年,该公司亏损破产,后在英国政府干预下将劳斯莱斯公司分为汽车与航空发动机两家公司,劳斯莱斯品牌仍然由两家公司在两种产品上使用。劳斯莱斯汽车公司在 2003 年归入德国宝马汽车集团。而英国罗罗公司目前是世界三大航空发动机厂家之一,另两家是美国通用电气(GE)和美国普惠。航空发动机以高温、高压、高转速、高负荷为技术难点,考验的是一个国家制造业最尖端的加工能力和工艺,被誉为"工业王冠上的明珠"。在波音 747 至波音 777、空中客车 A380 等大型客机上,英国罗罗公司的发动机独占鳌头。

电子工业是英国在第二次世界大战后发展起来的工业部门,重点发展雷达、无线电通信及工业控制系统等投资类电子设备。电子工业主要分布在被称为"泰晤士硅谷"的泰晤士河上游河谷地带和被称为"苏格兰硅谷"的苏格兰埃尔—格拉斯哥—爱丁堡一带。

纺织工业是英国的传统工业部门,第一次工业革命后英国成为世界纺织业中心,主要产品有毛纺、棉纺和亚麻纺织等。毛纺织工业中心是以利兹为首的约克夏地区,棉纺织工业中心是以曼彻斯特为首的兰开夏地区。英国的化学工业在 20 世纪 50 年代以煤和岩盐为原料的基本化工为主,60 年代末转为以石油和天然气为主要原料的有机合成和石油化工产品为重点。

3. 服务业

英国交通基础设施较齐全,各种运输方式均较发达。英国是世界上最早修筑铁路的国家,1825 年修建了世界上第一条铁路。一直到第二次世界大战期间,铁路运输一直占优势地位。战后,随着公路运输的迅速发展,铁路运输的地位下降。1994 年,英法海底隧道贯通,将英国的铁路系统与欧洲大陆的铁路系统连接起来。英国的海运一直发达,历史悠久,曾是最强大的海运国家,并拥有世界上最强大的商船队,目前仍是世界主要的海运国家之一。英国进出口货物的 95% 是通过海运完成的。英国海岸线曲折,沿岸有众多港口,伦敦、利物浦是主要港口,位于伦敦外海的费利克斯托是英国最大的集装箱港口。

2013 年,英国港口货物吞吐量为 5.03 亿吨。其中进口 2.72 亿吨,出口 1.36 亿吨,国内贸易 0.95 亿吨。英国内河航运主要用于游览及改善自然环境,部分用于货运。内河航线总长 3 200 千米,泰晤士河是运输最繁忙的内河。伦敦希思罗机场是世界上最繁忙的机场之一,英国航空公司(British Airways)是世界主要航空公司。

金融业在英国发展历史悠久,伦敦是世界著名金融中心,拥有现代化的金融服务体系,从事跨国银行借贷、国际债券发行、基金投资等业务,同时也是世界最大外汇交易市场、最大黄金现货交易市场、最大衍生品交易市场、重要船贷市场和非贵重金属交易中心。伦敦金融城从业者近 40 万人,共有 550 多家跨国银行、170 多家国际证券公司在伦敦设立了分支机构或办事处。英国的汇丰银行、苏格兰皇家银行等享誉全球。伦敦保险市场承担的国际保险业务约占世界市场的 1/5,英国制定的海上保险法律和保险条款都具有国际权威性。创立于 1744 年的波罗的海航运交易所(Baltic Exchange)是世界领先的国际航运交易市场,其发布的运价指数是国际航运市场的晴雨表。

旅游业是英国重要的服务业部门,旅游业的最大看点是王室文化和博物馆文化,英国是世界上艺术和文化遗产最为丰富的国家之一。旅游从业人员约 270 万,占就业人口的 9.1%。2014 年赴英游客达 3 440 万人次,同比增长 6%;旅游业收入达 570 亿美元,占 GDP 的 2%。美国游客居海外游客之首。主要旅游地区有伦敦、爱丁堡、加的夫、格林尼治、牛津和剑桥等。

相关链接:"大伦敦"

"大伦敦"由伦敦城及其周围 32 个区组成,其半径约 30 千米,面积约 1 600 平方千米。靠近伦敦的 12 个区称为"内伦敦",内伦敦以外的 20 个区叫作"外伦敦"。根据城市布局与职能特点,可将大伦敦划分为伦敦城、西伦敦、东伦敦、港区和郊区五部分。伦敦城即老城,为伦敦的核心,有"金融城"之称。西伦敦位于伦敦城的西侧,是英国的政治中枢,为王宫首相官邸、议会和政府机关驻地。这里也是伦敦的高级住宅区和著名的文化区,还是伦敦最繁华的商业区。东伦敦是伦敦的工业区和工人住宅区。伦敦桥以下至泰晤士河河口为伦敦的港区,分布着船坞、码头、仓库。除上述市区以外的广大地区为伦敦郊区,这是新兴的工业区,主要有汽车制造、航空航天、电子、电气及精密仪表等制造业。

资料来源:百度百科

9.1.4　对外经贸

1973 年以前,英国的贸易伙伴主要是英联邦国家,它们之间凭借着过去宗主国与殖民地、半殖民地的关系,享有特惠制关税及其他自由贸易安排。1973 年英国加入了欧共体,现在贸易伙伴主要是欧盟成员国。根据英国税务与海关总署统计,2015 年,英国货物进出口额为 10 982.4 亿美元,其中出口 4 675.8 亿美元,进口 6 306.6 亿美元,贸易逆差为 1 630.8 亿美元。英国也是国际服务贸易大国,2015 年服务贸易额在美国和中国之后,居世界第三。自 1966 年以来,英国服务贸易一直保持顺差,这充分证明其强大的国际竞争力。

英国一直是资本输出大国,这一特点随着英国 1979 年取消外汇管制和北海油田的发现更加突出。20 世纪 80 年代上半期对外投资额可与美、日媲美,但随着 90 年代初期的经济衰退,英国对外投资也随之下降。根据联合国千年发展目标,英国正逐步将对具体项目的援助改为向落实减贫战略的国家政府直接提供援助。2015—2016 年,英国的官方发展援助(ODA)总额约为 4.15 亿英镑。

英国是西方国家中同中国发展贸易最早的国家。1950 年 1 月,英国率先承认中国,1954 年双方建立代办级外交关系(1972 年升格为大使级)。目前,中英双边关系良好,经贸发展空间广阔。2015 年,英国与中国的双边货物贸易额为 910.3 亿美元,其中英国对中国出口 277.1 亿美元,自中国进口 633.2 亿美元。中国为英国第四大出口市场和第二大进口来源地。

相关链接:英国脱欧

2016 年 6 月 23 日,英国就是否脱离欧盟进行全民公投。结果为:同意脱欧 51.9%,共 1 570 万人;同意留欧 48.1%,共 1 458 万人。

由于历史与地理原因,英国长期奉行对欧洲大陆事务不干预政策,被称为"光荣的孤立"。英国并非欧元区国家,可以发行自己独立的货币,拥有自主的财政政策。但这使英国很难真正加入欧洲大陆的事务处理。尤其是欧债危机的关键时期,由于各种利益分歧明显,这一传统强国正在逐步丧失其在欧盟中的地位与参与权。

英国部分人士认为,欧盟的一些政策可能损害到英国的利益。欧盟其他国家民众认为,作为欧盟成员的英国在融入过程中表现消极,不加入欧元区,不参加欧盟的债务危机救助方案,不愿接纳难民,还反对一切金融监管政策。如果英国脱欧,其他成员国在整合过程中受到的阻力会更小。脱欧后的英国可以省下每年缴纳给欧盟财政的款项,摆脱欧盟规章制度的钳制。但是英国也再难以依托欧盟在欧洲和世界事务中发挥重要作用,在诸如环境、安全和贸易等众多跨国事务中被边缘化。

资料来源:新华网

9.2　法　　　国

9.2.1　地理特征

法国全称法兰西共和国,位于欧洲大陆西部,面积 55.1 万平方千米,为西欧第一大国,在欧洲则仅次于俄罗斯和乌克兰,居第三位。法国的国土除地中海的科西嘉岛外,略呈六边形,三面临海,三面靠陆。海岸线全长 2 700 千米,西临大西洋,西北隔英吉利海峡和多佛尔海峡与英国相望,东南濒地中海,同南欧和北非各国的海上交通十分便利。法国西南以比利牛斯山脉与西班牙、安道尔为邻,东北与比利时、卢森堡、德国接壤,东面从北往南分别以莱茵河与德国交界,以汝拉山脉与瑞士交界,以阿尔卑斯山与意大利交界。优越的地理位置,使法国与世界各地的联系都比较便捷,它既是沟通地中海和北海的陆上桥梁,也是西欧通往南欧、北非和亚洲的交通要道。

法国地势东南高、西北低,向大西洋敞开,境内平原和丘陵占 80%。位于法、意边境的勃朗峰海拔 4 810 米,为西欧最高峰。法国河流众多,河网密集,水道四通八达,可通航河流总长 8 500 多千米。在西北部,塞纳河及卢瓦尔河流经平原地区,水量充沛,对航运十分有利。卢瓦尔河全长 1 010 千米,是法国第一大河。塞纳河流经法国核心地带,经济意义居各河之冠。著名湖泊当属日内瓦湖,它是阿尔卑斯湖群中最大的一个,是瑞士与法国的界湖。湖面面积约为 224 平方英里①,在瑞士境内占 140 平方英里,法国境内占 84 平方英里。湖泊南面是白雪皑皑风光秀丽的山峦,山北广布牧场和葡萄园,湖水因清澈湛蓝而驰名于世。西部和西北部属典型的温带海洋性气候,向东逐渐过渡到温带大陆性气候,南部则属于地中海式气候。

法国行政区划分为大区、省和市镇,本土划为 13 个大区、96 个省。人口为 6 660 万(2016 年 1 月,含海外领地)。长期以来,法国人口增长缓慢。因劳动力不足,外国移民大量涌入成为法国历史上长期存在的现象。20 世纪 80 年代以来,外来移民达数百万,大多来自南欧和北非,葡萄牙人和阿尔及利亚人占 40% 以上。法语为官方语言,但东北部靠近德国的阿尔萨斯地区通常使用德语,科西嘉岛通行意大利语。法国约八成居民信奉天主教。法国是安理会 5 个常任理事国之一,也是西方七国集团成员。2015 年国内生产总值 2.42 万亿美元,人均 3.77 万美元。

9.2.2　主要产业发展

1. 农业

法国是一个工农业都发达的国家,是欧盟最大的农产品生产国和出口国,是世界上仅次于美国的第二大农产品出口国。据法国国家经济研究与统计局资料,2014 年农业产值 722 亿欧元,农业人口约 84.5 万。本土农业用地 2 884 万公顷,约占土地面积的 52.3%。法国粮食产量占全欧洲粮食产量的 1/4 强。

法国农业的现代化水平高,早在 1970 年农田耕作就已全部实现了机械化。现在,法国农业已形成畜牧业和种植业并举、经济作物和园艺作物都发达的现代农业结构。法国农业的经营方式主要是中小农场。巴黎盆地和西南部阿基坦盆地是法国耕作业最发达、种植业最集中的地区,是谷物、油料作物、甜菜、蔬菜的主要产区。其中,巴黎盆地是全国最大的农业区。葡萄和园艺是农业中的重要部门,葡萄种植主要集中于地中海沿岸、罗讷河以西地区以及阿基坦盆地。作为世界葡萄酒的龙头老大,法国主导这个产业已有几个世纪。

相关链接:波尔多葡萄酒

波尔多是享誉世界的顶级葡萄酒产区。波尔多位于法国西南,受大西洋暖流影响,形成了冬暖夏凉、冬春多雨夏季干燥的独特海洋性气候。1855 年,世界万国博览会在巴黎举行。当时的法国国王拿破仑三世命令波尔多葡萄酒商会将波尔多产区的葡萄酒进行等级评定,等级表列出的五大顶级酒庄(Chateau Lafite-Rothshild、Chateau Margaux、Chateau Latour、Chateau Haut Brion、Chateau Monton-Rothshild)也由此闻名世界。

资料来源:百度百科

---

① 1 平方英里≈2.59 平方千米。

法国农业发达的原因主要有：第一，地形以平原和丘陵为主，耕地多，多样化的气候类型有利于农业生产的多样性。第二，法国政府鼓励和支持农业的发展，为此制定了诸如价格支持、农业补贴、低息贷款等优惠政策。第三，欧盟共同农业政策给法国农业以支持和更大的市场空间。第四，大力推行农业生产的地区专门化和农场经营的专业化。第五，实行农、工、商一体化。工业资本、商业资本与农业资本相互结合，以合资合作经营、相互持股的方式组成经营实体。这既保证了农产品的生产和销售，同时也能为工业提供所需的原材料，形成利益共同体。第六，重视农业科研和农业教育，农业从业人员素质高。

2. 工业

法国煤炭储量较少，洛林煤田是法国最大的煤田。由于缺油少煤，法国把发展核能看作解决能源问题的重要途径。目前，法国是仅次于美国的世界第二核电大国，正在运转的核电站共 58 座，核电占总发电量的比例世界最高。法国具有发展核工业的优越条件。首先，铀矿资源丰富，居西欧首位，主要分布在卢瓦尔河流域，同时法国还控制了蕴藏最丰富的加蓬、尼日尔等国的铀矿开采权。其次，法国拥有先进的核技术，特别是在中子增殖反应堆技术方面，处于世界领先地位。

钢铁工业是法国的传统工业部门，2015 年钢产量 1 500 万吨，次于德国、意大利，居西欧第三位。法国铁矿石资源丰富，已探明储量 10 亿吨，居欧盟之首，主要分布在东北部的洛林地区，占全国储量的 80% 以上，但是矿石品位不高。自 20 世纪 60 年代以来，法国依靠进口高品位矿石发展临海型钢厂。进口矿石主要来自巴西、澳大利亚和瑞典等国，焦煤主要来自德国和波兰。洛林是法国最重要的钢铁工业基地，20 世纪 60 年代以来，北部敦刻尔克、南部地中海沿岸的福斯钢铁基地开始形成，使沿海布局的钢铁生产比重大大增加。

化学工业是法国重要部门之一，主要是在本国资源基础上发展起来的基本化学和化肥工业。20 世纪 60 年代后，以石油为原料的有机化工得到迅速发展。基本化学工业的布局较分散，而石油化学工业因依靠进口石油，多分布在沿海港口，尤其以马赛—福斯港最为集中。主要化工产品有塑料、医药、香料、化肥和合成橡胶等。主要化工企业有道达尔、米其林等。

代表性厂商：米其林

米其林集团是全球轮胎科技的领导者，100 多年前于法国的克莱蒙费朗建立。米其林集团自 1889 年发明首条自行车可拆卸轮胎与 1895 年发明首条轿车用充气轮胎以来，在轮胎科技与制造方面发明不断。除了轮胎以外，米其林集团还生产轮辋、钢丝、地图及旅游指南等。目前，米其林集团在全球设立了数十家工厂和 6 个橡胶种植园。

汽车工业是法国经济的重要支柱之一，目前有两大汽车集团——雷诺和标致雪铁龙，地理布局方面形成了巴黎、里昂和斯特拉斯堡三大集群地带。电子电器是法国的新兴工业部门，激光发声器、光纤制导系统、雷达、导航设备等享有盛誉。总部设在巴黎的阿尔卡特集团创建于 1898 年，是电信设备领域的领导者。法国航空和宇航工业起步早，技术水平和生产能力仅次于美国和俄罗斯，居西欧第一位、世界第三位。法国航空航天工业的特点是：在独立自主的基础上同西欧其他国家合作发展。法国拥有强大的运载火箭与航天器制造能力。由法国、德国、英国、西班牙四国共同组建的空中客车公司是与美国波音齐名的大型客机制造商，其总部位于法国图卢兹。

法国是世界主要造船国之一，其造船技术驰名于世，特别是高附加值船舶，如液化天然气船、集装箱船等。造船工业主要分布在卢瓦尔河下游的南特、圣纳泽尔地区，这是法国最重要的造船工业基地，南部的马赛是世界著名的船舶修造中心。

法国的香水和医药工业在世界上久负盛名。纺织工业是法国的传统工业部门，目前在世界上仍处于领先地位，以产品创新性和高质量在国际市场上享有盛誉。巴黎是设计和精制各种时装的国际中心。起源于 1910 年的巴黎时装周(Paris Fashion Week)，由法国时装协会主办，与纽约、米兰和伦敦时装周并称世界四大时装周。从 17 世纪开始，法国在工业设计、艺术设计领域一直居于世界领先地位。有关美术、建筑、时装设计、工业设计专业的学校闻名海外。时至今日，在巴黎香榭丽舍大街上，法国知名的时装、皮具、香水品牌都在展示着法国时尚浪漫文化的魅力。

代表性厂商：香奈儿

香奈儿(CHANEL)是一个有着百余年历史的著名品牌，由 Coco Chanel 于 1910 年在法国巴黎创立。该品牌产品种类繁多，有服装、珠宝饰品及其配件、化妆品、护肤品、香水等，每一类产品都闻名遐迩，特别是香水与时装。其设计一直保持高雅、简洁、精美的风格。

3. 服务业

服务业在法国经济社会中占有举足轻重的地位。据法国国家经济研究与统计局数据，2014 年服务业用工占总就业人口的 76.9%。法国大型零售超市众多，拥有家乐福(Carrefour)、欧尚(Auchan)等世界著名品牌，其中家乐福是仅次于美国沃尔玛的世界第二大零售商。法国 2015 年接待国外游客 8 450 万人次，继续保持国际旅游第一目的地的地位。法国拥有丰富的旅游资源和完善的旅游设施，特色景观比比皆是：北部诺曼底农舍、卢瓦尔河谷的城堡、南部蔚蓝色海岸、拿破仑的故乡——科西嘉岛、东部的阿尔卑斯山等。法国有悠久的历史和深厚的文化底蕴，有 20 多处风景名胜被联合国教科文组织列入世界文化和自然遗产。金融业方面，较大的银行包括法国农业信贷银行、巴黎国民银行、里昂信贷银行、法国兴业银行等。

法国交通运输业十分发达，是世界上交通运输网最稠密的国家之一。高速铁路方面居世界领先地位，1981 年第一条高速铁路巴黎至里昂线投入使用，2007 年法国 TGV 高速列车创造了 574.8 千米/小时的世界最高时速。法国交通运输业具有明显的国际性，主要铁路、公路、航空和水运干线都与欧洲其他国家相通。北部的塞纳河在内河航运中起骨干作用，几乎同全国主要河流都有运河相通。巴黎和斯特拉斯堡是法国最重要的两大内河港口。马赛—福斯港不仅是法国，也是地中海沿岸的最大港口，北部塞纳河口的勒阿弗尔是巴黎地区的出海口。2013 年法国本土海港总吞吐量 3.4 亿吨。2014 年法国航空旅客周转量近 1.42 亿人次，起降飞机约 270 万架次。主要航空公司为法国航空公司，主要机场有巴黎戴高乐机场等。

9.2.3　主要城市

首都巴黎是法国的政治、经济、文化中心,同时也是旅游胜地。代表性景点包括埃菲尔铁塔、凯旋门、罗浮宫、巴黎圣母院、凡尔赛宫等。巴黎是国际交通枢纽。铁路、公路干线以巴黎为中心,呈放射状向四周延伸,并多与欧洲的国际铁路、公路相接。

马赛位于法国南部地中海沿岸,是法国南部的经济、文化和交通中心。马赛是法国最古老的城市之一,马赛市的兴衰与马赛港的历史息息相关。20 世纪 70 年代以来,马赛港进行了改扩建,新兴的马赛—福斯港是法国最大的港口。

里昂是法国东南部中心城市,位于罗讷河和索恩河汇流处和从地中海通往欧洲北部的战略走廊上。曾是西方丝织业中心,全国的丝织业几乎全部集中于此。同时里昂也是化学纤维的主要产地,冶金、化工、汽车、机械、电子等工业均较发达。

9.2.4　对外经贸

法国的主要贸易伙伴是发达国家,其中又以欧盟国家最重要,占法国货物贸易总额的一半以上,欧盟国家中以德国最重要。法国进口商品主要有能源和工业原料等,出口商品主要有机械、汽车、化工产品、钢铁、农产品、食品、服装、化妆品和军火等。2014 年进出口贸易总额 9 284 亿欧元,贸易逆差 538 亿欧元,与主要贸易伙伴的货物贸易额见表 9-1。近年来,法国政府把支持出口作为带动经济增长的重要手段,在保持和扩大原有国际市场的同时,积极开发拉美、亚太等新兴市场。

表 9-1　2014 年法国与主要贸易伙伴的货物贸易额　　　单位:亿欧元

出　　口		进　　口	
德国	710	德国	856
比利时	312	中国	430
意大利	310	比利时	401
西班牙	304	意大利	366
英国	304	美国	316
美国	274	西班牙	297
荷兰	175	荷兰	216
中国	162	英国	198
瑞士	129	瑞士	126
波兰	71	俄罗斯	103

资料来源:法国国家经济研究与统计局

法国与中国 1964 年建交,其后双方经贸关系不断发展。中法在经济上有较强互补性,农业、能源、交通、通信等是中国优先发展的领域,这些均是法国的优势项目,因此今后双方经贸发展的潜力很大。

9.3　德　　国

9.3.1　地理特征

1. 自然地理

德国全称德意志联邦共和国。位于中欧西部,西北濒北海,东北濒波罗的海,北与日德兰半岛上的丹麦为邻,西与荷兰、比利时、卢森堡、法国为界,南与瑞士、奥地利毗连,东与捷克、波兰接壤,是欧洲邻国第二多的国家。德国位于中欧的核心部位,地处西欧通往东欧、北欧通向南欧的交通十字路口,战略位置十分重要,被称为"欧洲走廊"。德国面积35.7万平方千米,由16个州组成。

德国地势南高北低,从南向北逐渐倾斜。北部的北德平原平均海拔200米以下,大部分已开垦为耕地,是全国重要的农业生产区。中部是中德山地,南部国界处是雄伟陡峭的阿尔卑斯山,山地和多瑙河谷地之间是巴伐利亚高原,海拔约500米,是德国主要农牧业区。德国气候属海洋性向大陆性过渡的气候类型,对农业生产有利。

德国境内河网密布,主要有莱茵河、易北河、多瑙河等。受地形影响,德国河流主要是向北流,注入北海。莱茵河为著名大河,在德国境内865千米,流经北德平原的工业发达地区,其水量稳定,利于航行,流域面积广阔,是德国经济意义最大的一条河流。多瑙河是流经欧洲九国的国际河流,它不仅是德国南部的一条重要水道,更是德国同中欧、东南欧各国相联系的重要国际航道。易北河自东南流向西北,斜贯德国全境,然后注入北海。在德国境内,各大河之间都有众多运河相通,构成了通达全国重要地区并联系主要邻国的内河水运网。德国的北部国土面临海运繁忙的北海和波罗的海,两海之间修建有基尔运河,该运河成为波罗的海沿岸各国出入大西洋的捷径。

德国的矿产以煤、钾盐为主,煤炭储量大,且煤种全,分布集中。鲁尔煤田是德国最大的煤炭集中分布区,以产硬煤为主。西南部的萨尔煤田是德国第二大硬煤田。褐煤主要分布于西部的莱茵煤田和东部的哈雷、莱比锡一带。森林、水力资源较丰富,工业原料如铁矿、石油、有色金属主要依靠进口。

2. 人文地理

14—15世纪,德国经济一度处于兴盛时期。特别是北部由汉堡、不来梅、吕贝克的城市商人组成的"汉萨同盟"盛极一时,掌握着北欧贸易的霸权。但16—17世纪地理大发现后,由于国际商路由地中海沿岸转向大西洋沿岸,德国经济就逐渐衰落了,被后起的英、法、荷等国超越。1871年以前,德国并不是一个统一的国家,17世纪末共有300多个诸侯邦小国。19世纪50年代,位于德国东部的普鲁士帝国随着工业化的实现,政治上日趋强大,先后取得了对丹麦和奥地利战争的胜利,并于1871年打败了法国,实现了德国统一,建立了德意志帝国。

德国实现工业化之后,囿于国内市场狭小、资源贫乏,走上了一条对外军事扩张的道路,先后发动了两次世界大战。1918年,在第一次世界大战中战败的德国,废除了帝制改为共和国。1933年希特勒乘德国陷入经济危机之机窃取了政权,并于1939年全面发动了第二次世界大战。1945 年 5 月,战败的德国被英、美、法、苏四国分区占领。1949 年 9 月,美、英、法合并占领区并宣布成立"德意志联邦共和国",同年 10 月在苏联占领区宣告成立"德意志民主共和国",从此德国分裂为两个国家。1990 年 10 月,两德实现了统一,统一后的国名使用"德意志联邦共和国",首都为柏林。

德国总人口 8 129 万(2015 年 3 月),仅次于俄罗斯,居欧洲第二位。其中,东部人口约占 20%。莱茵河中游的北莱茵—威斯特法伦州人口最多。德国民族构成单一,德意志人占 90%,通用德语。德国城市化水平高,城市人口比重为 86%。中小城市发达,大城市较少,全国超过 100 万人口的城市只有柏林、汉堡和慕尼黑。首都柏林是德国的政治中心、文化中心,也是重要的工业城市。汉堡是德国最大的港口和国际贸易中心。慕尼黑位于德国南部,是巴伐利亚州首府,是德国主要的经济、文化、科技和交通中心之一,保留着原巴伐利亚王国都城的古朴风情。

长期以来,德国人口增长缓慢,老龄化明显,这已成为德国面临的一个严重社会问题。但近些年,进入德国的外来移民不断增加。历史上,德国曾是一个传统的人口迁出国,从 1846 年到 1939 年累计向外移民 500 万人,现在则是世界上移入侨民最多的国家之一。这些侨民多数来自土耳其及其他地中海沿岸国家。近年来,来自亚洲的移民在逐渐增多。这些外籍移民大多从事工资偏低、无须复杂技术的体力劳动。

德国总统能提名总理、批准法律、接待外国使节,但仅是"名誉元首"。掌握实权的德国总理往往由在议会中拥有多数议员席位的政党领袖担任。德国主要政党有基督教民主联盟、基督教社会联盟、社会民主党、自由民主党和绿党等。"二战"后,德国政府多数时间由基民盟和社会民主党主导。

9.3.2　经济概况

德国是高度发达的工业化国家,经济实力居欧洲首位。作为第二次世界大战的战败国,德国经济是在损失严重的基础上发展起来的。统一前的联邦德国经济基础较好,因其处于"二战"前德国工业最发达的区域,又有强大的技术力量和高素质的劳动力队伍,所以战后原联邦德国在美国的援助下,迅速医治了战争创伤。1951—1966 年是原联邦德国经济高速增长的阶段。统一前的民主德国在战后的 40 多年中,经济发展也较迅速,20 世纪 80 年代末人均国内生产总值达 6 000 多美元,是原"经互会"成员国中经济发展水平最高的国家。重新统一后的德国经济实力增强,对整个世界经济产生了深远影响,当然东部地区的发展水平还是落后于西部地区。目前,德国是欧盟中经济最发达的国家,其国内生产总值约占欧元区总量的 3/10,担负着引领欧洲一体化进程的重要作用。作为西方七大工业国之一,德国被称为欧洲经济的"火车头"或"压仓石"。2015 年,德国国内生产总值 3.36 万亿美元,人均 4.1 万美元。

相关链接:欧洲中央银行

欧元由欧洲中央银行和各欧元区国家的中央银行组成的欧洲中央银行体系负责管理。总部坐落于德国法兰克福的欧洲中央银行有独立制定货币政策的权力。欧元区国家

的中央银行参与欧元纸币和欧元硬币的印制、铸造与发行，并负责欧元区支付系统的
运作。

资料来源：百度百科

德国工业高度发达，工业是德国经济的支柱。德国工业具有如下特点：第一，工业门
类多，相对侧重于重工业。机械、汽车、化工、电子是德国工业经济的四大支柱。第二，对
国际市场的依赖性强。德国主要工业部门的产品有一半销往国外，而工业原料和燃料又
大都靠国外市场供应。第三，工业的空间布局相对均衡，国内无明显落后地区。北莱茵—
威斯特法伦州重工业发达，其中的鲁尔区素有德国"工业心脏"之称，德国南部地区高新技
术产业更发达些。

知识拓展：工业 4.0

工业 4.0 是德国政府提出的一个高科技战略计划，旨在提升制造业的智能化水平，建
立具有适应性、资源效率的智慧工厂，在商业流程及价值流程中整合客户及商业伙伴。德
国工业 4.0 战略在 2013 年 4 月的汉诺威工业博览会上正式推出，此后迅速成为德国的另
一个标签，并在全球范围内引发了新一轮的工业转型竞赛。德国工业在全球处于领军地
位，这在很大程度上源于德国对工业产品的专注和创新，以及对复杂工业过程的管理。工
业 4.0 战略的实施，将使德国成为新一代工业技术的主导供应国，使德国继续保持优势。

9.3.3　主要产业发展

1. 农业

2015 年德国共有农业用地 1 673.1 万公顷，占德国国土面积的近一半，其中农田面积
1 184.6 万公顷。2015 年农林渔业就业人口 63.5 万，占国内总就业人数的 1.5%。2015
年农林渔业产值 151.9 亿欧元，约占国内生产总值 0.5%。德国农业生产具有技术水平
高、集约化程度高、内部结构合理等特点。农业在德国经济中的比重小，在全部农地中，
3/4 用于种植饲料，谷物产品中的 60% 左右用作饲料。在农业生产中，以畜牧业为主，种
植业与畜牧业相结合。北部种植业发达，南部则畜牧业较发达。

2. 工业

德国煤炭资源丰富，其中硬煤储量约 2 300 亿吨，褐煤储量 800 亿吨，主要有鲁尔煤
田、萨尔煤田、亚琛煤田。发达的煤炭工业曾是德国早期经济发展的支柱，目前德国煤炭
工业的机械化和自动化水平居世界领先地位。鲁尔区主要生产优质炼焦煤，大部分供国
内的钢铁工业使用。德国石油和天然气资源匮乏，进口石油主要来自中东地区和英国，沿
海港口汉堡、威廉港和靠输油管道送油的法兰克福、鲁尔区等地发展了炼油工业。在新能
源技术领域，无论是太阳能、风能，还是生物能、地热等领域，德国均处于世界领先地位。

德国钢铁工业历史悠久，技术领先，装备精良，在世界上占重要地位。强大的钢铁工
业曾是德国发动两次世界大战的重要物质基础。2015 年钢产量 4 270 万吨。德国发展钢
铁工业的最有利条件是炼焦煤资源丰富，但铁矿石几乎要全部进口，主要来自巴西、加拿
大、澳大利亚、瑞典等国。钢铁工业的地理分布较集中，北威州和萨尔州的粗钢产量之和

占全国的半数。北威州鲁尔区的杜伊斯堡有"钢铁城市"之称。蒂森—克虏伯是代表性的钢铁企业。

机械工业是德国工业最重要的支柱之一,就业人数居各部门之首,号称德国的"王牌工业"。德国的机械设备技术高端、精良可靠,在国际市场上具有很强竞争力,在德国的出口商品结构中占据最大份额。德国是世界最大的机械产品出口国,产品种类繁多。德国机床一直以其品质优良、精密度高而闻名,其中重型机床、精密机床以及金属成型机床尤为突出,主要集中在鲁尔区。电机产品的中心在柏林、德累斯顿等,测量仪器及光学仪器生产主要集中在耶拿等地。

德国是汽车的发祥地,自 1886 年研制出世界第一辆汽车至今已有 131 年的历史,汽车工业在德国经济中一直长盛不衰,被认为是德国经济的"发动机",是德国最大的工业部门之一。德国汽车因其品类丰富、质量上乘、工艺精湛,在全世界久享盛名,汽车产量位居欧洲第一。奔驰、宝马和大众是德国汽车工业的三大集团。

代表性厂商:戴姆勒—奔驰

卡尔·弗里德里希·本茨 Carl Friedrich Benz(1844—1929)被称为"汽车之父",他在 1886 年 1 月 29 日,发明了第一辆三轮汽车,这一日子被确认为汽车的生日。同年,戴姆勒发明了第一辆四轮汽车。1926 年 6 月 29 日,戴姆勒公司和奔驰公司合并,成立了在汽车史上举足轻重的戴姆勒—奔驰公司(Daimler-Benz),总部位于德国斯图加特,他们生产的汽车都命名为"梅赛德斯—奔驰"(Mercedes-Benz)。高质量是奔驰汽车取胜的关键,这是奔驰百年的承诺,也是三叉星辉的内涵。奔驰公司经过了百年风雨仍能保持强大生命力,目前在全球汽车产业中仍占有领军地位。

化学工业是德国最重要的工业部门之一,被认为是德国经济的"稳定剂"。德国是现代化学工业的发源地,以煤化学工业著称,后来又发展了石油化学和生物化学工业,目前是世界最大的化工产品出口国。德国化学工业主要分布在沿海城市和褐煤等原料产地,鲁尔区是重要的化工基地。主要化工企业有巴斯夫、拜耳等。电子电气工业是德国新兴的工业部门,是德国工业的重要支柱,产品高端、技术先进。慕尼黑是德国最大的电子电气工业基地,有德国"硅谷"之称,其他聚集地还有斯图加特、纽伦堡等。

代表性厂商:西门子

西门子公司创立于 1847 年,创始人是维尔纳·冯·西门子。西门子总部位于慕尼黑,是德国最大的电子电气工业集团,是全球电子电气领域的领先企业。西门子以创新的技术和卓越的解决方案为客户提供全面支持,并以出众的产品质量和令人信赖的可靠性确立了市场领先地位。2014 年,西门子宣布退出家电领域,今后专注于工业、能源、医疗等核心业务。西门子早在 1872 年便进入中国。2015 财年,西门子在中国的营业收入为 69.4 亿欧元,拥有超过 3.2 万名员工。

德国轻工业发展落后于重工业,但纺织、制革、制鞋和食品等比较重要。巴伐利亚的啤酒酿造举世闻名,慕尼黑的啤酒在世界享有盛誉。

相关链接：慕尼黑啤酒节

公元 1516 年巴伐利亚公国的威廉四世颁布了《德国纯啤酒令》,规定德国啤酒只能以大麦芽、啤酒花和水三种原料制作,所以 500 年来德国啤酒成为纯正啤酒的代名词。当今的德国是世界主要的啤酒生产国,根据官方统计,每个德国人平均每年喝掉 138 公升的啤酒,是世界上最爱喝啤酒的民族。慕尼黑啤酒节每年 9 月末到 10 月初举行,持续两周,是慕尼黑一年中最盛大的活动。每次均有五六百万德国人与海外人士共同按德国人传统的风格享受美酒。人们用华丽的马车运送啤酒,在巨大的啤酒帐篷开怀畅饮,欣赏巴伐利亚铜管乐队演奏的民歌乐曲。

3. 服务业

服务业包括商业、交通运输、电信、银行、保险、旅游、教育、文化、医疗等部门。2015 年,德国服务业就业人数为 3 188.6 万,占总就业人口的 74.1%。

旅游业是德国重要的经济部门。德国是一个富有魅力的旅游国家,如莱茵河水影中的葡萄园、珠串般的古堡、田园诗意的小镇;黑森林中深幽的林海、蜿蜒的河流、宁静的湖泊;阿尔卑斯山下的天鹅湖,等等。著名景点有科隆大教堂、柏林国会大厦、勃兰登堡门、柏林墙、巴伐利亚新天鹅堡、鲁尔区工业建筑遗址等。

德国金融保险业历史悠久,在国民经济中占有重要地位。德意志银行集团是欧洲最大的全能银行。德国安联是世界最大的保险业集团之一,慕尼黑再保险公司创立于 1880 年,是世界最大的再保险公司。法兰克福是欧洲的主要金融中心。

地处欧洲中心的德国是联系欧洲各地的枢纽,在国际交通运输中占重要地位。德国交通运输业非常发达,现代化水平高、速度快、效率高,各种运输方式相互连接,构成了稠密的运输网。2014 年,德国货运总量 36.1 亿吨,其中公路运输总量 30.2 亿吨,铁路 3.65 亿吨,内河 2.29 亿吨。2015 年,等级以上公路有 23 万千米,其中高速公路 12 970 千米。

德国是世界上内河航运最发达的国家之一,内河航道总长 7 348 千米,是欧洲内河航道最稠密的国家之一。其中,天然河道约占 70%,人工运河占 30%。莱茵河是欧洲最繁忙的河流,在德国境内长 860 多千米,全部可通航,约承担内河航运量的 70%,被称为"黄金水道"。杜伊斯堡是德国代表性的内河港口。汉堡港位于德国北部易北河下游,距北海 100 多千米,是德国第一大港。汉莎航空公司是德国最大的航空公司,法兰克福机场是德国最大的航空港,也是中欧地区的航空枢纽。

相关链接：长盛不衰的德国会展业

德国的博览会由来已久,它是从中世纪早期由人们聚集在一起进行贸易活动的单个集市发展起来的。德国博览会凭其高数量、高质量以及在行业内的知名度而具有世界影响力,也使德国成为世界第一会展强国。全球著名的国际性、专业性贸易展览会有 2/3 在德国举办;世界上营业额最大的 10 家会展公司中,德国就有 6 家;全球前五大展览中心,德国占了 3 家,即汉诺威展览中心、法兰克福展览中心和科隆展览中心;德国现有 100 多家会展公司,其中具备实力承办国际性会展的公司有 40 多家。每年参加国际展会的 17

万商家中有一半来自国外。

德国的著名展会包括：在汉诺威举办的国际工业博览会、国际卡车展；在法兰克福举办的国际汽车展、国际书展；在科隆举办的国际五金展、国际食品展、国际家具展、国际自行车展、摄影器材展；在杜塞尔多夫举办的国际时装展、国际印刷工业展、国际鞋展；在慕尼黑举办的国际建筑机械展、国际体育用品展；在柏林举办的国际观光旅游展、农业及园艺展、广播电视展及国际航空航天展；在莱比锡举办的图书博览会，等等。这些展会就像巨大的磁场一样，把世界各国的生产厂家吸引到德国来。

德国会展业宣称主要是为中小企业服务的，因而得到中小企业的支持与合作。中小企业是会展业得以生存和发展的"脊梁"。跨国公司有自己的销售渠道，中小企业则不同。它们需要发展，需要让外界了解自己，特别是自己的产品和发明创造。因此就需要与外部世界沟通并建立联系。会展业就是建立这种联系的桥梁和平台。通过会展这一平台，德国为本国乃至全球的上游制造商与下游采购商和消费者提供了一个直接的交流场所。高度发达的会展业为德国带来了庞大的经济和社会效益。德国会展从业人员达 23 万，年度营业额约 30 亿欧元，间接经济效益约 235 亿欧元。

资料来源：全球政务网

9.3.4　对外经贸

德国是世界对外贸易大国，曾于 1986—1990 年、2003—2008 年保持世界第一出口大国的地位，至 2009 年被中国超过。德国的产品和服务在世界上享有盛誉，以质量高、服务周到、交货准时而享誉世界。德国出口商品以高技术、高附加值的重化工制成品为主，为德国赚取大量外汇的商品是汽车、机械、化工产品和电气产品等。法国、荷兰是德国的前两大贸易伙伴。

中德两国 1972 年建交（原西德），目前德国是中国在欧洲最大的技术和经贸合作伙伴，中国则成为德国在欧盟之外的最大贸易伙伴。2014 年两国建立全方位战略伙伴关系。2015 年，双边贸易额为 1 567.8 亿美元，其中中国对德国出口额为 691.6 亿美元，进口额为 876.2 亿美元。中方从德国主要进口汽车、汽车零部件、金属加工机床、医药、集成电路、纺织机械及零件、医疗仪器等；主要出口自动数据处理设备及其部件、服装、纺织纱线及织物制品、家具、农产品、鞋类、太阳能电池、船舶等。

德国是欧洲对华技术转让最多的国家。截至 2015 年年底，中国从德国引进技术 21 939 项，合同金额 716.9 亿美元。德国是欧盟对华直接投资最多的国家，截至 2015 年年底，中国累计批准德国企业在华投资项目 9 002 个，德方实际投入 254.7 亿美元。德国在华主要投资领域为汽车、化工、发电设备、交通、钢铁、通信等，大部分为生产性项目，技术含量高，资金到位及时。

9.3.5　经济区划

德国行政区划分为联邦、州、市镇三级，共有 16 个州，其中柏林、汉堡和不来梅为市州。德国各地自然条件相差不大，各地经济发展水平差异也不明显，因此人口分布相对均匀，平均密度为每平方千米 229 人。西部人口密度大于东部，人口最稠密的州是北莱茵—

威斯特法伦州。

1. 北部区

德国北部区是指位于德国西北部的北莱茵—威斯特法伦州、下萨克森州、石勒苏益格—荷尔斯泰因、汉堡和不来梅5个州。这里是传统工业的发源地。北部区城市众多,如汉堡、科隆、波恩、杜塞尔多夫等。其中汉堡是德国第二大城市、最大的港口。

地处北威州的鲁尔区因位于鲁尔河与利珀河之间而得名,面积虽只有4 593平方千米,约占德国的1.3%,但这里的人口却占全国的7%。鲁尔区之所以成为德国传统工业最发达的地区,主要有以下有利条件:第一,地理位置优越。鲁尔区正处于东西欧和南北欧陆上交通枢纽地带,西距比、卢、荷工业带,北距丹麦、瑞典工业带均很近,便利与欧盟各国的往来。第二,这里有丰富的煤炭资源,可为钢铁、电力、化工等传统工业发展提供物质基础。第三,交通方便。莱茵河贯穿南北,鲁尔河、利珀河横穿东西,构成了稠密的水运网。7 000吨海轮从荷兰鹿特丹可以直达杜伊斯堡,5 000吨船舶可上溯至科隆。廉价的水运既有利于原料的输入,也有利于产品的输出。第四,鲁尔区既是生产中心,也是消费中心。这里集中了大量中小城市,各类工业成为相互依存的综合体,可以缩短运距,减少交易环节,降低成本。

相关链接:鲁尔区的工业遗产

德国鲁尔区曾是世界知名的重化工业之都,后来由于传统工业的衰落,鲁尔区进入一段艰难的转型期。经过改造复兴,这个大型工业区已经不再衰落,而是变成了全新概念的现代城区。鲁尔区在后工业化的进程中,将工业遗产改造为一种独特景观,引领现代人重温工业历史和文明。鲁尔区的再开发强调了产业景观的整体性,将片区划分为五大中心:以杜伊斯堡为首的文化海港、以埃森为首的世界文化遗产区、以奥伯豪森为首的工业娱乐区、以波鸿为首的节庆中心区和以多特蒙德为首的音乐与新媒体中心。鲁尔区目前已经形成整体的工业遗产旅游路线,有25个主要景点,其中包括技术历史博物馆、典型的工业聚落等。这条工业遗产旅游线路全长400千米,经过杜伊斯堡、埃森、多特蒙德等近20个城市,穿越莱茵河、鲁尔河等区内主要河流。

2. 南部区

德国南部区主要包括巴伐利亚州、巴登—符腾堡州、黑森州和莱茵兰—普法尔茨州、萨尔州等5个州。这里过去由于深居内陆,资源贫乏,传统工业不发达,"二战"前是德国经济落后地区,主要以农牧业为主。"二战"后,德国南部地区依靠智力资源,大力发展电子等新兴产业。20世纪80年代以来,南部区的经济增长速度已超过北部区,成为以电子、精密仪器、汽车等为主的新兴工业区。主要城市有慕尼黑、斯图加特、法兰克福等。

3. 东部区

德国东部区包括勃兰登堡、萨克森、萨克森—安哈尔特、图林根、梅克伦堡—前波美拉尼亚和柏林等6个州。这里主要是原民主德国所在的地区。该区的经济发展水平在德国相对落后,主要城市有柏林、莱比锡、德累斯顿等。柏林是德国首都、第一大城市;莱比锡以印刷机械工业著称。

9.4　意　大　利

9.4.1　地理特征

意大利,全称意大利共和国,位于欧洲南部,领土由阿尔卑斯山南坡山地和波河平原、亚平宁半岛及西西里岛、撒丁岛及周围小岛组成,总面积 30.1 万平方千米。意大利位于地中海中央,东、南、西三面临海,成为东西地中海的海上交通要道。苏伊士运河通航后,意大利更成为地中海航线的重要通道。阿尔卑斯山铁路隧道的开通,使其成为联系中欧和北非的陆桥。

意大利是个多山的国家。横亘北部的阿尔卑斯山平均海拔 3 000 米,有很多海拔 4 000 米以上的高峰。这些山峰常年有积雪和冰川,水力资源丰富。河谷地带是农耕区。意大利北部和亚得里亚海沿岸地区属于大陆性气候,亚平宁半岛及附近岛屿属亚热带地中海式气候。意大利河流水量有限,随季节变化大,很少用于航运。意大利自然资源整体匮乏,仅地热、大理石、硫黄等资源较丰富。石油主要来自中东和西非、俄罗斯,天然气主要来自阿尔及利亚。

意大利全国分为 20 个大区,下属 103 个省。其中米兰是伦巴第大区首府,都灵是皮埃蒙特大区首府。意大利总人口约 6 100 万(2015 年),90% 的居民信奉天主教。全国约七成人口集中在城市,人口超过百万的城市有罗马、米兰、那不勒斯。历史上,意大利是大量向外移民的国家。由于南部农村贫困,缺少土地,大量破产农民和失业人员被迫迁往他国,主要移往美国和阿根廷。

9.4.2　经济概况

意大利是一个古老国家,无论是罗马帝国的奴隶制时期,还是 14—15 世纪文艺复兴时期,都创造了人类灿烂的文明。意大利凭借优异的地理位置,在 15 世纪末地理大发现以前成为世界贸易中心,威尼斯、热那亚和佛罗伦萨曾为世界著名的港口城市。地理大发现后,由于世界海上贸易的通道转向大西洋沿岸,意大利一度衰落。但自 1869 年苏伊士运河开通之后,尤其"二战"后随着欧洲各国经济的恢复和发展、亚洲发展中国家的崛起,亚欧经济往来日益密切,意大利处于地中海航道的优势重新显露。

意大利是发达的工业化国家,是西方七大工业国之一。2015 年,国内生产总值 1.82 万亿美元,人均国内生产总值 2.99 万美元。由于历史原因,意大利国内区域经济发展不平衡,北部以米兰—都灵—热那亚为核心的"工业三角区"最发达,这里集中了全国一半以上的制造业。自 20 世纪 50 年代起,意大利政府力图改变"南贫北富"的现象,采取了一系列措施并取得一定成效。意大利工业具有明显的以加工出口为导向的外向型特点,工业产品主要是中等技术含量的品类。意大利的中小企业占重要地位,集群式特征明显,有"世界中小企业王国"之称。

9.4.3 主要产业发展

1. 农业

意大利境内多山,可耕地面积仅占全国面积的 10%。第二次世界大战之后,随着农业现代化进程的加快,农业劳动生产率大幅度提高。意大利是欧盟内仅次于法国的第二大农业国,农产品质量享誉世界。2014 年,意大利农业增加值 293 亿欧元,占 GDP 的 1.8%。粮食作物有小麦、稻谷、玉米、大豆等,主要分布在北部的波河平原。意大利南部的地中海式气候十分有利于水果的生长,主要有橄榄、葡萄等。意大利与西班牙、希腊是世界三大橄榄油生产国,油橄榄主要分布在包括西西里岛在内的南部地区。意大利葡萄种植历史悠久,种植面积广。2015 年,意大利葡萄酒产量超过 50 亿升,排世界第一,随后是法国和西班牙。

2. 工业

意大利实体经济发达,是欧盟内仅次于德国的第二大制造业强国。各类中等技术含量消费品和投资产品在世界市场上占有相当份额,但高技术产品相对较少。中小企业专业化程度高,适应能力强,传统上以出口为导向,在制革、制鞋、服装、纺织、家具、厨卫、瓷砖、首饰、酿酒、机械、大理石开采加工等领域具有较强的国际竞争力。

钢铁工业是战后意大利发展较快、规模较大的工业部门,2015 年钢产量 2 200 万吨。为了降低运输成本,"二战"后意大利钢铁工业的布局趋向沿海,在热那亚、那不勒斯、塔兰托等沿海港口城市发展钢铁生产。钢铁工业分布在南北两区。北方以米兰为中心,是意大利的传统工业基地,接近消费市场和水电站,多为采用电炉炼钢的中小钢铁厂;南方是 20 世纪 50 年代后发展起来的新区。南部的塔兰托钢铁联合企业是意大利最现代化的钢铁企业。

意大利的机械工业主要集中在西北部以米兰为中心的伦巴第大区和以都灵为中心的皮埃蒙特大区。伦巴第大区是全国最大的制造业带,米兰是最大的机器制造中心,生产电子电器设备、汽车、机床、飞机等产品。皮埃蒙特是意大利第二大制造业带,都灵是第二大机械工业中心,生产多种机械产品,以汽车最重要。意大利是欧洲汽车大国,汽车工业体系完整,设计研发能力和制造工艺居世界先进水平,菲亚特公司是意大利最大的汽车公司。

代表性厂商:菲亚特汽车

菲亚特汽车公司(Fabbrica Italiana Automobili Torino,FIAT)前身是意大利都灵汽车制造厂,成立于 1899 年,总部位于意大利皮埃蒙特大区首府都灵。2014 年 1 月,菲亚特完成对美国克莱斯勒汽车集团的收购,跻身全球汽车制造商前列。目前,菲亚特作为超过百年历史的经典汽车厂商,旗下拥有众多著名品牌,包括菲亚特、法拉利、玛莎拉蒂、阿尔法·罗密欧等,以及克莱斯勒公司拥有的 Jeep、道奇等。

意大利的传统化学工业主要分布在北部,新兴的化学工业主要分布在沿海城市。意大利基于其地处地中海石油运输线的有利地位,大力发展石油加工业,石油年加工能力居西欧之首,被称为"欧洲炼油厂"。主要石化工厂分布在热那亚、那不勒斯等城市。意大利知名的化工企业为埃尼集团(ENI)。

纺织工业是意大利最悠久的传统工业部门,至今在意大利工业中仍占重要地位。棉纺织和服装业主要集中在以米兰为中心的伦巴第大区;毛纺织业主要集中在以普拉托为中心的托斯卡纳大区。意大利的制鞋业、皮革业也十分发达,在世界上享有盛誉,有"皮鞋王国"的美称。制鞋业主要分布在瓦雷泽和维杰瓦诺。意大利人把纺织品、服装、皮鞋、手包、首饰和眼镜等视为"时尚品",这些"意大利制造"的奢侈品领导着世界时尚潮流。意大利家具业闻名世界,是"奢华、高端"的代名词。1961 年创办的米兰国际家具展在全球家居业享有"奥林匹克"盛会的美誉。

相关链接：地下经济

所谓地下经济,主要包括家庭包工、第二职业和外籍劳工。从事家庭包工劳动的主要是妇女和儿童。但是随着具有较高技能的失业者的增多,一些较为复杂的劳动也开始由家庭包工者担负。采用家庭包工的形式,业主就不需要建筑厂房、购置大型设备,也无须为雇员缴纳社会保险,从而有利于业主降低用工成本。意大利地下经济盛行既减少了国家税收,又加剧了业主压榨工人的隐蔽性。工人由于缺乏社会保障,因此劳资冲突不断,同时也鼓励了外国非法移民的增加,增加了意大利社会的不安定因素。

3. 服务业

意大利旅游业发达,是世界主要旅游目的地,拥有许多驰名世界的古迹,例如比萨斜塔、罗马斗兽场、威尼斯水城等。2014 年,外国旅游者在意大利平均逗留 6.6 天。意大利全国公路总长 65.5 万千米,其中高速公路总计 6 661.3 千米,铁路网总长 19 394 千米。主要港口包括热那亚、那不勒斯、威尼斯、塔兰托等。

9.4.4　对外经贸

对外贸易是意大利经济的主要支柱,意大利是世界贸易大国之一。2014 年,意大利出口总额 4 746.48 亿欧元,进口总额 4 233.02 亿欧元。意大利产品在国际市场有较强竞争力,出口商品种类非常齐全,主要以机械仪器、汽车、农产品、钢铁、化工、制药、家电、鞋、服装等工业制成品为主。意大利的国外市场主要为欧盟国家,占出口总量的 50% 以上。近年来,意大利对世界其他地区的出口逐渐增加。

中意贸易往来有悠久历史,古丝绸之路曾将亚欧两个文明古国连接起来。1970 年中意两国正式建交后,双边贸易迅速发展。据欧盟统计局数据,2014 年,意大利与中国的双边货物贸易额 471.1 亿美元,增长 8.0%。其中,意大利对中国出口 138.9 亿美元,占意大利出口总额的 2.6%;从中国进口 332.2 亿美元,占意大利进口总额的 7.0%。中国是意大利第八大出口市场和第三大进口来源地。

9.4.5　经济区划

意大利国土面积虽然不大,但历史、社会、自然条件等方面的原因,使得意大利各地区经济和社会发展差异明显,全国大致分可分为北、中、南三大区域。

1. 北部

北部地区占据了阿尔卑斯山麓和波河平原的绝大部分,面积占全国 1/3,人口占 2/5,工业产值占全国 2/3。这里不但人口稠密,而且工业集中,农业的集约化水平高,米兰、都灵、热那亚、威尼斯等著名城市都集中在这里。这里是意大利经济最发达的地区,尤其工业生产在全国占有举足轻重的地位。米兰是本区最大的城市,也是全国第二大城市,是全国最大的工业、金融和贸易中心。都灵是本区第二大城市,也是仅次于米兰的第二大工业城市,是古撒丁王国的首都。菲亚特公司总部设在都灵,因此都灵被称为意大利的汽车城。

2. 中部

中部地区居波河平原以南、亚平宁半岛北部,是北部经济发达地区向南部经济落后地区的过渡地带,经济发展水平中等,是全国最大的葡萄产区。首都罗马位于该地区,是全国第一大城市,人口近 300 万。罗马是意大利政治中心和文化中心,也是教皇之国梵蒂冈所在地。梵蒂冈这个位于罗马市西北角的城中之国是世界天主教中心。

3. 南部

南部地区(亚平宁半岛的南部、西西里岛和撒丁岛)由于遭受长期的封建残余势力的统治,现代经济远比北部落后。经济以农业为主,经营规模小、集约化水平低。南部人均收入低、失业人员多、社会不稳定,尤其西西里岛是贩毒等犯罪现象严重的地区。"二战"以后,意大利政府采取了一系列措施来加快南部地区经济发展,目前已取得了一定成效。如在南部的塔兰托兴建了大型钢铁厂,在西西里岛的卡塔尼亚、撒丁岛的卡利亚里利用进口原油建立大型石油化工企业。南部最大的城市和工业中心为那不勒斯。

9.5　代表性中小国家

9.5.1　荷兰

荷兰,全称荷兰王国,位于欧洲西部,东连德国,南接比利时,西、北两面濒临北海。本土面积 4.15 万平方千米,其中 1/4 低于海平面,素有"低地之国"之称。围海造田举世闻名,从 12 世纪起,共围垦土地 7 125 平方千米。本土划分为 12 个省,省下设 403 个市镇。人口 1 697 万(2015 年 11 月),官方语言为荷兰语。素有"风车王国""花卉之国"等美称。首都阿姆斯特丹,政府所在地为海牙。

17 世纪成为海上殖民强国,经济、文化、艺术、科技等各方面均非常发达,被誉为该国的"黄金时代"。18 世纪后,殖民体系逐渐瓦解,国势渐衰。1795 年法国军队入侵,1814年脱离法国,1815 年成立荷兰王国。第一次世界大战期间保持中立,第二次世界大战初期宣布中立,1940 年 5 月遭德军入侵。战后放弃中立政策,加入北约和欧盟。

荷兰资源贫乏(只有天然气储量比较丰富),地域狭小,人口稠密,经济高度发达。2015 年的国内生产总值为 7 384 亿美元。农业高度集约化,农业增加值约占国内生产总值的 1.5%,从业人员 20.8 万。农业构成中,畜牧业占 52.6%,园艺业占 33.4%,农田作物占 14%。花卉产业发达,是世界最大的花卉出口国,2013 年出口 54 亿欧元,占世界份额的 43%。石油制品、电子电器产品、食品加工机械、港口设备、挖泥船、温室设备等在世界市场有较强竞争力。拥有壳牌、飞利浦等著名企业。鹿特丹是欧洲最大的炼油中心。

代表性厂商:壳牌石油

　　皇家荷兰壳牌(Royal Dutch Shell)是世界著名的大型跨国石油公司,成立于 1907 年,皇家荷兰石油公司占 60% 股份,壳牌运输和贸易公司(英国)占 40% 的股份。该公司主要从事石油上下游及化工业务,总部分设在荷兰海牙和英国伦敦。2016 年世界 500 强排行榜中,壳牌石油位居第五名。

　　服务业是国民经济支柱产业,2015 年占 GDP 的 73.2%,主要集中于物流、银行、保险、旅游和法律等行业。鹿特丹港位于莱茵河入海口,有"欧洲门户"之称。1962 年,鹿特丹港的货物吞吐量跃居世界第一,直到 2005 年降为世界第三,随后排名继续下滑。

　　外贸在经济中占重要地位。2015 年进出口贸易总额为 10 736.8 亿美元,其中进口 5 063.0 亿美元,出口 5 673.8 亿美元。进口主要是工业原料、原油、半制成品和机械等;出口主要是食品、机械、化工、石油制品、电子产品、船舶和农产品等。据欧盟统计局数据,2015 年荷兰与中国的双边贸易额为 834.5 亿美元,其中荷兰对中国出口 103.1 亿美元,自中国进口 731.4 亿美元,荷方贸易逆差 628.3 亿美元。

　　荷兰是世界主要对外投资大国之一,其中约一半流向欧盟成员国,美、日是其欧盟以外投资的重点,近年来加强了对东欧和东南亚国家的投资。自 2010 年以来,中国连续成为荷兰在欧盟外的第二大直接投资来源国。

9.5.2　瑞典

　　瑞典,全称瑞典王国,是一个位于斯堪的纳维亚半岛的国家,北欧五国之一,首都为斯德哥尔摩。它西邻挪威,东北与芬兰接壤,总面积约 45 万平方千米,是北欧最大的国家。全国划分为 21 个省和 290 个市。森林覆盖率为 54%。人口 984.5 万(2015 年年底),官方语言为瑞典语,通用英语。公元 1100 年前后,瑞典开始形成国家。从 1397 年起成为受丹麦控制的卡尔马联盟成员,1523 年重获独立。在两次世界大战中都宣布中立,是一个永久中立国。主要城市为斯德哥尔摩、哥德堡、马尔默和乌普萨拉。

　　瑞典经济高度发达,以高收入、高税收、高福利为主要内容的"瑞典模式"为保障国家经济发展、抵御危机影响发挥了积极作用。在世界经济论坛 2015—2016 年度全球竞争力排名中名列第九。2015 年,瑞典国内生产总值为 4 926 亿美元,人均国内生产总值约 5 万美元。瑞典拥有 15 处世界文化遗产,主要景点是诺贝尔纪念馆和瑞典王宫。

　　由于气候寒冷,瑞典农业比重较小。全国耕地面积共 264.83 万公顷,占国土面积的 5.9%。粮食、肉类、蛋和奶制品自给有余,蔬菜、水果主要靠进口,农产品自给率达 80% 以上。森林、铁矿和水力是瑞典的三大自然资源,瑞典是欧洲最大的铁矿石出口国。在此基础上形成了采矿冶金、林业造纸、电力和机械制造四大传统工业体系。

　　20 世纪 70 年代中期以后,瑞典工业结构发生了显著变化。交通、通信、医药保健、信息、环保领域在世界上具有较强的竞争力,一度作为瑞典主要出口部门的钢铁、木材加工业已逐渐被机械制造、精密仪器和汽车等工业部门所代替。金属加工和机器制造是瑞典最重要的工业部门。瑞典的机械产品具有精密、耐用和工艺水平高的特点。滚珠轴承、冷冻设备等产品在国际市场享有很高的声誉。虽为小国,但瑞典拥有自己独立的航空工业、核工业、汽车制造业、军事工业,以及全球领先的电讯业和医药业。

瑞典有很多国际知名品牌,沃尔沃汽车、爱立信通信、伊莱克斯家电、ABB电气设备、哈苏照相机、利乐包装材料、宜家家居和H&M服装等。按人口比例计算,瑞典是世界上人均拥有跨国公司最多的国家。瑞典外贸依存度较高,出口商品主要有汽车、通信设备、化工及医药产品、纸张纸浆、造纸设备、铁矿石、家用电器、能源设备等。2015年,瑞典货物贸易进出口额2 782.4亿美元,其中与中国的双边贸易额为135.5亿美元。

代表性厂商:宜家家居

宜家家居(IKEA)1943年创建于瑞典,是全球最大的家具家居用品商家,目标人群主要是中青年消费者。宜家家居在全球38个国家和地区拥有311家商场。每年印刷量高达一亿本的IKEA商品目录中,收录有大约12 000件商品,号称是除了《圣经》之外最被广为散布的书籍。到2015年,宜家在中国内地的零售商场达到18家,中国已成为宜家最大的采购市场和业务增长最重要的空间之一,在宜家的全球战略中具有举足轻重的地位。

9.5.3　丹麦

丹麦,全称丹麦王国。位于欧洲北部,南同德国接壤,西濒北海,北与挪威、瑞典隔海相望。地势低平,平均海拔30米。属温带海洋性气候。面积43 096平方千米(不包括格陵兰和法罗群岛),人口569万人(2015年年底),官方语言为丹麦语。首都哥本哈根。丹麦自然资源贫乏,除石油和天然气外,其他矿藏很少。

在历史上,丹麦14世纪开始走向强盛,并于1397年成立以丹麦女王玛格丽特一世为盟主的卡尔马联盟,疆土包括现丹麦、挪威、瑞典、冰岛、格陵兰、法罗群岛以及芬兰的一部分。15世纪末开始衰落。1523年瑞典脱离联盟独立。1814年将挪威割予瑞典。1944年冰岛脱离丹麦独立。丹麦于1949年加入北约,1973年加入欧共体。全国设五个大区、98个市和格陵兰、法罗群岛两个自治领。

丹麦是发达的工业国家。2015年,丹麦的国内生产总值为2 949亿美元,人均国内生产总值5.21万美元。农牧业高度发达,猪肉、奶酪和黄油出口量居世界前列。工业在国民经济中占重要地位,船用主机、水泥设备、助听器、酶制剂和人造胰岛素等产品享誉世界。

相关链接:卡伦堡生态工业园

卡伦堡是一个仅有两万居民的小工业城市。丹麦的卡伦堡生态园是世界生态工业园建设的肇始,它自20世纪70年代开始建立,一直稳定运行,已成为世界典范。通过园区企业间的物质集成、能量集成和信息集成,形成产业间的代谢和共生耦合关系,使一家工厂的废气、废水、废渣、废热或副产品成为另一家工厂的原料和能源。这个工业园区的主体企业是电厂、炼油厂、制药厂、石膏板生产厂和微生物公司,以这 5 个企业为核心,通过贸易方式利用对方生产过程中产生的废弃物或副产品作为自己的原料,不仅减少了废物产生量和处理费用,还产生了很好的经济效益,形成经济发展和环境保护的良性循环。

资料来源:互动百科

丹麦服务业发达,约占国内生产总值的 76%。2014 年旅游业收入 438 亿克朗,主要旅游点有哥本哈根、安徒生故乡——欧登塞、乐高(LEGO)积木城等。丹麦培育了以童话闻名于世的著名作家安徒生、原子物理学家尼尔斯·玻尔等世界文化名人和科学家;目前共有 13 位丹麦人获诺贝尔奖。科学技术方面,在生物学、环境学、气象学、免疫学等方面处于世界领先地位。人民生活以高福利、高收入、高税收、高消费为特征。

联合国可持续发展解决方案网络(SDSN)与哥伦比亚大学地球研究所在 2016 年 3 月共同发布了全球各国家和地区幸福度的排名。此次调查以盖洛普世界民调为基础,除经济因素外还考虑自然、环保等可持续发展因素。跻身全球十大最幸福国家的依次为丹麦、瑞士、冰岛、挪威、芬兰、加拿大、荷兰、新西兰、澳大利亚和瑞典。中国大陆排名第 83 位。

代表性厂商:马士基航运

A. P. 穆勒-马士基(A. P. Moller-Maersk)集团成立于 1904 年,总部位于丹麦哥本哈根,在全球 135 个国家设有办事机构,拥有约 89 000 名员工,在集装箱运输、物流、码头运营、石油和天然气开采以及相关活动中,为客户提供一流服务。集团旗下的马士基航运是全球最大的集装箱班轮公司,服务网络遍及全球。2016 年,马士基集团位列世界 500 强第 240 名。

9.5.4 西班牙

西班牙位于欧洲西南部伊比利亚半岛,西邻葡萄牙,东北与法国、安道尔接壤,面积 50.59 万平方千米。北临比斯开湾,南隔直布罗陀海峡与非洲的摩洛哥相望,东面和东南临地中海。人口约 4 700 万,西班牙语为官方语言,96% 的居民信奉天主教。

1492 年取得"光复运动"胜利后,西班牙建立了欧洲最早的统一中央王权国家。同年 10 月,哥伦布发现西印度群岛。此后,西班牙逐渐成为海上强国,在欧、美、非、亚均有殖民地。1588 年,西班牙"无敌舰队"被英国击溃,开始衰落。在 1898 年的西美战争中,西班牙失去在美洲和亚太的最后几块殖民地——古巴、波多黎各、关岛和菲律宾。在第一次世界大战中保持中立。佛朗哥于 1939 年夺取政权后,实行独裁统治达 36 年之久。1943 与德国缔结军事同盟,参加侵苏战争。1947 年佛朗哥宣布西班牙为君主国,自任终身国家元首。1976 年以后,开始向西方议会民主政治过渡。

西班牙是中等发达的工业国。1998 年 5 月成为首批加入欧元区国家后,经济持续快速增长。近年来,受全球金融危机和欧洲主权债务危机影响,西班牙金融风险加大,房地产受严重冲击,失业率飙升,经济下滑。2015 年,国内生产总值为 1.2 万亿美元,人均 2.56 万美元。

西班牙橄榄油产量居世界第一,葡萄酒产量居世界第三,仅次于意大利和法国。主要工业部门有食品、汽车、冶金、化工、能源、电力等。纺织、服装和制鞋业是西班牙重要的传统产业,汽车工业是支柱产业之一。西班牙旅游业发达,占国内生产总值的 11%,旅游业就业人口占全国总就业人口的 16%,国际旅游收入居世界第二。著名旅游地有马德里、巴塞罗那、塞维利亚、太阳海岸等。世界旅游组织总部设在马德里。

西班牙主要进口石油、工业原料、机械设备和生活消费品,主要出口汽车、钢材、化工产品、皮革制品、纺织品、葡萄酒和橄榄油等。主要贸易伙伴是欧盟、亚洲、拉美和美国。

9.5.5 瑞士

瑞士是位于中欧的内陆国,与奥地利、列支敦士登、意大利、法国和德国接壤,国土面积 4.12 万平方千米。地处北温带,受海洋性气候和大陆性气候交替影响。瑞士矿产资源匮乏,仅有少量盐矿、煤矿、铁矿和锰矿。生产生活所需能源、工业原料主要依赖进口。森林面积 127.8 万公顷,森林覆盖率为 32.4%。

1815 年维也纳会议确认瑞士为永久中立国,在两次世界大战中均保持中立。人口830.62 万人(2016 年 1 月),德语、法语、意大利语及拉丁罗曼语 4 种语言均为官方语言。居民中讲德语的约占 64.9%,法语 22.6%,意大利语 8.3%,拉丁罗曼语 0.5%。首都伯尔尼,市区人口 14 万(2015 年 9 月)。2015 年,国内生产总值 6 646 亿美元,人均国内生产总值超过 8 万美元。

瑞士主要农作物有小麦、燕麦、马铃薯和甜菜。肉类基本自给,奶制品自给有余。2013 年,农业就业人数约 16 万,占总就业人口的 3.7%。瑞士是高度发达的工业国,机械、化工、医药、高档钟表、食品加工是瑞士的主要支柱产业。工业技术水平先进,产品质量精良,在国际市场具有很强竞争力。总部设在巴塞尔的诺华公司是世界第二大制药企业。瑞士手表世界驰名,SWISS MADE 成为高档钟表的标志。

相关链接:瑞士钟表

制表业不是在瑞士土生土长的。16 世纪末,法国的宗教斗争使得一批教徒逃到瑞士,带来了制造钟表的技术。这种法国技艺和当地的金银首饰业相结合,就出现了瑞士的制表业。它从靠近法国的日内瓦向外扩展,广泛分布在瑞士北部。瑞士表业长期保持着手工业时期的分散状态,除了少数名牌大厂,大多数厂家都是中小型的。数个世纪以来,钟表师们以追求完美及不断创新的精神,造就了举世闻名的瑞士钟表业。根据瑞士表行协会的排名,瑞士手表品牌的等级分类如下:特级表(如百达翡丽 Patek Philippe);一类一等表(如劳力士 Rolex、卡地亚 Cartier);一类二等表(如欧米茄 OMEGA);二类表(如浪琴 LONGINES、雷达 RADO);三类表(如天梭 Tissot、美度 MIDO);四类表(如梅花Titoni、英纳格 ENICAR、罗马 ROAMER、尼维达 NIVADA)。

资料来源:百度百科

瑞士的金融业非常发达,拥有稳定的货币、透明的法律体系、稳健的监管架构、政治的中立性、高素质的劳动力、金融市场的流动性和创新性。瑞士的金融业有着悠久的传统,尤其在私人财富管理方面处于世界领先地位,在为慈善机构、养老基金等机构投资者进行财富管理方面也非常专业。瑞士在全球跨境资产管理市场中占据 25% 的市场份额,也是全球最大的保险业中心之一。2013 年全国共有银行 283 家。瑞士最大城市苏黎世是国际金融中心之一,是仅次于伦敦的世界第二大黄金交易市场。瑞士联合银行(UBS)是世界第一大资产管理公司,苏黎世金融服务集团是世界第二大保险公司。

旅游业十分发达,是仅次于机械制造和化工医药的第三大创汇行业。2015 年,瑞士拥有酒店 4 493 家,床位 24.6 万张。主要旅游点是苏黎世、日内瓦、洛桑等地。2014 年,苏黎世在联合国人居署全球最佳宜居城市评选中位居首位。瑞士的交通运输以公路和铁路运输为主。铁路总长 5 124 千米,全部电气化,铁路密度居世界前列。重要内河港口为巴塞尔。主要国际机场为苏黎世机场和日内瓦机场。

瑞士社会稳定,是世界上公共部门最高效透明的国家之一。科研创新、教育体系和劳动力市场灵活的优势也让前来投资的企业感受到瑞士商业环境的轻松友好。在瑞士,政府几乎不介入商业发展,企业自己进行投资决定。以瑞士的优势产业为例,生物制药技术、清洁技术、金融业、机械制造业等,来到瑞士投资这些产业的每家公司都会发现充足的供应商和客户市场。更重要的是,瑞士可以被当作打开欧洲市场的重要平台。因为瑞士位于欧洲的中心,法国、德国等都是瑞士的邻国。而且瑞士有四种官方语言,几乎每个人除了英语还会说至少两种语言,这也有助于创造良好的商业环境。通过投资瑞士,投资者实际上可以控制其在整个欧洲的业务,这也是许多跨国公司选择瑞士作为其总部所在地的重要原因。

相关链接:申根协定

1985 年 6 月 14 日,法国、德国、荷兰、比利时和卢森堡五国在卢森堡边境小镇申根(SCHENGEN)签订申根协定。该协定规定,其成员国对短期逗留者颁发统一格式的签证,即申根签证,申请人一旦获得某个国家的签证,便可在签证有效期和停留期内在所有申根成员国内自由旅行。申根协定的目的是取消相互之间的边境检查点,并协调对申根区之外的边境控制。欧盟国≠申根国≠欧元国,目前申根区 26 个国家中,除瑞士、冰岛和挪威之外均为欧盟国家,而英国(已启动"脱欧"程序)和爱尔兰作为欧盟国家,并不是申根协定成员国。

《申根协定》国取消了内部边界,极大方便了人员、货物、资金和服务在欧盟内部的自由流动。无论是不是欧盟成员国家的公民,无论来自哪个国家的外国人,只要在这些国家中的其中一个国家获得了合法居留和入境签证,就同时获得了申根国家自由通行的权利。因此受到欧盟大多数居民及许多外国游客的欢迎。《申根协定》是欧盟一体化道路上迈出的重要一步,但是《申根协定》范围的日益扩大,也为非法移民和跨国犯罪提供了可乘之机,遇到非常时期也给协定的执行带来难度。遇到紧急或特殊情况,成员国可能暂时停止执行该协定。

资料来源:百度百科

国际经贸在瑞士经济占重要地位。95% 的原料、能源和 60% 的消费品依靠进口;工业产品的 70%~90% 外销。2014 年,瑞士商品进出口总额 3 870 亿瑞士法郎。2014 年 7 月,瑞士成为欧洲大陆第一个与中国签订自由贸易协定的国家,也在事实上成为中国企业投资欧洲的重要窗口。根据 2015 年的调查统计,瑞士在华运营企业的数量在 000 家左右。

代表性厂商:雀巢

雀巢公司由亨利·雀巢(Henri Nestle)于 1867 年创办,总部设在瑞士日内瓦湖畔的韦威(Vevey),在全球拥有 500 多家工厂,为世界最大的食品制造商。公司最初以生产婴儿食品起家,2014 年营业额 916 亿瑞士法郎,员工数 33.9 万。雀巢公司年销售额的 98% 来自国外,被称为"最国际化的跨国公司"。

9.6　俄　罗　斯

9.6.1　地理特征

1. 自然地理

俄罗斯,全称俄罗斯联邦,领土包括欧洲的东部和亚洲的北部。其欧洲部分是俄罗斯民族和俄罗斯国家的发源地,且自古以来是俄罗斯政治、经济和文化中心,因此一般把俄罗斯看作欧洲国家。俄罗斯总面积 1 707.54 万平方千米,是世界上领土面积最大的国家,领土大致呈长方形,东西方向最长距离约 9 000 千米。俄罗斯从西往东与 14 个国家相邻,中俄边界线长达 4 300 千米。俄罗斯濒临 12 个海,面向 3 个大洋,海岸线长约 3.38 万千米,是世界上拥有邻国和濒临海洋最多的国家。俄罗斯现有领土是沙皇俄国时期不断向外扩张形成的。

俄罗斯境内自然条件复杂多样,地域组合状况别具特点。境内地形大势是西、北低,向东、向南逐渐升高。俄罗斯地处中高纬度,全境多属温带和亚寒带大陆性气候(仅太平洋沿岸地区属温带季风气候)。俄罗斯大部分地区冬季漫长寒冷,夏季短促温暖。

俄罗斯境内河湖众多,沼泽广布,水量丰富。主要河流有伏尔加河、第聂伯河、顿河等。伏尔加河全长 3 690 千米,为欧洲第一长河。俄罗斯与哈萨克斯坦、伊朗等国之间有世界最大的咸水湖——里海,面积 37.1 万平方千米。位于西伯利亚的贝加尔湖由于是地壳断裂而形成的,因此水深达 1 600 多米,是世界最深的湖泊,也是世界上蓄水量最大的淡水湖泊,其蓄水量远远超过世界面积第一大淡水湖苏必利尔湖。

俄罗斯拥有丰富的自然资源,几乎蕴藏世界上已知的所有矿物资源,种类多,储量大,自给程度高。俄罗斯森林面积为 8.67 亿公顷,森林覆盖率高达 51%,是世界上森林面积最大、林木蓄积量最多的国家。俄罗斯有巨大的煤炭、石油、天然气储量,铁、锰、有色金属、稀有金属、钾盐、食盐、磷灰石、金刚石等藏量丰富。石油和天然气主要分布在鄂毕河中下游的西西伯利亚平原中部和北部(著名的秋明油田)、伏尔加河中游与乌拉尔山脉之间。

2. 人文地理

根据俄罗斯联邦国家统计局数据,截至 2016 年 1 月,俄罗斯人口约为 1.46 亿,居欧洲第一位。俄罗斯是个地广人稀的国家,人口密度平均每平方千米不足 9 人,且分布很不均衡,欧洲部分人口稠密,亚洲部分人口稀少,特别是北极圈以内大部分地区和北极圈附近的森林冻土带的部分地区无人居住。俄罗斯人口增长缓慢,这一方面造成了劳动力的短缺,另一方面也加剧了人口老龄化的趋势,从而产生了诸多的社会问题。城市人口比重达 76％,西伯利亚东部和远东地区城市人口比重更高,这与当地自然条件不适宜农牧业发展有关。俄罗斯民族成分复杂,以俄罗斯人为主体,包括 190 多个民族。宗教信仰以东正教比较普遍,此外还有伊斯兰教、犹太教等。俄语为主要语言。俄罗斯人口的文化水平与素质较高,有利于经济社会发展;但是俄罗斯人口增长缓慢、地域分布很不平衡以及复杂的民族因素等,对其经济社会发展又产生了不利影响。

1917 年"十月革命"之后,俄罗斯成为一个社会主义国家。1922 年底俄罗斯与白俄罗斯、乌克兰、格鲁吉亚、亚美尼亚和阿塞拜疆共同建立了"苏维埃社会主义共和国联盟",简称"苏联",到 1940 年苏联已发展到 15 个加盟共和国。1991 年 12 月苏联解体,俄罗斯宣布独立。独立后的俄罗斯实行了联邦议会、政府和法院三权分立的政治体制。联邦议会是俄罗斯最高立法机构,由联邦委员会(议会上院)和国家杜马(议会下院)组成。

9.6.2　经济概况

"十月革命"后,选择了社会主义制度的苏联面临西方资本主义国家的威胁,因此必然要加快发展重工业和军事工业以应付当时国内外的困境,忽略了与民众生活密切相关的轻工业和农业的发展。这些因素也促进了高度中央集权的经济体制在 20 世纪 20 年代末 30 年代初的形成,其实质在于最大限度地排斥市场在资源配置中的作用。

在特殊的历史背景下形成的计划经济体制,虽然在一段时间内保持了经济增长的高速度,但却产生了种种问题:第一,片面强调发展重工业,产业结构失衡。农产品和轻工业品的长期短缺,不但使社会再生产失衡,而且压抑了群众的积极性。第二,粗放式的经营使生产效益低下,造成资源的大量浪费,而且产品质量差,在国际市场上缺乏竞争力。第三,工业生产设施主要分布在欧洲部分,而资源多分布在亚洲部分,生产地和原料地的相互脱节,既限制了生产又不利于资源的充分利用。第四,在斯大林提出的"两个平行市场"的理论指导下,对外经贸往来只限于原来的社会主义阵营,没有使本国经济纳入世界经济体系中,因此既不能发挥自身优势,又不能充分利用西方国家的先进要素。第五,单一的公有制产权结构造成了很大浪费,产生了官僚主义,企业缺乏市场竞争的压力。

20 世纪 90 年代以后,苏联各加盟共和国以及东欧国家开始了面向市场经济的转型,并且普遍选择了激进式的改革路径。转型期的主要任务包括取消价格管制、减少政府对工业的补贴、降低政府在经济中的作用、企业私有化、设计有效的企业管理体系等。俄罗斯是苏联解体前最重要的加盟共和国,面积最大,人口最多,经济规模约占苏联的 2/3。苏联解体后,俄罗斯继承了苏联的国际法地位,成为世界政治经济中的重要成员。苏联经济实力的基础、骨架及布局基本上分布在俄罗斯联邦,产业结构大体上仍保持着苏联的基本特征。自 1992 年以来,俄罗斯已基本确立了市场经济体制。由于经济转型,俄罗斯经济曾出现停滞和衰退。自 21 世纪初以来,俄罗斯经济已进入平稳发展阶段。俄罗斯经济规模较大,很多产品名列世界前茅,但经济发展中存在突出的结构性问题,包括农业和轻工业依然滞后,过于依赖能源开发,产业结构单一,西伯利亚和远东等亚洲部分的工业化水平低等。2015 年,俄罗斯国内生产总值为 1.32 万亿美元,人均 9 055 美元。

知识拓展：渐进式转型

市场化转型的另一种模式是渐进式改革,中国采用的就是这种改革模式。主张渐进式改革的人们认为,突然破坏旧体制在经济上将产生较大的副作用,改革旧体制的过程必须是平缓的、渐进的过程,以防止经济的激烈震荡。因此,在体制转轨过程中首先不要把改革的重点放在旧组织的废弃上,而要放在促进新生部门的成长和与之相应的市场经济规则的建立上,通过双轨制、边际调整、体制外增长来逐渐同化旧组织。

9.6.3 主要产业发展

1. 农业

苏联时期片面发展重工业,轻视农业和轻工业,因此农业生产投资少、经营粗放、广种薄收、农产品供应相对匮乏。长期以来,农业一直是俄罗斯国民经济中的薄弱环节,生产效率不高。从 20 世纪 60 年代中期起,农业生产开始向集约化方向转变,基本实现了机械化和电气化。俄罗斯独立后,在农业上同样采取了激进式改革措施,解散集体农庄和国营农场,推行私人农场经营模式。俄罗斯拥有广阔的土地资源,适于发展农业的土地有 5 亿多公顷,约占国土面积的 1/3,但目前已利用的农业用地仅为 2.28 亿公顷。俄罗斯主要农作物有小麦、大麦、燕麦、玉米、水稻和豆类等,经济作物以亚麻、向日葵和甜菜为主。

2. 工业

俄罗斯工业门类齐全,重工业基础雄厚,很多工业产品在世界上占重要地位。主要工业部门有能源、冶金、化工、机械、航空航天、木材加工等。

能源工业占有突出重要地位,是俄罗斯经济的支柱和出口创汇的主要部门。石油工业是俄罗斯最重要的能源工业。俄罗斯的石油开采,从空间分布看呈现出自西向东发展的过程。苏联时期最早开发的油田是巴库(现属于阿塞拜疆),"二战"中和 20 世纪 50 年代东移到伏尔加—乌拉尔油田(第二巴库),60 年代移到西西伯利亚的秋明地区。秋明油田主要位于秋明州、鄂木斯克州、托木斯克州和新西伯利亚州,目前是俄罗斯最大的油田。秋明油田的年产量在 20 世纪 80 年代达到 4 亿吨,以后呈下降趋势。目前,俄罗斯正加速开发萨哈林岛的油气资源,这已成为俄罗斯实施"经济战略东移"方针的重要组成部分。2015 年,俄罗斯的石油产量为 5.3 亿吨。

天然气是俄罗斯能源工业中发展最快的部门之一。目前,在俄罗斯的能源消费结构中,天然气已占 1/2 以上。俄罗斯天然气储量约 48.1 万亿立方米,占世界储量的约 1/4,居世界第一位。俄罗斯的石油和天然气主要出口到西欧、中东欧、美国、地中海沿岸国家和中国。俄罗斯天然气管道长度已超过 20 万千米,主要干线均由西西伯利亚各气田通向其欧洲地区,进而将管道伸向东欧与西欧。近年来,俄也大力修建经中国、朝鲜等国向韩、日供应天然气的管道,加强对远东地区的天然气出口。

代表性厂商：俄罗斯天然气工业股份公司

俄罗斯天然气工业股份公司，简称"俄气"，是俄罗斯最大的企业之一，也是全世界最大的天然气开采企业。俄气成立于 1989 年，总部位于莫斯科。该公司在俄罗斯经济中地位显赫，它生产着俄罗斯 8％ 的工业产值，保证了 25％ 的国家预算，控制着俄罗斯 65％ 的天然气储量。俄罗斯天然气工业股份公司在 2013 年《财富》世界 500 强中利润排名第三。

俄罗斯是世界主要的钢铁生产国，产量的很大部分用于出口，东南亚和北美是重要的出口市场。俄罗斯发展钢铁工业的条件比较优越，已探明的铁矿石储量为 810 亿吨，占世界的 1/3 以上，铁矿石储量的 2/3 以上分布在西部地区，矿床规模大，富矿比重高。俄罗斯的钢铁生产多在原料产地附近，现有三大钢铁生产基地，即乌拉尔地区、中央区和西西伯利亚区。2015 年，俄罗斯粗钢产量为 7 110 万吨。

机械工业是俄罗斯重工业的核心，门类齐全，主要有机床、汽车、造船、飞机、重型机械、农机等。但机械工业的生产技术水平不平衡，国防军工较先进，而民用机械较落后。机械工业布局以莫斯科和圣彼得堡为中心。俄罗斯航空工业发达，技术水平世界一流，主要分布在以莫斯科、喀山为中心的西部地区、乌拉尔中部地区和以伊尔库茨克、共青城为中心的东部地区。

代表性厂商：俄罗斯联合航空制造集团公司

俄罗斯联合航空制造集团公司，简称"OAK"，是在 2006 年由俄罗斯最主要的几家航空制造公司合并而成的超大型军工企业，包括米高扬设计局、苏霍伊设计局、伊留申设计局、雅克夫列夫设计局、图波列夫设计局等。苏联解体后，俄罗斯航空制造业一直处于衰退状态，很多从事航空开发的科研单位停止运营，而各飞机制造公司却相互竞争，各自从事类似产品的研制。成立联合航空制造集团的目的在于保存并发展本国航空制造行业的科研潜力并保障国家安全。

俄罗斯是世界上森林资源最丰富的国家，造纸和木材加工业是俄罗斯的传统工业部门。主要产品有板方材、胶合板、纤维板、家具、纸浆、纸张和纸板等。俄罗斯生产的针叶原木大量出口日本、韩国和意大利等国，近年来对中国的原木出口迅速增加。

3. 服务业

在各种运输方式中，俄罗斯的铁路运输始终保持优势。铁路网以欧洲部分最为密集，西伯利亚大铁路是沟通太平洋与大西洋的重要通道，在国际贸易货物运输中起重要作用。伏尔加河是内河运输的主要干线。主要海港有圣彼得堡、摩尔曼斯克、符拉迪沃斯托克等。

俄罗斯领土广袤，气候类型多样，拥有丰富的历史与文化遗产，旅游资源十分丰富。根据世界旅游组织的排名，俄罗斯位列 2015 年度全球最受游客欢迎国家榜单的第十位。2015 年前往俄罗斯旅游的游客数量为 3 160 万人次，同比增加 6.2％，来自中国、印度、韩国等亚洲国家的游客增长迅猛。

9.6.4 对外经贸

在俄罗斯的出口商品中,70%以上为能源、原材料和金属矿石、木材及其制成品等。主要进口先进的机械设备、汽车、家电、轻工产品和农畜产品等。目前,整个欧洲所需 1/2 的天然气和 1/3 的石油均来自俄罗斯。欧盟是俄罗斯的首要贸易方向,占俄罗斯对外贸易的一半左右。欧盟国家中,俄罗斯与德国的贸易规模最大,随后是荷兰和意大利。另外由于传统的经济联系,独联体其他国家仍是俄罗斯重要的贸易伙伴。

新中国成立后,中苏国际经贸关系迅速启动。1950—1960 年为中苏贸易往来的高峰期,双边贸易额由 1950 年的 3.38 亿美元增长到 1959 年的 21 亿美元。双方还互派专家、工程师、留学生,进行广泛的经济技术合作和文化交流。在此期间苏联还对中国援建了 156 项重点骨干工程,对形成中国工业体系起了重要作用。20 世纪 50 年代末到 70 年代初,随着中苏意识形态的分歧和国家关系的困难,两国经贸发展也急剧下降,1970 年双边贸易额降到 0.472 亿美元的最低点。1984 年中苏关系开始正常化,随之边境贸易得到了恢复和发展,1985 年双边贸易额达 18.81 亿美元。1991 年苏联解体,俄罗斯独立后,双边贸易以更快的速度、前所未有的深度和广度发展。

目前,俄罗斯向中国主要出口石油、天然气、钢材、原木、纸浆等,资源性产品占 70% 左右。俄罗斯从中国主要进口纺织服装、鞋、家电、机械设备等。能源合作是中俄经贸关系最重要的部分。2016 年俄罗斯与中国双边贸易额为 695 亿美元。中国继续为俄罗斯第一大贸易伙伴国。中国是俄罗斯最大邻国,双方经济结构互补性较强,经贸合作有着广阔的发展潜力。

9.6.5 经济区划

以苏联的经济区划为基础,俄罗斯境内划分为 11 个基本经济区,按习惯又可归并为西、东两大经济地带。西部经济地带包括俄罗斯欧洲部分的中央区、西北区、北方区、伏尔加—维亚特卡区、中央黑土区、伏尔加河沿岸区、北高加索区和乌拉尔区,共 8 个基本经济区。这里是俄罗斯的核心地域,其工农业生产能力、交通线路长度和国内生产总值均占全国的 4/5,是俄罗斯经济建设和开发东部地带的基地。东部经济地带包括俄罗斯亚洲部分的西西伯利亚、东西伯利亚区和远东区 3 个基本经济区,面积 1 276.6 万平方千米,自然资源极为丰富,拥有俄罗斯石油、天然气、煤炭、水力等资源的 80% 以上,木材蓄积量达 600 亿立方米,是俄罗斯资源开发和工业化潜力极大的地区。今后俄罗斯将加快对东部经济带的开发,这一趋势为中俄双方开展互利的国际经贸合作提供了契机。

复习思考题

一、单选题

1. 下列关于俄罗斯的描述中不正确的是(　　)。

　　A. 石油出口是国民经济的重要支柱

B. 激进式的转型路径曾导致经济衰退

C. 最大的油田是盖瓦尔油田

D. 曾片面发展重工业,使得产业结构失衡

2.(   )是世界第二大的农产品出口国。

  A. 英国   B. 美国   C. 法国   D. 阿根廷

二、多选题

1.(   )不是法国港口。

  A. 敦刻尔克   B. 汉堡   C. 马赛   D. 勒阿弗尔

  E. 威尼斯

2. 以下跨国公司中总部位于德国的有(   )。

  A. 索尼   B. 西门子   C. 菲亚特   D. 拜耳

  E. 宝马

3.(   )不是德国港口。

  A. 海参崴   B. 长滩   C. 汉堡   D. 安特卫普

  E. 不来梅

三、简答题

1. 请分析俄罗斯独立后,"休克疗法"(激进式的改革)对其经济竞争力的影响。

2. 请分析德国鲁尔区的地理位置、主导产业部门及经济影响。

3. 请分析北海油田大规模开发对英国经济的影响。

四、案例分析

  德国墨卡托中国研究中心(MERICS)和美国荣鼎咨询公司的研究报告显示,2015 年中国对欧投资创下新纪录:200 亿欧元。在地理分布上,中国投资者足迹遍布欧洲,其中德国、英国和法国一直是"热土"。此外,中东欧国家由于地处"一带一路"沿线,也获得越来越多中国企业投资。中国对欧投资领域非常广泛,从机场、核电等基础设施到化工、能源、房地产、娱乐等行业,皆有涉及。随着中国经济转型升级,中国企业海外投资越来越青睐先进制造业、现代服务业等,对机器人、自动化设备等高科技领域的投资日趋活跃。并购是中国企业投资欧洲的主要方式,如中国化工收购意大利倍耐力轮胎公司、吉利收购瑞典沃尔沃汽车公司、东风入股法国标致雪铁龙汽车集团、联想收购德国梅迪昂计算机公司等。中国投资者之所以如此青睐并购,是因为通过并购能快速获得成熟企业在技术、品牌和渠道等方面的优势,增强公司竞争力。欧洲专家指出,中国买家不是乘欧债危机扫货的"机会主义者",而是目光长远的长期投资者。

  在截至 2016 年 8 月 10 日的一周内,多个中国对欧投资项目达成协议或完成交易。8 月 10 日,中国远洋海运集团与希腊发展基金签署《比雷埃夫斯港务局多数股权交易完成备忘录》,这标志该集团下属的中远海运(香港)正式成为比雷埃夫斯港务局的控股股东,并开始接管经营。8 月 8 日,美的集团宣布对全球领先的智能自动化解决方案供应商

德国库卡集团要约收购的最终结果，美的共计持有库卡 94.55% 股权。0月5日，中欧体育投资管理公司宣布与意大利菲宁维斯特公司完成签约，斥资 7.4 亿欧元收购意甲豪门 AC 米兰足球俱乐部 99.93% 股权。同一天，云毅国凯(上海)体育发展有限公司宣布收购英超西布罗姆维奇俱乐部。欧盟委员会在对华战略文件中表示，中国企业"走出去"正在提速，中国公司前所未有地参与海外贸易和投资，中国与全球资本市场联系加强将使世界受益。

中国对欧投资并非一帆风顺，尤其在敏感领域一波三折，折射出欧洲对中国资本既欢迎又担忧的矛盾心态。以美的收购库卡为例，为将机器人技术留在本国，德国政府官员以担心技术外流或数据安全为由曾多次要求阻止收购。然而德国政府的阻力并没有改变库卡的决策。英国《金融时报》报道说，库卡已经在中国占据 15% 的市场，它还希望获得更多份额，美的成为东家将有助于其实现目标。2016 年 7 月末，英国新政府宣布推迟批准中法合作投资的英国欣克利角核电项目，也在一定程度上折射出欧洲对中国资本的"焦虑"。欧洲在债务危机后需求低迷，投资不足，增长乏力，需要外来资金提振。然而对中国资本却有所保留，担心中国进入敏感行业。更好地保障双边投资、促进中欧经贸关系良性发展，是中欧发展国际经贸关系的核心。中国与欧盟正在进行的双边投资协定谈判应为蓬勃发展的双边投资保驾护航。

资料来源：新华社，第一财经日报

问题：分析中国对欧投资快速增长的特点、原因及前景。

第 10 章

非 洲

　　尼日利亚这个西非国家一直拥有多个光环：非洲第一人口大国、非洲第一大经济体、非洲最大石油生产国、OPEC 成员国,过去 10 年享受 10% 的经济增长更是让它憧憬着在非洲的大国崛起。2014 年起一路下跌的大宗商品价格跌碎了多个大宗商品出口依赖国的新兴之梦。英国《金融时报》2016 年 2 月 1 日报道称,尼日利亚已经向世界银行和非洲开发银行申请共计 35 亿美元的紧急援助贷款,来填补扩大的财政缺口。其中世界银行 25 亿美元,非洲开发银行 10 亿美元。

　　大宗商品价格下跌直接影响了尼日利亚的外汇收入,外汇储备锐减,尼日利亚货币奈拉大幅贬值。尼日利亚 2015 年第三季度实际 GDP 增长 2.84%,增长主要来自非石油领域。IMF 总裁拉加德访问尼日利亚时发表演讲称,过去 10 多年,包括尼日利亚在内的撒哈拉以南非洲的增长主要由改善的政策、更强有力的机制、高起的大宗商品价格以及高资本流入共同驱动。但目前尼日利亚的外部环境发生了变化：原油价格下跌,全球金融环境趋紧,新兴经济体和发展中经济体增速放缓,地缘政治紧张加剧。

资料来源：第一财经日报网,2016 年 2 月 2 日

问题：非洲国家单一经济形成的历史背景和经济动因是什么？

本章学习目标
- 了解非洲主要国家的经济贸易特点和规律;
- 了解非洲经济发展模式的历史背景、现实困境与发展方向。

10.1　非 洲 综 述

10.1.1　地理特征

1. 自然地理

　　非洲,全称阿非利加洲,意为"阳光灼热的地方"。北隔地中海和直布罗陀海峡同欧洲相望,东北以红海和苏伊士运河为界与亚洲相邻,西濒大西洋,东临印度洋,面积 3 020 余万平方千米,约占世界陆地总面积的 20.2%,是世界第二大洲。非洲几乎四面环海,海岸线较平直,缺少优良港湾,但其北部和南部海域是沟通大西洋和印度洋的繁忙运

输航道,是欧洲到亚洲和大洋洲海上交通的必经航线。非洲扼守的直布罗陀海峡、苏伊士运河、曼德海峡和好望角是海上交通要冲。广布在非洲大陆边缘、印度洋与大西洋中的岛屿,如马德拉群岛、毛里求斯等都是远洋运输的补给站和中转站。

非洲地势高峻,高原占全洲面积的60%以上,被称为"高原大陆"。位于坦桑尼亚东北部的乞力马扎罗山,海拔5 895米,是非洲最高峰。北部有世界上最大的撒哈拉沙漠,面积约800万平方千米,占全洲面积的1/4以上。赤道横贯非洲中部,全洲3/4的地区位于南北回归线之间,气候炎热,有"热带大陆"之称。主要河流有尼罗河,全长6 671千米,是世界第一长河。非洲由于干旱和半干旱地区所占面积广,因此水资源相对贫乏。非洲自然资源丰富,矿产资源种类多、储量大。石油主要分布在北非和几内亚湾。非洲是世界上热带森林第二广阔的地区,植物多样性明显,盛产各种名贵经济林木,如乌木、黑檀木、花梨木和樟木等。

2. 人文地理

从历史看,非洲是人类最早的发源地。但是从15世纪以后,最先走上资本主义道路的西欧各国,为了攫取财富开始了对外侵略和扩张,与欧洲毗邻的非洲大陆就成为它们的首选之地。1445年葡萄牙首先到达非洲西部,西班牙、英国、荷兰和法国接踵而至,从此非洲就堕入了长达400多年的遭受掠夺乃至屠杀的深渊。到第一次世界大战前,非洲仅埃塞俄比亚和利比里亚是名义上独立的国家,全洲96.1%的面积沦为欧洲列强的殖民地。

现在非洲国家由于政治体制的多样性、国界划分的人为性、种族和民族构成的差异性和与原宗主国关系藕断丝连性,常常出现政治动荡、领土纷争和种族仇杀等现象。从边界划分来看,非洲许多国家的边界并不是以河流、山脉的分水岭等自然地理事物为界限的,而是以纬线和经线划分的,因此多成直线。形成这种状况的直接原因是20世纪60年代前许多国家均为英、法等国的殖民地,如西非各国多为法国殖民地,南非各国为英国殖民地,独立前直接为英国和法国统治,各国之间并没有明显的界限。当20世纪六七十年代非洲各国纷纷要求独立时,在英、法等国的操纵下,匆忙以纬线和经线作为各国的分界线。这种划分的后果是常常把一个民族或部族分割在两个国家,或者把同一个矿脉分属于不同的国家,从而为各国之间因矿产开发、水源利用、民族交往与迁移埋下争斗的种子,以便原宗主国继续控制和干涉。

非洲居民的种族构成复杂,但以黑人为主。自古以来,非洲就是黑人的故乡,黑人超过全洲人的2/3,主要分布在撒哈拉沙漠和埃塞俄比亚高原以南地区。白种人约占非洲总人口的23%,他们中的大部分是北非的阿拉伯人以及南部非洲少量的荷兰人、英国人等欧洲移民的后裔。目前,非洲是世界上人口增长率最高的大洲。

在非洲,很多国家不但有多个民族,而且一个民族还会有许多部族(部落)。这些民族或部族不但有自己传统居住和生存的领地,有各自主管部族事务的头领或酋长,而且部族之间经济水平、宗教信仰、风俗习惯、语言文字都存在明显差异。往往因彼此的冲突,引起地方与中央、部族与部族的对抗,致使政局不稳、社会动荡。

在南部非洲,由于白人统治者曾经长期推行"白人至上""种族隔离"等政策,黑人长期处于社会底层,遭受歧视和压迫,致使种族和民族矛盾十分激烈。非洲各国独立后,黑人虽然取得了政治上的独立,但由于经济落后、文化教育水平低,在经济上、社会上仍未取得与白人同等的地位,因此民族、种族的对立与矛盾仍未完全消除。

非洲居民以信奉原始宗教为主,许多宗教还处于"图腾"崇拜阶段。宗教的多样性,既体现了非洲文化的多元化,也往往造成了文化的冲突。由于欧洲国家在历史上的殖民主义入侵,欧洲语言对非洲影响很大,目前大多数非洲国家以英语或法语作为官方语言。

10.1.2　非洲单一经济的形成与调整

非洲从自然资源状况看,可称为"富饶大陆";从发展历程及当前经济特征来看,又称为"贫穷大陆"。单一经济是非洲国家经济中普遍存在的现象。在西方殖民者入侵之前,非洲人民已经发展了种植业和畜牧业,建立了以农业为主体的经济基础。殖民者的入侵,破坏了非洲自然经济,非洲同外界经济联系加强了。殖民者竭力推行单一经济,强迫非洲国家只生产一种或几种供出口的经济作物,或在非洲国家投资设厂,开采矿产品。从而先是油棕、花生、棉花,接着是可可、橡胶、咖啡、剑麻等,在非洲广泛培育种植。同时,黄金、钻石、铜、铁、铝等矿藏也进行大规模开采,非洲成为世界农矿原料生产和出口的重要地区。到 20 世纪 60 年代非洲国家普遍独立的时候,单一经济已成为普遍现象。这种把国家经济命脉完全系于一种或几种农矿产品的局面,使非洲国家对国外市场和原宗主国产生特殊依赖性,国际市场原料价格的涨落在很大程度上影响着非洲国家经济的发展。

📖 **知识拓展:出口的贫困增长**

一般而言,经济增长会带来产出水平的提高,促进出口增加,因而社会福利水平得到提升。但是国际经济学和发展经济学的研究表明,经济中存在出口的贫困增长,这一现象的主要根源在于由于贸易条件恶化,出口数量的增长导致出口收入的下降,从而造成了福利的降低。

出口贫困增长并不是一种普遍经济现象,它的出现需要具备以下条件:①出口国是发展中国家,经济是典型的单一经济;②该国是某类产品国际市场中的大国,增量出口将造成价格波动;③该国生产并出口的这种产品需求价格弹性小,价格的下降并不意味销售量的大幅度上升;④该国国民经济的发展高度依赖出口,属于很强的出口导向型经济。

非洲国家独立以来,为改变单一经济,一方面致力于经济的多样化,另一方面推行工业化战略,从而在有限的程度上改变了产业结构。据世界银行统计,1965—1987 年,撒哈拉以南非洲的三次产业构成分别由 42%、19%、39%变为 32%、28%、40%。20 世纪 60—70 年代,大多数非洲国家采取了进口替代的工业化战略,试图通过工业的发展来带动经济结构的改变,但并未能收到预期效果。工业化需要大量的资金投入,需要用大量外汇进口机器设备和原材料,进口替代的政策不仅未能减少进口,反而引起进口的增加,从而促使单一经济在一些国家进一步发展。自独立后至 20 世纪 80 年代前,非洲工业发展速度比较快,但进入 80 年代后便大大放慢。目前,非洲大部分国家生产力水平低下,工业基础薄弱。

应该指出,独立后的非洲国家为改变单一经济结构作出了一定努力,但收效有限。一些以农产品为主的单一经济国家又变成了以矿产品为主的单一经济国家。如尼日利亚独立前主要依靠花生、棕油、可可等农产品出口。进入 20 世纪 70 年代后,尼日利亚大力开发石油,到 80 年代初,石油在出口额中占 90%,而农产品则由 60 年代初占出口额的 80%降至 80 年代初的 5%,石油成为尼日利亚的国民经济支柱。

10.1.3 非洲经济发展现状

非洲是当今世界最贫穷落后的大洲,除个别国家外,全是经济水平低下的发展中国家。工业基础薄弱,经济结构畸形,产品单一,只能生产出口初级产品,大量工业制成品依赖进口。非洲的主要经济特征见表 10-1。

表 10-1 非洲的主要经济特征

经 济 特 征	特 征 描 述
继续呈现不平衡增长	非洲整体上贫困落后,撒哈拉以南非洲经济发展水平明显落后于北非。在撒哈拉以南非洲,南部好于东部,东部好于西部,中部最为落后
增长与贫困并存	非洲一些国家的宏观经济状况改善,外债减少,外国直接投资增加,贸易条件有所好转,但是经济增长幅度仍不能提供全面摆脱贫困所需要的足够动能
石油开采热潮	近些年,非洲产油国充分利用富集资源,调整石油生产的政策环境,积极吸引外资
推进区域经济一体化	非洲经济一体化进程加快,各国狭小而分散的市场逐渐走向联合,不同形式的区域市场正在以规模经济的能量促使整体经济发展
与其他大洲的经济差距拉大	非洲人口占世界的 15.3%,经济总量仅占 3%。其中撒哈拉以南非洲人口占世界的 12.4%,但经济总量仅略超西班牙。在经济全球化浪潮中,非洲进一步边缘化

至今,经济作物的种植和出口在非洲经济中仍占据十分重要的地位。非洲每年向世界市场提供 2/3 的可可、1/3 的咖啡、1/2 的棕榈制品,以及花生、棉花、芝麻等。经济作物的商品率和出口率高,成为很多国家财政及外汇收入的重要来源。非洲经济作物种类多,分布相对集中。几内亚湾沿岸国家盛产可可、咖啡、橡胶和油棕。非洲可可产量居世界第一位,以科特迪瓦产量和出口量最多,约占世界市场的 40%。

历史上,非洲大部分国家和地区的粮食自给有余。自 19 世纪末殖民主义者在非洲片面发展单一作物后,自给自足的粮食生产受到严重破坏,缺粮成为非洲各国的普遍问题。非洲国家独立后,随着人口激增,缺粮问题更趋严重。

非洲采矿业在世界占有重要地位,由于工业不发达,很多国家只能开采一两种优势矿物供出口,如利比亚、尼日利亚的石油,利比里亚和毛里塔尼亚的铁矿,几内亚的铝土矿,尼日尔的铀,赞比亚的铜,博茨瓦纳的金刚石,都是单一开采的优势矿产,各种矿产多以矿砂或初级品形式出口。部分非洲国家对初级产品的依赖见表 10-2。

表 10-2　部分非洲国家对初级产品的依赖　　　　　　　　　单位：%

国　家	初级产品占总出口收入的百分比	主要非石油矿产类占出口总收入的百分比
毛里塔尼亚	99.9	铁矿（45.0）
纳米比亚	95.0	钻石（40.0）
尼日尔	97.9	铀（85.0）
塞拉利昂	63.2	钻石（32.0）
多哥	83.3	磷酸盐（47.0）
赞比亚	99.7	铜（98.0）

资料来源：白远.当代世界经济[M].北京：中国人民大学出版社，2010

　　非洲是世界上工业化水平最低的一个大洲。制造业尚处于发展起步阶段，农矿原料加工的特征十分突出，机械设备制造极为薄弱。制造业分布很不平衡，南非大约集中了非洲制造业产值的 1/3，其重工业比重更大。非洲的食品工业地位突出，据世界银行统计，非洲国家中食品工业产值占工业产值 1/3 以上的有 27 个。其中埃及是非洲最大的面粉生产国；西非的尼日利亚、塞内加尔、冈比亚、北非的苏丹等是花生油生产国；埃及、苏丹为两大棉籽油加工国。纺织服装工业是非洲第二大工业部门，埃及等少数国家棉纺织工业较发达。

　　铁路是非洲的主要运输方式之一，总长约 11 万千米。非洲铁路布局分散，轨距杂乱，有线无网，线路大都是从农矿区至海港，主要服务于初级产品的出口，国内地区间缺乏铁路联络。地中海沿岸国家和南部非洲国家铁路交通相对完善。非洲内河航运不发达，海运重要，非洲进出口运输主要靠海运承担，装货量远大于卸货量。管道运输对非洲产油国至关重要，阿尔及利亚、尼日利亚、利比亚、埃及等国从 20 世纪 60 年代以来修建了比较完善的管道运输网。非洲航空运输业起步较晚，但发展较快，目前主要城市均可通航。其中，南非约翰内斯堡国际机场是非洲接待旅客最多的航空港，其次为开罗机场和开普敦机场。

　　非洲旅游市场发展潜力巨大。近年来，非洲不少国家把旅游业作为经济多元化的主要产业。旅游市场分布不均，埃及、南非、摩洛哥和突尼斯是最受欢迎的 4 个旅游目的地。

　　中国向非洲出口的商品适合非洲的消费水平，受消费者欢迎。中国从非洲主要进口石油、铁矿石、钻石、天然气、木材、化肥、食品、农产品等。双方经济的互补性强，同时贸易方式日趋多样，中非国际经贸合作规模正逐步扩大，合作领域在不断扩宽，今后发展潜力巨大。

10.1.4　人类发展指数的洲际对比

　　联合国开发计划署（UNDP）在预期寿命、教育程度和个人收入的测量基础上设计了一套综合性的人类发展指数。预期寿命的差距是所有不平等指标中最基本的因素。今天，一个生活在赞比亚的人活到 30 岁的机会甚至小于 1840 年的英国人，并且这一差距还在扩大。在不断繁荣发展的世界经济中，每年有 1 000 多万名儿童不能活到 5 岁生日。这一基本界面同样存在于其他人类发展指数的计算指标中。将所有指标计算后，最高得分为满分 1.0，最低分为 0。2014 年，人类发展指数的全球平均值为 0.711。其中，撒哈拉以南非洲的人类发展指数最低,其次是南亚。见表10-3。

表10-3　2014年各区域人类发展指数

区　域	人类发展指数(HDI)	区　域	人类发展指数(HDI)
阿拉伯国家	0.686	拉美和加勒比地区	0.748
东亚和太平洋地区	0.710	南亚	0.607
欧洲和中亚地区	0.748	撒哈拉以南非洲	0.518

资料来源:《2015年人类发展报告》

当前,非洲经济发展面临的困难和挑战依然严峻。非洲的困难在于外债沉重,资金短缺;政局动荡,部族冲突,难民问题严重;依附型的单一经济结构和对原料出口的高度依赖;人口膨胀与生态环境危机并存;技术力量不足,劳动力素质低下,人才外流等。这一切决定了在困难中前进的非洲国家,为了实现经济的振兴,还必须付出艰苦的努力。

拓展案例:中国企业在非洲面临五大安全风险

据香港《南华早报》报道,近年来,中国大大扩展了在非洲的基础设施建设、能源、采矿和制造业务。但据中国社会科学院的年度非洲发展报告称,那里的投资环境有许多风险,很多公司的运营有缺陷。

官方统计显示,2014年中国在非洲的直接投资达到323.5亿美元,逾3 000家企业在非洲的52个国家开展业务。但报告称,这些企业的项目有安全风险。局部战争和冲突使中国内地企业在利比亚、科特迪瓦和南苏丹等国损失惨重。2011年南苏丹宣布独立后,中国石油天然气集团公司在该国境内两个重要油田附近爆发骚乱,致使公司遭受重创。

报告列举了中国内地企业及其人员在非洲面临的五个安全风险:政治动乱、军事冲突、恐怖袭击、有组织犯罪和公共安全事件。报告指出,中国应该积极回应非洲国家加强维和、反恐合作的要求,对于敏感地区的重大项目,应加强防范和控制风险,推动中国安保产业走出去。报告称,其他不利因素包括市场需求在经济下滑之际出现疲软、行政效率低下、司法制度不透明、外汇管制和税率高。有些外国媒体把中国内地企业在非洲的扩张称为"新殖民主义",进一步增添了政治困难。但有些损失是公司自身失误导致,比如有的公司对当地缺乏了解、企业之间进行不当竞争、不遵守当地法律法规等。

该报告指出,尽管存在种种障碍,中国仍应继续在非洲收购矿产资源并推广人民币结算,在非洲的中国企业应该充分认清和做好准备应对各种安全风险。

资料来源:参考消息网,2016年8月

10.2　南　　非

10.2.1　地理特征

南非地处南半球,位于非洲大陆最南端,被印度洋和大西洋环抱。国土面积约122万平方千米,相当于法国、德国和波兰三国面积之和。南非地处大西洋到印度洋,欧洲到亚洲的海上交通要冲,西南部的好望角是印度洋与大西洋的分界点。绕行南非海域的好望角航线,是沟通东西方的重要航线。南非海岸线长 3 000 千米,全国大部分地区属热带草原气候。南非的矿产资源十分丰富,除石油和铝土外,其他工业用矿几乎都蕴藏,且储量丰富,被称为"世界非燃料矿藏的波斯湾"。

南非总人口 5 496 万(2015 年)。南非居民的种族和民族构成比较复杂,其中,黑人占79.4%,白人占 9.3%,主要是荷兰、英国移民的后裔。通用语言为英语和阿非利卡语。南非是世界唯一同时存在 3 个首都的国家:行政首都为比勒陀利亚,立法首都为开普敦,司法首都是布隆方丹。行政区划方面,全国共划为 9 个省。

1652 年荷兰人最早开始入侵南非,19 世纪初英国人接踵而至,取代了荷兰殖民主义者。1960 年 5 月,南非退出英联邦,成立了南非共和国。南非在白人统治期间,实行种族歧视和种族隔离政策,为此遭到国际社会一致的谴责和制裁。1994 年南非举行了由各党派参加的大选,非洲人国民大会(African National Congress,简称非国大)领导的竞选联盟获得了胜利,黑人领袖曼德拉出任首任总统。这标志着南非种族隔离制度的结束和民主平等的新南非的诞生。

10.2.2　经济概况

南非经济走的是一条从农牧业起步、采矿业发家、制造业后来居上、采矿业和制造业为支柱产业的发展道路。丰富的资源、相对熟练的劳动力、完备的法律框架、良好的基础设施、先进的经营管理、现代化的金融体系和商业网络,使南非成为当今非洲经济发展水平最高的国家,是世界"金砖五国"之一。南非的工业产值是非洲国家中最高的,农业也比较发达,农产品出口额居非洲各国之首。但南非各经济部门、各地区的发展水平不平衡,"城乡、黑白"二元经济特征明显。目前,南非政府正在重点实施"工业政策行动计划"和"基础设施发展计划",旨在促进高附加值和劳动密集型制造业发展,改变经济增长过度依赖原材料和初级产品出口的现状。2015 年,南非国内生产总值 3 129 亿美元,在非洲落后于尼日利亚和埃及,人均国内生产总值约 5 695 美元。

南非农业可耕地约占土地面积的 12%。玉米是最重要的粮食作物,其他主要作物包括小麦、甘蔗和大麦。各类罐头食品、烟、酒、咖啡和饮料畅销海外。畜牧业较发达,主要集中在西部国土。牲畜种类主要包括牛、绵羊、山羊、猪等,家禽主要有鸵鸟、肉鸡等。

南非矿产资源丰富、种类多、储量大。黄金储量和铂金储量均居世界第一位。自 19世纪后半期南非开始采集黄金和钻石以来,南非的采矿业经过 100 多年的发展,采矿技术水平居世界领先地位,特别是深井开采技术。南非曾长期是世界最大的黄金生产国和出口国。南非德比尔斯(De Beers)公司是世界最大的钻石生产商,其营业额一度占世界钻石市场 90% 的份额,目前仍控制着世界粗钻石贸易的 60%。

工业门类齐全,主要有化工、冶金、机械、汽车、电子、军火、食品等。南非的制造业不仅有在矿业基础上发展的钢铁、化工等,还有在实施关税保护政策下日益壮大的消费品制造业。南非的制造业主要集中在约翰内斯堡、比勒陀利亚、德班、开普敦、伊丽莎白港等内陆大城市和沿海港口。南非军火工业发展迅速,有完整的军工生产体系。在开普敦附近建有非洲大陆唯一的核电站——科布尔核电站。

旅游业是当前南非发展最快的行业之一，从业人员达 140 万人。南非是世界观光胜地之一，拥有野生动物园、山区旅游以及具有原始风格的海滩。多姿多彩的文化是南非主要的特色之一，它的建筑文化是欧洲、非洲、亚洲建筑特色的大熔炉。生态旅游与民俗旅游是南非旅游业两大主要增长点。2010 年，第十九届世界杯足球赛决赛圈比赛在南非举行，有力拉动了旅游业发展。

南非拥有非洲最完善的交通运输系统，对本国以及邻国的经济发挥着重要作用。海洋运输业发达，约 98% 的出口要靠海运完成，主要港口有德班、开普敦、东伦敦、伊丽莎白港等。德班是非洲最繁忙的港口及最大的集装箱集散地。

南非是非洲第一贸易大国，2015 年南非货物进出口额为 1 673.6 亿美元，其中出口816.4 亿美元，进口 857.2 亿美元。出口产品主要有黄金、金属及金属制品、钻石、食品、饮料及烟草、机械及交通运输设备等制成品。进口产品主要有机械设备、交通运输设备、化工产品、石油等。南非市场的一个特点是转口贸易活跃，许多国际商家把南非作为进入其他南部非洲国家的跳板。南非拥有现代化的港口、铁路、公路与邻国相接，运输系统效率较高。南非与纳米比亚、莱索托、博茨瓦纳、斯威士兰建立了关税同盟（称南部非洲关税同盟）。在这 5 国之间，商品自由流动，免征关税。南非的传统贸易伙伴是发达国家，以美、日、德为主。目前，中国已成为南非在全球的最大贸易伙伴和出口市场，南非也成为中国在非洲的第一大贸易伙伴。

10.3　埃　　及

埃及地处亚、非两大洲结合部，绝大部分国土位于非洲东北部，仅苏伊士运河以东的西奈半岛位于亚洲西南部。埃及北临地中海，东濒红海，苏伊士运河沟通了红海与地中海的联系，使其成为国际海运的重要枢纽。埃及总面积 100.1 万平方千米，全境 96% 的面积为沙漠，尼罗河从南向北贯穿全境，在开罗以北形成巨大的三角洲。埃及气候炎热干燥，大部分地区属热带沙漠气候，北部沿海地区属地中海式气候。

埃及人口 8 670 万（2014 年 7 月），民族构成主要是阿拉伯人。全国 90% 的人口信仰伊斯兰教，官方语言为阿拉伯语，通用英语和法语。人口空间分布很不均衡，90% 的居民集中在只占全国面积 4% 的尼罗河两岸和尼罗河三角洲地区。

埃及是历史悠久的世界四大文明古国之一，早在公元前 3100 年，埃及已形成一个统一的奴隶制国家。公元前 525 年，埃及成为波斯帝国的一个行省。在此后的一千多年间，埃及相继被希腊和罗马征服。公元 641 年阿拉伯人入侵，埃及逐渐阿拉伯化，成为伊斯兰教的一个重要中心。1517 年被土耳其人征服，成为奥斯曼帝国的行省。1882 年英军占领后成为英国的“保护国”。1922 年 2 月 28 日，英国宣布埃及为独立国家，但保留对国防、外交、少数民族等问题的处置权。1953 年 6 月 18 日宣布成立埃及共和国。

埃及是一个传统农业国，有两大农业区，即上埃及和下埃及。前者指开罗以南的尼罗河谷地，约占全国耕地面积的 1/3，以种植粮食作物为主；后者包括开罗附近及整个三角洲地区，占耕地面积的 2/3，棉花种植面积占全国 2/3，水稻也多产于此。埃及是非洲最大的产棉国。埃及在取得政治独立之前,由于长期遭受英国殖民主义统治,经济具有满足宗主国需要的单一经济的特点。英国利用埃及充足的阳光和热量以及良好的灌溉条件,大力发展棉花生产,以便为英国纺织工业提供充足的原料。由于埃及种植的均为优质长绒棉(纤维长度在 31.8 毫米以上),因此有"棉花王国"之称,其长绒棉被广泛用作高级纺织品原料。

与其他非洲国家相比,埃及工业过去有一定基础,独立后经过几十年的努力,目前已拥有初具规模的工业体系,工业规模在非洲仅次于南非。但是工业基础仍然薄弱,行业发展也不平衡,机电产品自给率较低,以纺织、食品等轻工业为主。近年来,埃及的钢铁、石油化工、水泥、机械等重工业也有一定发展。

自 20 世纪 90 年代中期以来,埃及吸引外国直接投资的速度加快。2011 年年初和 2013 年 6 月底 7 月初的动荡局势导致外国在埃及投资额持续下降。2014 年下半年以来,埃及局势逐步趋稳,投资环境得以改善,2014 年外国对埃及直接投资总额约 180 亿美元,位居非洲国家第一。2015 年,埃及国内生产总值为 3 307 亿美元,人均国内生产总值 3 740 美元。

目前,埃及国民收入的支柱主要包括石油天然气、旅游和苏伊士运河通行费等。埃及的油气资源大部分集中在苏伊士湾和尼罗河三角洲的地中海沿岸,以及西奈半岛地区。埃及旅游业每年接待 800 多万人次境外游客,金字塔是世界闻名的历史文化景区,为其创造了大量服务贸易顺差。扩建后的苏伊士运河预期将为埃及带来更高的通行费收入。埃及与中国在 1956 年建交,是第一个与中国建交的非洲国家,从此开启了中非贸易合作时代。

相关链接:埃及苏伊士运河的建设与运营历程

自 1869 年沟通红海和地中海的苏伊士运河修通后,埃及就成为世界海上航行的咽喉要道,具有十分重要的经济和战略地位。苏伊士运河是 1854 年由法国工程师兼外交官斐迪南·雷塞布向埃及政府申请取得运河开凿权的,开凿后曾因资金困难而一度中断,后经英国参与而终于在 1869 年开挖成功。苏伊士运河开通后,大大缩短了亚欧两洲海上航行距离,比绕道好望角要近 8 000~10 000 千米。苏伊士运河曾长期为英、法两国控制,埃及在 1956 年把苏伊士运河主权收归本国所有。1967 年中东战争爆发后,以色列占领埃及西奈半岛,埃及被迫关闭苏伊士运河,直到 1975 年才重新开放。

苏伊士运河的通航费用是埃及政府稳定的财政收入来源。苏伊士运河对于埃及民众来说不仅仅是一条简单的航道,更是关系到国家荣誉的一个重要标志。然而伴随着航道的老化、极端势力对该地区形成威胁等因素,笼罩在苏伊士运河头顶上的光环渐渐失去光芒。为了续写苏伊士运河带给埃及的荣耀,2014 年 8 月埃及政府宣布投入 82 亿美元、一年时间内在苏伊士运河东侧开凿一条新运河,以便扩大其通航能力,从而将陷入经济衰退的埃及拉出泥潭。

2015 年 8 月,经过改造提升后的新苏伊士运河竣工。所谓"新苏伊士运河"其实是由一段新河道和一段旧河道升级之后"合成"的。在全长为 72 千米的新苏伊士运河中,新开凿的河段位于老苏伊士运河的东侧,长约 35 千米,其后的 37 千米是通过对老苏伊士运河旧河道进行拓宽和疏浚完成的。作为连接欧亚的最短水上通道，苏伊士运河一直以来都是世界贸易的重要航道之一。在新苏伊士运河通航后，包括油轮在内的更大吨位的货轮也可以通过这一水域，而新老运河的同时运行也将实现这一地区的双向通航。新运河开通后，船舶的通过时间从原来的 18 个小时缩短为 11 个小时。苏伊士运河的通航许可费在 2015 年收入 53 亿美元的基础上，埃及政府预测 2023 年将增加为 132 亿美元。

资料来源：华夏时报

10.4　尼日利亚

尼日利亚位于西非的东南部，南濒大西洋几内亚湾，总面积约 92.37 万平方千米，人口 1.79 亿（2014 年），是非洲人口最多的国家，有 250 多个民族。尼日利亚热带气候明显，总体高温多雨。1472 年葡萄牙入侵，16 世纪中叶英国入侵。1914 年沦为英国殖民地，1960 年 10 月 1 日宣布独立。官方语言为英语。

在撒哈拉以南的非洲国家中，尼日利亚的经济发展较快，目前是非洲第一大经济体。2015 年，国内生产总值 4 902 亿美元，人均国内生产总值 2 743 美元。根据联合国开发计划署《2015 年人类发展报告》公布的人类发展指数（HDI），尼日利亚在 188 个国家和地区中排名第 152 位。

尼日利亚原为农业国，盛产多种经济作物，棉花、花生等很多农产品在世界上居领先地位。自 20 世纪 70 年代起，石油开采业崛起，农业迅速萎缩，产量大幅下降。近年来，随着尼日利亚政府加大对农业投入，农作物产量有所回升。目前，农业在国内生产总值中所占比重为 40% 左右，全国 70% 的人口从事农业生产。林业资源丰富，热带雨林中有很多珍贵树种，如桃花心木、柚木等。木材产量位于非洲前列，有很大的开发潜力。

石油储量约 372 亿桶，居非洲第二位，仅次于利比亚。石油工业是尼日利亚国民经济的支柱，政府财政收入的 85% 和国内生产总值的 20%～30% 均来自石油行业。多年来，尼日利亚一直是非洲第一产油大国，2015 年原油产量为平均每天 235.2 万桶。随着石油产量的增加，石油化工相应发展。哈科特港炼油厂是目前非洲最大的炼油企业，它的建成扭转了尼日利亚单纯依靠石油出口的局面。天然气储量 5.3 万亿立方米，产量仅次于阿尔及利亚，居非洲第二位。

2014 年对外贸易额 1 435 亿美元，出口额约 905 亿美元，进口额约 530 亿美元。主要出口产品为石油、可可、橡胶和棕榈仁，主要进口产品是机械设备、交通设施和日用消费品等。中尼两国自 1953 年开始贸易，20 世纪 60 年代尼日利亚摆脱英国殖民统治后，双边贸易额不断增长。近年来，中国对尼日利亚机电产品和高新技术产品的出口增长较快。据中国海关统计，2015 年，中国与尼日利亚双边贸易额 149.4 亿美元，其中，中国对尼日利亚出口 137 亿美元，自尼日利亚进口 12.4 亿美元。尼日利亚是中国在非洲的第二大出口市场和第三大贸易伙伴。

10.5 肯 尼 亚

肯尼亚位于非洲东部,地处东非高原东北部,是东非屋脊的一部分。赤道横贯中部,东非大裂谷纵贯南北。肯尼亚面积 58.26 万平方千米,大部分地区属热带草原气候,矿产资源贫乏。人口 4 500 万(2015 年)。16 世纪,葡萄牙殖民者最早占领了肯尼亚的沿海地带。1890 年,英、德瓜分东非时,肯尼亚被划归英国,英国于 1895 年宣布肯尼亚为其"东非保护地",1920 年改为殖民地。1964 年 12 月 12 日肯尼亚共和国成立,仍留在英联邦内。英语为官方语言。行政区划方面,全国划分为 47 个郡。联合国环境规划署和联合国人类住区规划署总部设在首都内罗毕。

肯尼亚是撒哈拉以南非洲经济发展较好的国家之一,被喻为东非经济"火车头"。肯尼亚独立后实行以私营经济为主的"混合经济"体制,执行农业多样化政策,注意吸引外资,加速农业发展,同时促进了工业门类多样化。通过实施进口替代,肯尼亚的工业化有所进展,国内日用消费品基本自给,但制造业所占比重仍较低。2015 年,国内生产总值614 亿美元,人均国内生产总值 1388 美元。据联合国开发计划署《2015 年人类发展报告》人类发展指数测算,肯尼亚在全球 188 个国家和地区中居第 145 位。

农业是肯尼亚国民经济的支柱产业。咖啡是肯尼亚最重要的经济作物和出口量最大的产品。肯尼亚咖啡属优质的阿拉伯咖啡,在国际市场上享有盛誉。第二大出口农产品是茶叶,肯尼亚是非洲生产茶叶最多的国家。

肯尼亚是东非地区工业化程度最高的国家。主要部门是劳动密集型的中小加工制造业,发展速度较快,门类日趋齐全。工业主要集中在首都内罗毕、蒙巴萨和基苏木这三个城市。肯尼亚经济对外依赖程度较高,工业原料、机器设备和燃料等几乎全靠进口。

2014 年,国际游客数量为 130 万人次,主要旅游点有内罗毕、马赛马拉国家公园、东非大裂谷、肯尼亚山和蒙巴萨海滨等。交通运输以公路运输为主,公路网总长 16 余万千米。铁路总长 2 765 千米,为窄轨铁路。濒临印度洋的蒙巴萨港是东非最大港口,2014 年的货物吞吐量 2 487 万吨,在东非及中非地区战略地位重要,是进口燃料及消费品、出口乌干达及卢旺达茶叶和咖啡的主要渠道。

对外贸易在肯尼亚经济中占有重要地位,但长期处于逆差。主要出口商品为茶叶、花卉、咖啡、水泥、剑麻等,主要进口商品是机械、钢铁、车辆、化肥、药品等。英国是肯尼亚原宗主国,两国在政治、经济和军事上保持着传统关系。中肯两国在 1963 年 12 月建交,目前经贸关系比较密切。

相关链接:中国对非外援

国际援助是与贫困的战斗中最有效的武器之一。在一个威胁和机遇共存的世界中,援助实际上是对共同富裕、集体安全和共同未来的投资。越来越多的发展中国家正通过双边合作或者区域发展基金向其他发展中国家提供援助。这往往涉及将传统援助方式与贸易、贷款、技术分享和直接投资等途径结合在一起,在促进受援国经济增长的同时,还改善其自力更生能力。

2014年5月8日,中国国务院总理李克强在尼日利亚出席第24届世界经济论坛非洲峰会,并发表演讲。以下为演讲节选:

为了实现包容性的增长,基建特别是交通运输将先行,这是经济起飞的基础,我们会继续进行一些基建的开发,这将是中非合作的要务。我们现在同非盟达成了一个基建合作的平台,我们将会推动非洲大陆的互联互通。我们可以在非洲高铁网络、高速公路网络和区域航空网络方面进行合作。我们将为非洲提供更多资金、人力以及财政方面的援助,加强在非洲的金融援助,拟将对非洲提供贷款的额度从200亿美元提高到300亿美元。同时,我们也会利用特别资金、特别贷款等方式,为非洲人力资源开发提供资助。中国已经成为了世界上重要的经济体,但仍然会继续尽其所能扩大对非洲的援助,无论是在质量还是在数量上都是如此,我们会把一半以上的外部援助放在非洲。

资料来源:和讯网

复习思考题

一、单选题

1. 世界上唯一的同时存在3个首都的国家是(　　　)。
   A. 新西兰　　　　　B. 南非　　　　　C. 比利时　　　　　D. 西班牙
2. 好望角是印度洋和大西洋的分界点,其位于(　　　)的西南部
   A. 智利　　　　　　B. 埃塞俄比亚　　　C. 索马里　　　　　D. 南非

二、简答题

1. 为何称非洲为贫穷的大陆和富饶的大陆?
2. 非洲的工业化进程主要面临什么困难?

三、案例分析

1. 作为中国—非洲国际经贸合作窗口的南非

南非总统祖马在2016年国情咨文中谈到南非对外资吸引力的时候说,雀巢、联合利华、三星、海信等跨国公司都坚定地将南非定位为地区制造枢纽,继续扩大工厂规模、增加投资。另一家被祖马提到的中国企业是北京汽车。祖马表示,在过去5年,南非的汽车产业成功吸引了超过250亿兰特的外来投资,包括奔驰、通用、福特、北京汽车、宝马等核心投资者。海信和北京汽车在南非投资设厂进行本土化生产,不仅体现出了中国企业在南非的发展从贸易到投资的转型升级,更反映出在南非整体经济环境差强人意的形势下,中国企业没有停下脚步,正在加快布局,将南非作为其开拓南部非洲乃至整个非洲市场的枢纽。

在南非面临大宗商品价格大幅下跌、货币兰特贬值、国际评级机构或将下调南非主权评级的情况下,祖马的此次国情咨文演说备受关注。祖马在讲话中坦诚南非经济面临的

诸多问题,同时强调仍然应对南非经济保持信心。他强调,南非应该用实际行动向全球投资者发出信号,南非仍然是一个具有投资吸引力的国家。祖马还提到,南非作为金砖银行唯一的非洲成员,将向金砖银行申请贷款开发项目。

海信南非公司的未来规划是实施南非出口基地战略,走出南非,首先进入博茨瓦纳、纳米比亚、津巴布韦等南部非洲发展共同体国家。目前,根据南共体国家市场一体化的协议,南非本土生产的产品出口到相关国家享受免税政策。在海信南非的产品销售中,出口到南非以外市场的产品已经达到相当比例。北京汽车在南非的生产工厂除了满足南非市场,也是将目光瞄准了其他非洲国家。目前,类似海信和北汽这样落地南非开拓非洲市场的中国企业越来越多。整个非洲大陆充满机会,但中国对非洲不够熟悉,缺乏本土化经验,但南非恰好在整个非洲有广泛的存在和影响力。

资料来源:第一财经日报网,2016 年 2 月 18 日

问题:南非在中国与非洲经贸合作中的作用如何定位和发挥?

2. 中国国际工程承包的市场分布及变迁

2014 年,在美国《建筑新闻纪录》(ENR)进入 250 家最大国际承包商的中国企业在全球海外市场的份额为 17.2%,高于西班牙承包商的 13.1% 和美国承包商的 11.4%。中国对外工程承包的主要市场在亚非拉地区。中国工程承包商在非洲市场的份额为 49.4%,在亚太市场占比 20%,在中东市场份额为 19.2%,在拉美市场份额为 12.7%。未来,中国国际工程承包业在"一带一路"沿线国家的市场将会有更大的发展。在中国具有一定优势的高铁、核电、特高压输变电、智能电网、新能源等领域,国际工程承包项目会持续增加,并带动相关贸易。

以基础设施建设项目为主业的中国交通建设、中国铁建、中国中铁、中国建筑、中国电力建设、中国水利水电等中央企业,正由单一的土建及勘察设计承包商向综合承包商或运营商转变。而且,中国工程企业海外并购和本地化发展取得了新的进展。2014 年,中国建筑全资子公司中建美国公司完成了对美国 Plaza 建筑公司的收购。该收购首开中国企业并购国外大型建筑公司的先河。2015 年 5 月,中国交通建设所属中交国际完成了对澳大利亚第三大建筑工程公司约翰·霍兰德公司的收购。这些收购都为中国企业更多进入发达国家建设市场提供了便利。

资料来源:企业观察报,2016 年 2 月 1 日

问题:非洲为何是中国对外工程承包的传统市场?

第 11 章

北 美 洲

尽管美元自 2014 年来一直升值,美国制造业仍受益于其生产率全球排名第一、劳动力市场灵活、廉价能源和国内市场庞大这些因素。这是牛津经济咨询社一项新研究得出的结论。该研究发现,美国制造业仍"天下无敌"。分析师格雷戈里·达科和杰里米·伦纳德在研究报告中写道:"尽管目前因美元走强和对页岩能源行业投资大减而遭遇逆风,美国制造业仍是全世界最具竞争力的。"美国每名雇员的制造业产出在 2003 年至 2016 年间增长了大约 40%,而德国和英国分别为 25% 和 30%。尽管印度和中国的生产率翻了一番,美国的生产率仍高出 80%~90%。正是这种高生产率帮助美国压低了单位劳动力成本。两位分析师写道:"因为中国的工资涨幅已大大超过生产率增速以及人民币升值,中国的单位劳动力成本目前仅比美国低 4%。"

资料来源:美国彭博社网站,2016 年 3 月 17 日

问题:制造业还是美国的国际竞争优势所在吗?

本章学习目标

- 熟悉北美国家,特别是美国的经济贸易活动特点和规律;
- 掌握美国和加拿大两国主要产业部门的生产与贸易情况;
- 理解美国产业空间布局演进的轨迹和原因。

11.1 美 国

11.1.1 地理特征

1. 自然地理

美国的全称是美利坚合众国。位于北美洲的中部,东临大西洋,西临太平洋,东南临墨西哥湾,北部的邻国是加拿大,南部的邻国是墨西哥,是一个海陆兼备的国家,海陆位置和纬度位置均十分优越。美国本土东西长约 4 500 千米,南北宽约 2 700 千米,海岸线 22 680 万千米。全国划分为 50 个州和 1 个特区,面积 937 万平方千米。本土部分共有得克萨斯、加利福尼亚、佛罗里达、缅因、新罕布什尔、新墨西哥、华盛顿等 48 个州和首都华盛顿周围的哥伦比亚特区。两个海外州是位于北美洲西北部的阿拉斯加州和太平洋中的

夏威夷州。海外领地包括关岛、波多黎各、萨摩亚、维尔京群岛等。这些领地面积不大,但地理位置都非常重要。

17 世纪以前,北美广大原野仅有印第安人和因纽特人居住,但经过百余年的移民,这里成为欧洲移民的新家园。1776 年美国宣布独立时,其领土范围仅仅是位于大西洋和阿巴拉契亚山脉之间的马萨诸塞、罗得岛、新罕布什尔、宾夕法尼亚、纽约、新泽西、弗吉尼亚、北卡罗来纳、佐治亚等原属英国的 13 块殖民地,面积仅 96 万平方千米。美国当今领土是自独立后不断向西扩张取得的。1784 年美国政府强迫印第安人签订条约,把包括今天的俄亥俄州、印第安纳州、伊利诺伊州等地区的土地割让给美国,并于 1830 年以后把所有印第安人赶到了密西西比河以西。除了直接掠夺吞并印第安人的土地外,美国还通过战争和强行购买等方式兼并了英国、法国、西班牙在北美的殖民地和墨西哥的大片土地。1867 年美国又从沙皇俄国手中购买了阿拉斯加,1898 年吞并了夏威夷。美国领土的不断扩张,使其拥有广袤的土地,多种地形和气候类型,绵长的海岸线,这些无疑对美国经济的发展十分有利。

美国气候多种多样,但以温带大陆性气候为主。南部佛罗里达半岛、墨西哥湾沿岸和西部加利福尼亚等地属亚热带季风气候和地中海式气候。阿拉斯加州大部分位于北纬 $60°\sim70°$,属北极圈内的寒带气候区;夏威夷州位于北回归线以南,属热带气候区。由于美国本土地形纵列,无东西向山脉屏障,北方冷空气可以循着中部平原长驱南下,直达墨西哥湾沿岸,甚至南达佛罗里达半岛南部,使气温骤降,亚热带作物遭受冻害。此外,春夏之交东南部面临的飓风,中西部地区的龙卷风、冰雹等灾害性天气,也可能形成威胁。

密西西比河全长 6 262 千米,居世界第四位,是美国最长的河流,流域面积占美国国土的 1/3 以上。密西西比河发源于落基山脉,纵贯整个中部大平原,注入墨西哥湾。北部有五大湖,是世界上最大的淡水湖群,各大湖间有水道相连,最后汇经圣劳伦斯河注入大西洋。著名的尼亚加拉大瀑布就位于安大略湖与伊利湖连接处。苏必利尔湖面积为 8.24 万平方千米,是世界上最大的淡水湖。美国的林业资源比较丰富,北有阿拉斯加的寒带林,大陆本土有广阔的温带林,在波多黎各和夏威夷还有繁茂的热带林。丰富的资源和有利的自然条件为美国经济发展提供了坚实基础。

2. 人文地理

2016 年 3 月,美国人口 3.23 亿,居世界第三位。美国是一个民族成分多元化的国家,吸收了近代国际移民的一半左右,被称为"民族大熔炉"。自 19 世纪 40 年代起至 20 世纪 20 年代止,是美国移民最兴旺的时期。此后由于美国加强了对移民入境的限制,移民人数大减。但现在的新增人口中,国外移民仍占相当比重,每年有超过 100 万人移民美国。在现有人口中,白人约 2 亿,大部分是欧洲移民的后裔。印第安人是美国最早的居民,现仅有 140 万人左右。

美国约半数以上的居民信奉基督教新教。现在的美国人多半是在美国土生土长的,非洲裔黑人是少数民族中的最大一支。亚裔美国人集中在西海岸,特别是加州及夏威夷等地。美洲原住民(印第安人)集中于西部。由于白人的出生率远低于黑人,美国黑人今后的比重将逐渐上升。预计到 2042 年,美国白人将成为"少数民族",未来美国社会、文化、经济和政治将因此深受影响。

美国人口密度为平均每平方千米34人，但分布不均匀，人口多集中在东北部五大湖沿岸、密西西比河及大西洋和太平洋沿岸地区。美国是世界上人口流动性最大的国家，这种流动总的看是从稠密区向稀疏区流动，即从东部向西、向南移动，因此各地区人口分布差异已趋向于缩小，但东密西疏的基本特点未变。美国城市人口比重为75%左右。加利福尼亚是美国人口最多的州，也是经济实力最强的州，GDP居各州第一，高达90%的城市化率也位居各州之首。

美国东部的大西洋沿岸是城市最密集的地区。这一巨大的城市带从新英格兰的新罕布什尔州一直绵延到弗吉尼亚州的北部，从北往南包括波士顿、纽约、费城、巴尔的摩、华盛顿等著名大城市以及数量众多的小城镇，绵延700千米，宽约100千米，形成了一个城市绵延带，被称为"波士华城市带"。五大湖南岸[也称金马蹄地区（Golden Horseshoe）]是美国的第二大城市密集带，西起密歇根湖南岸的芝加哥，经底特律、克利夫兰，至匹兹堡，被称为"芝匹兹城市带"。美国的第三大城市带位于西海岸，北起旧金山，经洛杉矶至圣迭戈。

美国实行的是以总统为中心的行政、司法和立法机构三权分立的政治制度。行政权属于总统，立法权属于国会，司法权属于法院。重大问题由国会通过立法授权总统去执行，但总统对国会的决定拥有一定的否定权。总统由民主党和共和党提名的候选人参加竞选，由获得多数选举人票的候选人担当，任期4年，可竞选连任两届。当总统有严重违反美国法律等不当行为时，国会可以采取"弹劾"方式，予以罢免，由副总统取而代之。国会分为参、众两院，议员主要由民主党、共和党和其他独立人士通过各州直选产生。所以当国会中拥有多数议员的党派和担任总统的党派不一致时，国会与总统之间的制约作用就更加明显。

美国政治中除了民主党和共和党这两大政治团体外，还有许多"院外利益集团"，它们分别代表不同行业、不同阶层乃至不同民族的利益，通过各种公开或隐蔽的方式影响美国国会和政府的决策。例如，代表大企业主的是"企业家圆桌会议"，代表劳工的是"劳联"和"产联"，代表农场主的是"农场主联合会"等。

11.1.2　经济概况

美国原是英国的殖民地，自1776年建国后，尤其是南北战争后，美国经济发展迅速。经过100多年的发展，美国从一个农业国变成了工业国。19世纪80年代，美国的工业生产超过英国，跃居世界首位。到1913年，美国工业产量的世界占比达到38%，比英、德、日、法四国的总和还多。两次世界大战之间，美国完成了由世界头号工业大国向世界头号经济强国的转变，不仅加强了在工业领域的地位，而且在国际贸易和国际金融领域也确立了领先地位，美元成为世界通用货币。20世纪60年代以后，由于日本和西欧的重新崛起、亚洲经济的迅速发展，美国的实力地位有所下降，但美国依然是世界头号经济大国。当前，美国经济高度发达，其经济规模之大、部门结构之完整、生产力水平之高，其他发达国家仍无法比拟。2015年，美国的国内生产总值为17.95万亿美元，人均5.58万美元。

美国经济的巨大成功，是历史、地理及社会等条件综合作用的结果。这些条件包括：有利的地理位置、优越的自然条件和丰富的自然资源；美国是在资本主义的上升时期、主要由已经确定了资本主义制度的英国移民建立起来的国家,历史上没有根深蒂固的封建残余;美国工业化较晚,可充分利用欧洲各国的技术成就、资金和熟练工人;美国农业发达,为工业发展提供了坚实的基础;自南北战争后,美国本土再未发生过战争,长期和平环境非其他国家所能企及。

在"二战"以后的国际经济秩序中,美国的主导地位非常明显。例如,世界银行成立以来一直由美国人担任行长,这种旧例反映了世界经济基本格局。该银行正式成立于1945年12月,总部设在美国华盛顿。

11.1.3　主要产业发展

1. 农业

美国有着得天独厚的自然、地理和气候资源,这些资源为其发展农业确立了坚实的基础。美国农业是世界上规模最大、用最新科学技术装备起来的、高效率的大农业,这是美国农业的最大特点。多年来,美国农业在世界上占重要地位,是当今世界第二大农产品生产国和第一大出口国。美国农业的现代化水平高,商品率高,部门结构齐全,种植业与畜牧业并重,拥有完整的生产体系。从20世纪40年代开始,美国农业就实现了机械化。目前,美国拥有的拖拉机和联合收割机数量是世界上最多的。第二次世界大战后,农业继续向现代化方向发展,极大提高了劳动生产率。

美国是农业区域专门化发展最早、水平最高的国家之一。在长期的农业实践中,一直重视农业的合理区划和作物的合理布局。目前,美国农业生产大致可分为以下5个专业化地区:

第一,大平原区,包括北部、南部和西部的平原,以堪萨斯州为主,横跨该州周围的4个州。这里冬寒夏热,秋季干燥,适宜小麦生长。北部主要种植春小麦,南部种植冬小麦。该区小麦产量和出口量均占美国的一半以上,被称为"小麦带"。

第二,中北区,指位于五大湖附近的地区。该区是美国主要粮食和乳制品、肉牛、肉猪生产区之一。这里夏季气温高,雨量多,无霜期长,加之土壤肥沃,十分适宜玉米、大豆的生产。玉米的产量占全国70%,大豆产量占全国60%,被称为"玉米带""大豆带"。

第三,南部区,包括南部各州,如南卡罗来纳、北卡罗来纳、佐治亚等州。这里原是美国的"棉花带"所在地,自英国移民到达后,这里就种植棉花。长久的单一种植,导致土壤肥力下降,现在老棉区已大部分改种花生。新棉区向西移到新墨西哥州、亚利桑那州和加利福尼亚州。

第四,西南区,包括加利福尼亚等州。这里是蔬菜、水果和其他经济作物生产集中的地区,是新兴的"阳光地带"农业区。

第五,东北区,包括缅因、马里兰等11个州。这是一个高度工业化和都市化的地区,耕地面积仅占全国的2.7%,农业生产主要以直接供应城市的蛋、奶、蔬菜、家禽等为主。

2. 工业

美国轻重工业都很发达,拥有完整的工业体系和巨大的生产能力。20世纪70年代以来,由于石油危机的冲击以及国际经济竞争的影响,钢铁工业、汽车工业和建筑业等传统支柱产业长期处于不景气状态。而石油、电子信息、空间技术、生物工程等新兴产业处于世界优势地位。

代表性厂商：苹果公司

苹果公司是美国的一家高科技公司，由史蒂夫·乔布斯、斯蒂夫·沃兹尼亚克和罗·韦恩三人于 1976 年 4 月 1 日创立，并命名为苹果电脑公司（Apple Computer Inc.），2007 年更名为苹果公司，总部位于加利福尼亚州的库比蒂诺。经过几度兴衰，苹果公司为我们展现了全球信息化进程中的一段传奇。近几年，苹果公司成为全球市值最大的公司，并被评为世界最有价值品牌。

美国是世界石油、天然气生产大国，石油年产量与沙特阿拉伯、俄罗斯相近，天然气产量仅次于俄罗斯。2015 年，美国的石油产量为 4.7 亿吨。但美国作为世界上最大的石油消费国，每年需进口大量石油以填补供需缺口。美国的油气资源主要集中在得克萨斯、路易斯安那和俄克拉何马三个州，油田从内陆延伸至墨西哥湾沿岸和浅海海底。美国是世界最大的原油加工国，炼油能力居世界首位。炼油厂的分布以墨西哥湾沿岸最集中（占全国原油加工能力的近 1/2，天然气加工能力的 70%），在五大湖沿岸和太平洋沿岸的一些城市也有分布。最大的炼油中心是休斯敦，有"世界石油之都"之称。最大的石油公司是埃克森—美孚公司。

采煤工业是美国最早的工业部门之一。美国煤炭资源丰富，已探明储量 4 910 亿吨，居世界第一，主要分布在阿巴拉契亚山脉、密西西比河两岸和密歇根湖西南，以及西部山地高原区。电力工业是战后美国迅速发展的行业。目前，美国无论是发电装机容量还是发电量在世界都遥遥领先。美国的电力构成中，火电约占 70%，水电约占 10%（水电主要分布于田纳西河、哥伦比亚河和科罗拉多河上），核电占 20%。美国的核电装机容量世界第一，核电站主要集中在大西洋沿岸中部和南部、新英格兰、中央平原东南部和太平洋沿岸地区。

美国钢铁工业历史悠久，基础雄厚，曾是美国经济的重要支柱。美国煤铁资源皆备，有着发展钢铁工业的较好条件，但近些年已经衰落。钢铁工业集中于五大湖地区的匹兹堡、芝加哥、克利夫兰、底特律和布法罗五大钢铁基地，这里有苏必利尔湖区的铁矿石、匹兹堡的炼焦煤以及组织严密的五大湖的水运，构成了美国钢铁工业的核心区。匹兹堡河沿岸是机械工业、汽车工业和金属加工业的发达地区，是钢铁产品的重要销售市场。

第二次世界大战后，汽车产量和消费量急剧增加，美国长期保持着"汽车王国"的地位。通用、福特和克莱斯勒是美国本土的三大汽车公司。美国的汽车工业主要分布在五大湖周围各州，底特律是美国的汽车城，西部和南部则以洛杉矶和亚特兰大为重要的生产中心。

美国是世界上化学工业最发达的国家，其化学工业产值早在第一次世界大战后就位居世界第一，现约占世界化学工业总产值的 1/4。美国化学工业门类齐全，分布广泛。化学工业根据原料的构成可分为基本化工和石油化工两大类。墨西哥湾沿岸的休斯敦主要在石油基础上发展石油化工，以生产轮胎、塑料、化纤为主。五大湖周围和大西洋沿岸的纽约、费城等地主要发展基本化工，以生产医药、化妆品、染料、香料为主。纽约是全国最大的医药、香料、化妆品的生产中心。美国主要的化学工业公司有杜邦、陶氏等。机械工业主要集中在新英格兰和大西洋沿岸各州,辛辛那提是美国重要的机床工业中心。

3. 服务业

美国拥有世界上最庞大的铁路网络,铁路营运里程 22 万多千米,居世界第一,基本为私营。美国铁路运输在 19 世纪的陆上运输中曾占有统治地位,早在 1929 年,美国的铁路线长度已达 42 万千米。20 世纪 30 年代以后,由于其他运输方式的迅速发展,美国不断拆除和封闭铁路,铁路里程缩减至目前的水平,但仍超过西欧各国铁路长度的总和。各主要城市和地区间都有铁路相通,其中以东西向联系最为重要,南北干线少。芝加哥是美国最大的铁路枢纽,有 32 条铁路通向全国各地。横贯东西的西雅图—底特律、奥克兰—纽约、洛杉矶—巴尔的摩铁路,是北美大陆桥运输的重要干线。

美国拥有一个以高速公路和国家干线公路为主的现代化公路运输网,属于典型的汽车社会。随着公路运输和汽车的高度普及,各类"路边企业"发展迅速,包括汽车旅馆、汽车影院、汽车银行、汽车饭店等。航空运输业方面,目前美国无论在客货运量、空中航线、机场设施还是在飞机数量方面,均居世界第一。密西西比河、五大湖和圣劳伦斯河构成美国的内河水运主体。美国大西洋沿岸的著名港口有纽约、费城、巴尔的摩和波士顿;墨西哥湾和太平洋沿岸的重要港口有新奥尔良、休斯敦、洛杉矶、长滩等。

📋 代表性厂商:沃尔玛

沃尔玛公司(Wal-Mart Stores,Inc.)是一家美国的世界性连锁零售企业,控股人为沃尔顿家族。沃尔玛成立于 1962 年,总部位于美国阿肯色州的本顿维尔。2013 年员工总数为 220 万,是世界上雇员最多的企业。营业额连续多年在美国《财富》杂志世界 500 强企业中居首位。沃尔玛公司约有 8 500 家门店,包括沃尔玛购物广场、山姆会员店、沃尔玛商店、沃尔玛社区店四种营业方式。

美国的金融业高度发达,拥有全世界最庞大、最具影响力的金融体系,以华尔街为代表的美国金融业在很大程度上主导着世界经济。纽约是世界头号金融中心,花旗银行等代表着世界范围内商业银行的顶级水准,高盛、摩根士丹利等则是投资银行领域的翘楚。纽约证券交易所、纳斯达克证券交易所等是世界上最具影响力的证券交易市场。标准普尔等评级公司也是所在领域的权威。

📋 代表性厂商:高盛集团

高盛集团(Goldman Sachs)是世界领先的投资银行、证券和投资管理公司。公司成立于 1869 年,总部位于纽约,在世界各地的所有主要金融中心均设有分支机构。高盛集团为企业、金融机构、政府、个人等各领域的众多客户提供一系列金融服务,主要涵盖投资银行、证券交易和财富管理等,通过其全球网络向客户提供策略顾问服务和广泛的业务支持。高盛长期以来视中国为重要市场,在中国市场担当着首选金融顾问的角色,多次参与在中国的重大并购案。

11.1.4　对外经贸

由于美国经济规模庞大,所需工业原料的 1/5 靠进口,同时大量工业品和农产品又依赖国际市场,因此对外贸易在美国经济中占重要地位。美国主要出口商品为化工产品、机械、汽车、飞机、电子信息设备、武器、食品、药品、饮料等。主要进口商品有食品、服装、电子器材、机械、钢材、纺织品、石油、天然橡胶等。美国的主要贸易伙伴是同属北美自由贸易区的加拿大和墨西哥,近些年亚洲在美国对外贸易中的地位越来越重要。

根据美国商务部普查局的数据,2016 年美国货物贸易额 37 059.78 亿美元,重新夺回自 2009 年起由中国蝉联的世界第一大货物贸易国桂冠。其中出口 14 564.24 亿美元,进口 22 513.54 亿美元,贸易逆差 7 967.30 亿美元。自 1976 年以来,美国每年的货物贸易均为逆差,而且金额较大,这是美国经济的一个突出问题。

但同时,美国又是世界上最大的服务贸易顺差国,这也反映出美国的经济竞争力的迁移。根据中国商务部的统计数据,2015 年世界服务进出口总额为 92 450 亿美元,进出口规模位居前五位的国家分别为美国、中国、英国、德国、法国。依赖于国内发达的服务业支撑,政府对服务业的重视和扶持,以及一系列促进服务业发展的政策的推动,美国服务贸易长期领跑全球,并且竞争力将持续存在。2015 年,美国服务贸易出口额 7 102 亿美元,进口额 4 906 亿美元,呈现 2 196 亿美元顺差。

根据中国国务院新闻办的统计公报,2015 年对外直接投资额最大的三个国家是:第一,美国 2 999.6 亿美元;第二,中国,1 456.7 亿美元;第三,日本,1 286.5 亿美元。2015 年美国外资流入量约 3 840 亿美元,重获"全球最大外资目的地"的称号。美国是全球进行双边对外援助最多的国家。据美国国际开发署统计,2014 财年美国对外援助总额约 520 亿美元,主要投向南亚、中东北非和非洲撒哈拉沙漠以南地区。

新中国成立后,美国曾长期对中国实施封锁禁运政策,两国没有贸易往来。1972 年中美上海公报发表后,两国恢复了民间贸易。1979 年中美正式建交后,两国贸易发展迅速。1972 年双边贸易额仅 1 亿美元,1979 年增至 24.5 亿美元。根据中方统计,2015 年中美贸易额达到 5 583.9 亿美元,中国首次超过加拿大成为美国最大的贸易伙伴。

中美双向投资也保持增长。截至 2015 年年底,美对华投资项目累计达 6.6 万个,实际投入 774.7 亿美元,美国是中国第六大外资来源地。中国在美国的投资保持良好增势,截至 2015 年年底,中国企业在美国累计直接投资 466 亿美元,美国是中国对外直接投资的第四大目的地。而且,中国还是美国国债市场的重要投资者。美中两国作为世界最大的发达国家和最大的发展中国家,在发展水平、资源结构、产业结构、消费水平方面的差异,决定了两国经济有很强的互补性,双方均可以从不断发展的经贸往来中获得利益。这既符合两国人民的根本利益,对世界贸易体系的稳定和世界经济的发展也能起到举足轻重的作用。

11.1.5　经济区划

美国领土辽阔,不但各地自然条件差异明显,而且来自欧洲的移民和领土的扩张有一个自北向南、自东向西的发展过程。在很长一段时间内,美国的区域经济存在显著差异。

美国普查局将美国划分为四大区域：东北部、中西部、西部和南部，习惯上将东北部和中西部统称为北部。东北部人口密度大，经济发达，1950 年前这里集中了全国一半以上的人口和 80％的工业。西部和南部地域广阔，人口稀少，主要供应原料等初级产品。"二战"结束后，美国掀起了历史上第三次西进运动，从 20 世纪 60 年代末 70 年代初开始了人口大流动，大量人口从东北部和中西部流向西部和南部。随着南部和西部的迅速发展、东北部及中西部的相对衰落，美国各地人均收入差距明显缩小，区域经济发展趋于均衡。

1. 东北部

东北部在地理位置上包括新英格兰区和大西洋沿岸中部区。新英格兰区包括美国东北角的马萨诸塞、新罕布什尔、康涅狄格、罗得岛、佛蒙特和缅因 6 个州，占美国面积的近 2％和人口的 4.6％；大西洋沿岸中部区包括纽约、新泽西、宾夕法尼亚 3 个州，面积占全国 3％强，人口占 13％。另外，相邻的特拉华州和马里兰州由于在经济特征上与新泽西等州相近，首都华盛顿所在的哥伦比亚特区与本区的联系也很密切，故在经济地理上划为本区。

新英格兰地区距离欧洲最近，是移民最早定居的地区，也是美国工业化的发源地。大西洋沿岸中部是美国经济最发达的地区，这里自然条件好，资源丰富，港湾众多，是美国人口最稠密的地区。这里的起步虽然晚于新英格兰，但随着移民的西进、伊利运河的开通，该地成为美国对外联系和向西部供应工业品的基地，逐渐超过了新英格兰地区。

东北部有以下主要城市。

波士顿。波士顿是马萨诸塞州首府，是美国重要的经济和文化中心，也是新英格兰地区最大的港口城市。波士顿地区的文化教育发达，是美国著名的高智力密集区，拥有近 50 所高等学府，包括世界顶尖的哈佛大学和麻省理工学院。20 世纪六七十年代后，新英格兰地区的经济步入衰退。于是这里的大学和科研机构同企业联合起来，进行改革创新，实现了产业结构的优化升级，促进了经济的再次繁荣，被称为"马萨诸塞"奇迹。环绕波士顿郊区的 128 号公路，是仅次于硅谷的高技术产业带，被称为"东北硅谷"或"硅路"，聚集着一大批由著名高校提供技术支持的企业。

纽约。纽约位于大西洋沿岸哈得孙河口，是美国最大的城市，也是联合国总部所在地。市区由曼哈顿、布鲁克林等 5 个区组成。纽约是拥有跨国公司总部最多的城市，美国最大的 500 家公司中有 1/3 以上把总部设在曼哈顿。位于曼哈顿岛南部的华尔街是美国资本的大本营，美国的主要金融机构，如美国联邦储备委员会、纽约证券交易所、纳斯达克交易所等都云集于此；美国主要银行如花旗银行、摩根大通银行的总部都位于此。众多的经济机构和专业服务部门，通过地理集聚效应形成了一个庞大的综合体，使纽约成为美国经济的中枢。纽约还有众多的博物馆、图书馆、美术馆、科学研究机构和艺术中心，美国三大广播电视网和一些有影响的报刊、通讯社的总部都设在这里。

相关链接：华尔街的由来

华尔街是纽约曼哈顿南部从百老汇路延伸到东河的一条街道的名称，全长不过 500 米，是英文"Wall Street（墙街）"的译音。1792 年，荷兰殖民者为抵御英军而建筑了一堵土墙，从东河一直筑到哈得孙河，后沿墙形成了一条街，因而得名"Wall Street"。后拆除了围墙,但"华尔街"的名字却保留了下来,并以美国金融中心闻名于世,两侧耸立的一座座大厦集中了3 000多家各类金融机构。

费城。费城位于宾夕法尼亚州东南部。1774—1775年两次大陆会议在此召开,1776年通过了《独立宣言》;1787年在此举行了制宪会议,诞生了美国第一部宪法;1790—1800年曾为美国首都。费城距大西洋142千米,经特拉华河和运河通往大西洋。费城发展了钢铁、石油加工与有色金属冶炼业,继而建立了重型机器制造、造船、铁路机车制造等工业,是大西洋沿岸重要的工业城市。

华盛顿。华盛顿是美国的政治中心,白宫、国会、美国最高法院以及绝大多数政府机构均设在这里。国会大厦建在被称为"国会山"的全城最高点上,是华盛顿的象征。城市经济以政府公务和旅游业为主,限制工业发展。但近些年来,作为华盛顿郊区的弗吉尼亚州和马里兰州,充分利用政府、科研机构和高校的条件,已发展起规模较大的高科技工业。

2. 中西部

中西部是指位于阿巴拉契亚山脉和落基山脉之间的美国北部地区,在地理上又可分为中央东北区和中央西北区。中央东北区域包括五大湖沿岸的威斯康星、密歇根、伊利诺伊、印第安纳和俄亥俄等5个州,面积占全国的8.3%,人口约占14.6%。这里地势平坦,土壤肥沃,处于河湖之间,煤铁资源丰富,又有五大湖方便的水运。中央西北区包括密西西比河与落基山之间的明尼苏达、艾奥瓦、北达科他、南达科他、内布拉斯加、堪萨斯和密苏里7个州。本区是一个以农业为主的地区,制造业多是农产品加工和为农业服务的部门。中西部是美国传统制造业最集中的地区,尤其是五大湖南岸。从20世纪60年代开始,随着制造业本身地位的相对下降及工厂移到海外和美国其他地区,五大湖周围地区大量工厂关闭、基础设施老化、经济下滑,被称为"铁锈地带"。

中西部有以下主要城市。

芝加哥。芝加哥位于密歇根湖西南岸,伊利诺伊州东北部,是仅次于纽约和洛杉矶的美国第三大城市,是中西部地区最大的经济中心。芝加哥位于美国重要农产品的生产中心,北面是乳畜带,南面是玉米带,西面是小麦带,于是其工业以农产品加工为发端。芝加哥是美国最大的铁路枢纽,是美国中北部32条铁路线的集结点。芝加哥是美国主要的金融、期货和商品交易中心之一。芝加哥还是美国中部的高等教育中心,芝加哥大学被誉为"诺贝尔奖"获得者的摇篮,曾先后培育出30多名诺贝尔奖获得者。

底特律。底特律地处五大湖工业区居中位置,汽车制造业是核心部门,与汽车有关的钢材、仪表、塑料、玻璃、轮胎等零部件生产相当发达,专业化、集约化程度高,工厂主要分布在底特律河西岸。自20世纪70年代以来,汽车工业出现衰落,城市人口大量减少,而且由于高度依赖单一的汽车工业,城市经济十分脆弱,容易受到世界汽车工业经济周期的影响。目前,底特律仍是美国最大的汽车制造和研发中心,通用、福特等美国三大汽车公司的总部都位于此。

圣路易斯。圣路易斯位于密西西比河中游,几乎处于美国本土的几何中心,是密苏里州最大的城市。欧洲殖民者以及后来的人员、货物从圣路易斯涌向西部地区,美国地理学家称这里为向西进发的门户。圣路易斯是美国最大的内河航运中心,也是美国内陆仅次于芝加哥的第二大铁路枢纽,长期作为美国东部和西部、南部和北部商品交流的重要中转站。这里的食品、啤酒和饮料的生产久负盛名,百威啤酒的总部即位于这里。

3. 南部

南部位于落基山以东,俄亥俄河和波托马克河以南,面积占美国的 24%。南部地区雨水充沛,气候暖湿,密西西比河流贯其中,矿产、森林、海产和农产资源都很丰富。早期的经济主要是种植园经济,盛产棉花和烟草。南部区虽然自然条件优越,但由于历史上受奴隶制的影响,直到"二战"前仍然是以农业和矿业为主的落后地区,是北部农矿原料的供应地。"二战"以后,南部的工业化快速推进。劳动力工资低,工会力量相对较弱,地价便宜,是最初吸引企业家来此建厂的重要原因。随着墨西哥湾沿岸石油资源的大规模开采,老棉区西移和实现机械化的种植和采摘,以肉鸡饲养为主的养禽业的发展,南部区无论工业、农业还是旅游业都取得了巨大的发展,与北部区的差距进一步缩小。南部已成为美国宇航工业、石油工业、飞机工业、电子工业和棉纺织业的重要基地,兴起了休斯敦、达拉斯、亚特兰大等一大批城市。

南部在地理上包括大西洋沿岸南部区、中央东南区和中央西南区三个区域。大西洋沿岸南部区位于阿巴拉契亚山以东,包括从特拉华州至佛罗里达州的 8 个州,这里是美国南部的传统中心。中央东南区包括阿巴拉契亚山以西、密西西比河谷的肯塔基州、田纳西州、亚拉巴马州和密西西比州,曾经是全国最落后的地区,被称为"顽固的南部"。这里黑人比重高,经济以农业为主,棉花最为重要,并有烟草、花生集中产区。中央西南区包括落基山脉以东、密西西比河以西的得克萨斯州、俄克拉何马州、阿肯色州和路易斯安那州。这里是南部开发最晚和目前发展最快的地区,这里开发时奴隶制已经废除,所以黑人比重较低。本区富藏石油和天然气,目前已经成为南部最发达的地区,主要经济部门是采矿业以及以采矿业为基础的制造业。

南部的主要城市是休斯敦。

休斯敦位于得克萨斯州东南,处在墨西哥湾沿岸石油产区的中心,是得克萨斯州最大的城市,也是美国第四大城市。休斯敦是美国最大的石油化学工业中心。20 世纪 60 年代初,美国最大的宇航中心约翰逊中心在休斯敦建立,带动了航空航天工业的发展。因此,休斯敦被称为"石油城"和"宇航城"。

4. 西部

西部指落基山脉以西的广大地区,包括山地诸州、太平洋沿岸以及两个海外州(阿拉斯加和夏威夷)。西部面积占全国的近 50%,但人口仅占 23.2%。西部地区的经济活动主要集中在太平洋沿岸,特别是加利福尼亚州和华盛顿州。山地诸州包括内华达、科罗拉多、犹他、新墨西哥等 8 个州。这里气候干旱、地广人稀,旅游业发达,著名的黄石公园在该区。内华达州的拉斯维加斯是世界著名赌城。

地处高寒地带的阿拉斯加州,人口仅 70 多万,全境的 1/3 位于北极圈内,只有南部沿海气候较温和。矿业是这里主要的经济部门,石油、煤、铜、金等矿产丰富。夏威夷州由太平洋上的火山岛屿组成,菠萝、甘蔗的种植和加工是主要经济部门,旅游业也非常重要,是世界著名的度假胜地。夏威夷的战略地位非常重要,是美国在太平洋重要的军事基地和海、空航运中继站,被称为"太平洋的十字路口"。

就整个美国西部来讲,由于开发较晚、交通不便,"二战"前基本只有畜牧、伐木和采矿中部门,工业明显落后。"二战"中,由于西部靠近太平洋战场,刺激了与军事有关的航空、石油、化工、电子、造船和核能工业的发展。近些年,高新技术产业发展尤为迅速,例如,新墨西哥州在联邦政府的扶植下,最初在航天及核能领域建立基础,随后繁衍出一系列"高、精、尖"部门。按人口总数计算,新墨西哥州在全国排第 36 位,但其科技人员所占比例却居全国各州之首。这从一个视角揭示了为何开发较晚、自然环境较差的州能后来居上。

西部有以下主要城市。

洛杉矶。洛杉矶位于加利福尼亚州的西南部,是美国第二大城市,仅次于纽约。2016年,市区人口约 400 万,大都市区人口超过 1 750 万。洛杉矶是若干中等城市的联合体,城市之间由公路连接,道路面积占全市面积的 30% 左右,是美国高速公路最发达的城市,也是全美拥有汽车最多的城市,被称为"汽车轮子上的城市"。洛杉矶兴起于 19 世纪末,随着交通的完善和石油的发现,开始在南加利福尼亚崭露头角。洛杉矶是美国西海岸的贸易、物流中心,更是美国与亚洲的进出口贸易窗口。洛杉矶有美国西部最大的港口,洛杉矶港和邻近的长滩港合计处理美国西海岸 70% 的集装箱运量。洛杉矶郊区的好莱坞是世界著名的电影产业中心。

相关链接:好莱坞

好莱坞位于美国加利福尼亚州洛杉矶郊外。这里依山傍水,景色宜人。好莱坞最先是由摄影师寻找外景地时发现的,时间大约是在 20 世纪初,随之吸引了许多拍摄者。而后,一些小公司和独立制片商纷纷涌来,逐渐形成了一个电影中心。洛杉矶郊外的小村庄最终成为一个庞大的电影城,好莱坞也在无形中成为美国电影的代名词。好莱坞不仅是全球时尚的发源地,也是全球音乐电影产业的中心地带,拥有世界顶级的娱乐产业。拥有迪士尼、20 世纪福克斯、哥伦比亚公司、环球影业公司、华纳兄弟、梦工厂等电影巨头。

资料来源:百度百科

圣弗朗西斯科。圣弗朗西斯科也称旧金山、三藩市,位于加利福尼亚州,是太平洋沿岸海港和工商业都会,是加州第四大城市和第二大经济中心。旧金山的发展起步于 19 世纪 40 年代的"采金热"。当今,高科技产业集中在旧金山以南的硅谷地区。硅谷本名圣克拉拉谷地,南北长约 48 千米,东西 16 千米,由 16 个市镇组成。斯坦福大学就在其北部小城帕洛阿尔托附近。对于蜚声世界的硅谷的兴起,斯坦福大学发挥了重要作用,至今仍是硅谷的智力支柱。硅谷中最大的城市是圣何塞,号称"硅谷首府"。从斯坦福大学到圣何塞这 20 多千米的地带,高科技企业最为密集。旧金山是美国华人最多的城市,其"唐人街"驰名世界。硅谷的工程师有 1/5 具有华人血统,硅谷的总裁当中约有 17% 是华裔。

西雅图。西雅图位于太平洋沿岸西北部华盛顿州境内。波音飞机公司诞生于此,直至 2001 年才将总部迁往芝加哥,但西雅图目前仍是波音最大的生产基地。西雅图新近的发展主要来自信息产业的支撑,微软、亚马逊等 IT 巨头的总部设在这里。著名的咖啡连锁经营企业星巴克的总部也位于西雅图。

5. 阳光地带

所谓"阳光地带"(sunbelt)是指美国本土北纬 37°以南的地带,这里因气候温暖、阳光充足而得名,范围大致包括美国西部区和南部区。"二战"以后,美国的经济重心从原来的高度集中在东北方向,向西、向南疏解,美国"阳光地带"的工业化水平和人口密度大幅提升,特别是在新兴产业的发展上远远超过了北部地区。美国阳光地带的崛起,主要是由下述条件促成的:

第一,"二战"期间和"二战"之后的"冷战"期间,美国政府为了对日作战的需要和对抗苏联的需要,有计划地把与军事有关的航空、电子、核能等科研项目和生产企业放在西部与南部。第二,得益于以信息产业为主的新科技革命。西部和南部受传统产业的束缚小,而新技术产品由于使用原料少、体积小、附加值高,因此抵消了交通不便、水源缺乏等不利条件。第三,注重发展高等教育,并使高等教育部门与高新技术企业紧密结合。第四,自20 世纪六七十年代起,美国对外贸易地理方向西移,加强了与亚太各国的经贸往来,外贸重点的西移相应促进了西部的发展。第五,北部地区的退休人员为了寻觅温暖的阳光而西移南迁。凭借他们多年积累的知识和财富,可以在新居住区投资或消费,有利于西部和南部的发展。第六,西部和南部由于土地辽阔、人口少、污染小、能源供应充足,促使北部地区的部分企业迁移。

知识拓展:产业与人口集聚的经济规律

第一,一国经济重心分布会随着时间演化,产业布局是综合性因素影响的结果。
第二,经济活动和居住人口高度集中于沿海的空间现象基本保持不变。
第三,一国内部区域经济差异往往沿着倒 U 形曲线变动,即差距先扩大再缩小。

11.2　加　拿　大

11.2.1　地理特征

加拿大位于北美洲北部,东临大西洋,西濒太平洋,北临北冰洋,南接美国本土,西北部与美国的阿拉斯加接壤,东北部与格陵兰岛相望。面积约 998.4 万平方千米,仅小于俄罗斯,是世界领土面积第二大国。加拿大是世界上海岸线最长的国家,长约 24 万千米。境内河流纵横,湖泊众多,湖泊面积居世界第一,水力资源十分丰富。

加拿大幅员辽阔,南北相距 4 600 千米,东西相距 5 500 千米,横跨 6 个时区。由于纬度高,大部分海域结冰期长达半年以上,不利于航行。仅西部太平洋沿岸由于受暖流影响,港口不结冰,如温哥华。大西洋沿岸只有哈利法克斯和圣约翰为不冻港。加拿大森林面积为 440 万平方千米,仅少于俄罗斯和巴西,居世界第三位。加拿大矿产资源种类多、储量大,尤以丰富的有色金属矿著称。

加拿大的地形大致分为三部分:西部是科迪勒拉山地。中部是平原和低地,这里地势低平,土壤肥沃,是加拿大主要的农牧区。平原西部牧草丰美,平原东部是圣劳伦斯谷地。东部是拉布拉多高原和阿巴拉契亚山脉。东部的圣劳伦斯湾外接大西洋,内连圣劳伦斯河,与五大湖相接,是加拿大沟通大西洋的一条重要水道。东南部的五大湖除密歇根湖外,其余均为美加两国共有。加拿大北部是破碎的北极群岛区,岛上多为低山、丘陵。加拿大地处高纬度地区,近1/4国土在北极圈以内,为苔原气候,气候寒冷。

16世纪以前,加拿大是土著的印第安人和因纽特人的居住地。从16世纪起,法国和英国先后入侵加拿大,把加拿大变成殖民地。最初的英法移民主要居住在五大湖和圣劳伦斯河沿岸,并且以法国移民为主。后随着英国在北美13州(即现在美国东北部新英格兰地区至佐治亚州)殖民势力的增强,英国移民开始大量进入加拿大,最终在1763年英国取代了法国在加拿大取得了统治地位。

加拿大是个地广人稀的国家,截至2015年7月总人口为3585万,平均每平方千米不足4人。人口分布极不平衡,全国90%的人口居住在与美国接壤的南部狭长地带,圣劳伦斯河沿岸人口密度也较高,广大的北部地区人烟稀少。目前,作为加拿大原住民的印第安人和因纽特人分别主要居住在西部山区和北部的北冰洋沿岸。英法移民的后裔占据人口主体,其中英裔居民约占总人口数的45%,法裔居民占29%。法裔居民主要居住在魁北克省,英裔居民分布广泛。与主体民族的构成相一致,加拿大的文化传统呈现英、法文化并存的局面,英语和法语共同作为官方语言。华裔人口已超过加拿大总人口的4.5%,成为白种人和原住民以外的最大族裔。首都是渥太华,大城市有多伦多、蒙特利尔、温哥华等,城市人口比重为78%。

加拿大实行三权分立的政治体制。总督是国家名誉元首;行政权属于总理领导下的内阁;立法权属于议会,议会分为参众两院;司法权属于联邦法院和各省地方法院。总理由在议会中取得多数党地位的推选人担任。加拿大一级行政区分为省和地区,全国有10个省,包括安大略省、魁北克省、纽芬兰-拉布拉多省、艾伯塔省、不列颠哥伦比亚省等。3个地区为西北地区、育空地区和努纳武特地区。

11.2.2 经济概况

加拿大是一个后起的发达国家。从16世纪起,法国人和英国人先后来到加拿大,他们带来了欧洲的资本主义制度、资金和技术,但因加拿大自然条件较美国差,故在相当长的时间内,加拿大经济仍以渔业、林业和狩猎业为主。至1867年加拿大成为英联邦的自治领之后,采矿业和制造业才获得一定程度的发展。

加拿大经济的真正崛起是在"二战"之后。在美国军事需求刺激下,在外国资本特别是美国资本大量涌入和科技进步的影响下,加拿大放宽了移民政策,大量引进国外科技人才,使经济得以快速增长,从而成为西方七大工业国之一。广袤的土地、丰富的资源、稳定的国内政治环境、毗邻美国的地理区位,这些都是加拿大经济发展的优势。2015年,加拿大国内生产总值为1.55万亿美元,人均4.33万美元。加拿大是北约、英联邦和七国集团的成员国。

　　加拿大经济的特点有：第一，对外资特别是美国资本依赖性大，经济上受美国影响非常深。主要经济部门多受外资控制，特别是美资控制，美资占外资总额的 3/4 左右。第二，国内各地区经济发展不平衡，主要经济活动集中在美加边境东西狭长的带状地区，安大略、魁北克、不列颠哥伦比亚和艾伯塔 4 省的经济最发达，广大北部、西北部地区的经济相对落后。第三，加拿大虽是发达国家，但其经济中又具有某些发展中国家的特征。采矿业、林业、初级制造业和农业是国民经济的主要支柱。进口商品构成中，机械设备、消费品等工业制成品比重高；而在出口商品构成中，农产品、林产品、渔业产品、能源产品等各类初级产品比重高。

11.2.3　主要产业发展

　　加拿大农业发达，是世界主要农产品生产国和出口国之一。早在 20 世纪 50 年代，加拿大就已基本实现了农业机械化，劳动生产率很高。加拿大的耕地面积为 6 800 多万公顷，主要集中在中央大平原。这里面积辽阔，地势平坦，土地肥沃，气温和降水条件适宜，特别适合机械化耕种，成为世界上典型的农业发达地区。2014 年，加拿大农、林、渔业总产值 262 亿加元，占国内生产总值的 1.6%。2014 年农业人口 67 万，占全国就业人口的 3.8%。

　　加拿大渔业发达，渔场分为东部沿海、西部沿海、哈得孙湾和内陆河湖四大区，纽芬兰渔场是世界著名渔场。80% 的渔产品出口，是世界上最大的渔产品出口国。养牛业约占畜牧业总产值的一半，安大略和魁北克两省是加拿大乳制品的主要基地，集中了全国 70% 的奶牛。这里青贮饲料（玉米、燕麦等）价格低，城市集中，是乳制品的主要消费区。虽然加拿大农业比较发达，但很多农产品还无法与美国竞争。所以加拿大还在维持奶牛、家禽和鸡蛋的高关税，以防止美国农产品的冲击。加拿大是全球最大的油菜籽出口国，而中国是加拿大油菜籽的第一大出口目的地，加拿大 40% 的油菜籽出口中国，每年多达 400 万吨，总额高达 20 亿加元。

　　加拿大矿产资源品种多，藏量丰富。石油和天然气的开采主要集中在中西部，尤以艾伯塔省的油气资源最丰富。加拿大藏有丰富的铀矿资源，近些年产量位居世界第一。煤炭储量的 95% 在西部，目前产量的 50% 以上也集中在西部，产地远离消费地。加拿大人均生产和消费的电量都居世界之首，其中约 60% 是水力发电，其余主要是火力发电，国内各省的电源结构取决于各自的能源供给。

　　煤、铁资源丰富为加拿大钢铁工业发展提供了优越条件，2015 年钢产量为 1 250 万吨。加拿大的钢铁企业集中分布在圣劳伦斯河及五大湖区，尤以安大略省的哈密尔顿为中心。加拿大有色冶金工业也很发达，特别是炼铝工业最突出。丰富廉价的电力是其炼铝业发展的基础，使加拿大成为世界主要的铝出口国。

　　机械制造业是加拿大的重要部门，圣劳伦斯河谷和五大湖东部是全国最大的机械工业区。"二战"后新兴的汽车工业主要由美资控制，产品多数出口。汽车工业主要分布在安大略省的温莎，其产量占全国的 90% 左右。温莎是加拿大的汽车城，与美国的汽车城底特律仅一湖之隔。加拿大航空航天工业较发达，代表性产品有支线客机、喷气式公

~~机、小陆两用观火飞机、直升机等。在铁路运输装备方面，加拿大也达到了世界一流~~水平。

代表性厂商：庞巴迪公司

庞巴迪(Bombardier)是一家总部位于加拿大魁北克省蒙特利尔的交通运输设备制造厂商，成立于1942年。主要产品有支线飞机、公务机、铁路机车、城市轨道交通设备等。庞巴迪是中国大陆支线飞机和公务机市场的主要供应商。铁路列车方面，庞巴迪与中车集团的青岛四方机车厂和常州戚墅堰机车厂建有合资企业，并为青藏铁路、上海及广州等城市的地铁提供车辆。

加拿大森林资源丰富，木材蓄积量172.3亿立方米，林业生产主要分布于安大略省、魁北克省和不列颠哥伦比亚省，这里木材产量占全国的80%以上。木材加工和造纸工业是加拿大的传统部门，蒙特利尔是加拿大最大的造纸工业中心。加拿大化学工业比较发达，合成橡胶、化肥和乙烯生产在世界上占有一定地位。化肥产量多，尤其是钾肥产量占世界第一位。

2014年服务业增加值为11 421亿加元，占国内生产总值的69.8%，从业人员1 394.3万，占当年全国总劳动力的78%。2016年，入境游客接近2 000万人次。

加拿大交通运输发达，人均铁路、公路长度均居世界第一。加拿大铁路运输发展较早，20世纪初全国铁路网已基本形成。铁路以货运为主，主要承运大宗商品。加拿大铁路总长约7.22万千米，几乎全部集中在南部。2015年年底，加拿大有1.7万千米高速公路，位居世界第三，仅次于中国和美国，而且不征收车辆通行费。1971年通车的从太平洋东岸的维多利亚到大西洋海岸纽芬兰的圣约翰斯公路，全长7 725千米，是世界最长的国家级高速公路。

水路运输主要依靠圣劳伦斯运河深水航道，这是位于加、美之间的国际水道。圣劳伦斯河是北美洲东部的大水系，从安大略湖口至圣劳伦斯湾长1 287千米，对于美国和加拿大都有地理与经济上的重要意义。水系分为三段：上游是五大湖区，有狭窄水道连接广阔的大湖；中游从安大略湖东部出口至奥尔良岛，称为圣劳伦斯河本身；魁北克以下为下游，长700多千米。由于加拿大纬度较高，海港和内河运输通航期较短。主要的国际贸易港口有温哥华、蒙特利尔、魁北克等。

11.2.4 对外经贸

2014年，加拿大对外商品贸易额为9 373.5亿美元。加拿大是北美自由贸易区成员，因此美国和墨西哥是其主要贸易伙伴，其中美国是加拿大最大的贸易对象国。2014年对美出口额占加拿大出口总额的76.8%，自美国的进口额占进口总额的54.3%。英、法两国是加拿大在西欧的重要贸易伙伴。

1970年中加两国建交并于1973年签订政府间贸易协定以来，双边经贸合作保持良好发展势头，已从单一的商品贸易发展到全方位、跨领域、多元化的贸易和经济技术合作。两国间商品、服务、人员及资本的流动日益频繁，经济联系不断加强。根据中国海关统计,2015 年中加双边贸易额 556.9 亿美元,中国为加拿大第二大贸易伙伴。其中,中国对加出口 294.4 亿美元,从加进口 262.5 亿美元。中国对加出口的主要商品为机电产品、纺织服装、计算机及配件、家具、玩具等;从加进口的主要商品为农产品、机电产品、纸浆、化肥、木材等。中国是加拿大小麦的最大买主,也是钾肥的主要进口国。

截至 2015 年年底,加拿大累计在华设立企业约 1.4 万家,实际投入 98.8 亿美元,主要涉及旅游、通信、电力、矿业和房地产等行业。中方在加非金融类直接投资累计约 88.9 亿美元,主要涉及采矿业、金融业、租赁和商务服务业、制造业、批发和零售等行业。中加两国经贸互补性较强,加拿大需要进口中国具有优势的各种劳动密集型产品,而加拿大在农业、能源、环保等方面具有技术优势和经验,因此双方发展国际经贸关系的潜力很大。

11.2.5　经济区划

加拿大领土辽阔,由于经济发展水平和自然条件的不同,区域差异明显。全国分为包括安大略省、魁北克省的中央区;包括艾伯塔、马尼托巴和萨斯喀彻温三省的草原诸省区;以不列颠哥伦比亚省为代表的太平洋沿岸区;以纽芬兰-拉布拉多、新不伦瑞克、新斯科舍和爱德华王子岛省为代表的大西洋沿岸区;以西北地区、努纳武特地区和育空地区为代表的北方地区。其中中央区、草原诸省区和太平洋沿岸区,人口较稠密,经济最发达,主要城市集中在南部边境地带。

1. 中央区

中央区包括安大略省和魁北克省,面积占全国 1/4,而人口却占全国 3/5,制造业产值占全国 4/5,是加拿大人口最稠密、经济最发达的地区。首都渥太华,最大城市多伦多,第二大城市蒙特利尔和著名港口魁北克均在这里。工业有钢铁、汽车、木材加工、造纸、服装、纺织、采矿、机械制造等。农业以畜牧业为主,集约化程度高。加拿大中央区的有利条件如下。

⊙ 是法国和英国移民最早到来的地区,也是形成联邦最早的主体,开发历史早。
⊙ 有丰富的森林、有色金属和铁矿资源,为采矿业和制造业提供了丰富的物质基础。
⊙ 濒临五大湖和圣劳伦斯河,水运方便,近通美国,远接欧洲,有利于对外贸易。
⊙ 紧邻美国五大湖工业带,美国跨国公司对加拿大的投资促进了本区的发展。

2. 草原三省

草原三省包括艾伯塔、马尼托巴和萨斯喀彻温省,面积占全国近 1/5,人口占全国 18%。本区是加拿大能源产地和小麦主产区,因此被称为"粮仓"和"燃料库"。这里拥有丰富的石油、天然气和煤炭,所产石油、天然气通过管道输往中央区和太平洋沿岸区或出口美国。

3. 太平洋沿岸区

本区是指西部的不列颠哥伦比亚省。太平洋沿岸气候相对温和,居民多住在南部,以革商种同为主。工业主要以木材采伐和加工为主。该区最大的城市是温哥华,人口约180万,是加拿大仅次于多伦多、蒙特利尔的第三大城市,也是加拿大最大的港口,更是华人在加拿大的聚居区。

复习思考题

一、单选题

1. ( )是世界最大的农产品出口国。
   A. 荷兰　　　　　　B. 美国　　　　　　C. 法国　　　　　　D. 巴西
2. 世界著名的电影产业中心好莱坞位于( )。
   A. 美国　　　　　　B. 英国　　　　　　C. 法国　　　　　　D. 阿联酋
3. 以下美国港口中位于太平洋沿岸的是( )。
   A. 纽约　　　　　　B. 波士顿　　　　　C. 长滩　　　　　　D. 新奥尔良
4. 加拿大最大的贸易伙伴是( )。
   A. 英国　　　　　　B. 澳大利亚　　　　C. 墨西哥　　　　　D. 美国
5. 世界著名高新技术中心"硅谷"位于美国( )南部的圣克拉拉谷地。
   A. 旧金山　　　　　B. 洛杉矶　　　　　C. 西雅图　　　　　D. 波士顿

二、简答题

1. 哪里是美国的"阳光地带",其在"二战"后迅速崛起的条件是什么?
2. 加拿大的经济重心为何分布在国家东南方向?

三、案例分析

国际贸易对收入产生何种影响已经成为长期以来争论不休的话题。美国工会和左翼人士谴责如 NAFTA 的国际贸易政策使大批人员失业。然而,保守派和自由市场专家却认为国际贸易政策使美国人受益,特别是当商品价格大跌时。事实是,国际贸易有利有弊。国际贸易促使工厂关闭、大批人员不得不海外就业。它一定程度上损害了部分公司的利益。但是全球商业和国际贸易协定不是中产阶级经济陷入困境的主要原因。

哈佛大学肯尼迪政府学院的国际贸易教授 Robert Lawrence 表示,国际贸易是一个事实因素,但是科技变革更重要。根据皮尤研究中心(the Pew Research Center)的数据,当前美国中产阶级占总人口的比率在降低。1971 年,中产阶级占总人口的比例是 61%,当前已经滑至 49.9%。

国际贸易政策,特别是 NAFTA 以及中国加入 WTO,经常被认为是美国制造业部门工人失业的一大主要因素。但是从相反角度看来,制造业部门实际上也受益于此类政策。在 1994 年的 NAFTA 协议通过之后,在 6 年的时间里,美国就业人口增加 2 300 万,直到 2001 年工厂的就业人口才下降。

弗吉尼亚大学的经济学教授 McLaren 称,美国公司已经将大部分制造业工作移至廉价劳动力充足的国家。国际贸易通过降低商品的价格,使美国中产阶级大幅受益。它还使得中产阶级在住房、教育等其他方面的投资增加。

资料来源:腾讯财经,2016 年 3 月 10 日

问题:如何综合评估自由化导向的国际贸易政策对美国民众的影响?

第 12 章

拉 丁 美 洲

2015 年第三季度 GDP 同比萎缩 4.5%,个人消费同比下降 4.5%,固定投资同比下降 1.5%,财政预算赤字超过 GDP 的 9%,2015 年雷亚尔兑美元累计贬值 46%。2015 年 12 月 1 日,随着巴西地理统计局(IBGE)第三季度数据的出台,曾经的"金砖之国"终于从"衰退"迈入彻底的"萧条"。昔日金砖一夕衰退,冰冻三尺非一日之寒。美联储加息预期导致外资流出、雷亚尔贬值固然不容忽视,但透视巴西经济,"命门"之一依然是大宗商品。

作为自然资源极为丰富的"未来之国",自 1500 年葡萄牙航海家佩德罗·卡布拉尔抵达巴西起,甘蔗、黄金、咖啡、石油、铁矿石、大豆、牛肉等大宗商品曾轮番驱动出口增长,而至今巴西经济也仍未走出"成也商品,败也商品"的怪圈。事实上,正是 2000 年后中国经济高速增长等国际需求带来的大宗商品"超级周期",缔造了巴西长达 10 年的"黄金时代",但随着 2011 年后中国经济逐步迈向"新常态",商品熊市也随着国际需求放缓悄然降临。

对资源的需求一旦放缓,巴西产业结构的问题就立刻暴露了出来。巴西国内工业体系不完整,除了支线飞机、卫星等面向国际市场的产品可以出口外,其他产品基本都是面都向国内市场以及周边邻国的消费产品。大宗商品一枝独秀,制造业迟滞不前,正是商品繁荣的幻梦消磨了诸多结构性投资、改革的动力。至今,巴西的交通基础设施仍较为落后。根据世界银行的数据,2014 年巴西全国范围硬化路面占比仅有 13%,不仅拉低物流效率,商品的交货时间和交货质量也难以保障。同时,作为"未来之国"的巴西也并没有对真正的未来——年轻一代的教育付出足够的投入。在当下的巴西经济基本面中,过去 10 年成长起来的中产阶级可能将面临代际传承的困境,甚至存在回归贫困的风险。

资料来源:第一财经日报网,2015 年 12 月 3 日

问题:作为新兴工业化国家的巴西当前面临哪些经济难题?

本章学习目标

- 熟悉拉美国家的经济贸易活动分布特点和规律;
- 了解拉美新兴工业化国家的经济起飞历程。

12.1　拉　美　综　述

12.1.1　地理特征

拉丁美洲通常是指美国以南的所有美洲地区。过去,这个地区的绝大多数国家曾长期受西班牙和葡萄牙的统治,致使这里的社会经济制度、历史文化传统、宗教信仰和风俗习惯等深受西、葡两国的影响,绝大多数居民使用拉丁语系的西班牙语和葡萄牙语,因此这个地区被称为拉丁美洲。

拉丁美洲位于西半球的中部与南部,西临太平洋,东临大西洋,北部与美国接壤,南隔德雷克海峡与南极洲相望。拉丁美洲具体包括四部分,即墨西哥、中美洲地峡、西印度群岛和南美洲。拉丁美洲年降水量平均多达 1 342 毫米,是世界上最湿润的一个洲,气候类型主要是热带雨林和热带草原气候。同其他大陆相比,拉丁美洲既没有非洲和大洋洲那样大面积的沙漠,也没有像北美和亚洲那样大面积的寒冷地区,因此对农业发展有利。

印第安人本是拉美的主人,黑人是 16 世纪中叶被贩卖到美洲大陆的非洲黑人后裔,16 世纪白人开始迁入。自 19 世纪起,欧洲国家开始向拉美大规模移民,同时也移入了印度人、华人和日本人。因此,拉丁美洲居民的种族构成十分复杂。拉美各国除巴西用葡萄牙语,海地用法语,苏里南用荷兰语,加勒比海一些小岛国和圭亚那、伯利兹等少数国家用英语外,均通用西班牙语。拉美城市人口比重大,约为 75%。

12.1.2　经济发展

拉丁美洲凭借广袤的土地和丰富的自然资源孕育出许多古老文明。与大多数发展中国家一样,拉丁美洲的近代经济也从殖民地时期起步,西班牙和葡萄牙两大宗主国迫使拉丁美洲单一发展农业庄园和采矿业。"二战"后,拉美在发展民族经济方面取得了很大的成就。20 世纪 80 年代前,拉美国家大量举借外债,走进口替代型工业化之路,曾创造"拉美奇迹"。但在 1982 年债务危机后,拉美经济长期不景气,通货膨胀严重。后来,拉美国家的经济改革与调整措施收到了成效,近年来实现了经济增长速度的回升。拉美还加快了区域经济合作步伐,在加勒比国家联盟、安第斯共同体、南方共同市场等一体化组织的框架下加强了国际经贸往来。

拉丁美洲是发展中国家中经济比较发达的地区,总体经济水平较高。目前,拉美人均国内生产总值仅次于北美、欧洲,远高于亚非两洲水平。发展水平最高的巴西、墨西哥、阿根廷三国,已成为新兴工业化国家,另外委内瑞拉、哥伦比亚、智利、秘鲁四国的工业化水平也相对较高。但是拉美各地区经济发展很不平衡。墨西哥和南美沿海国家发展水平较高,而中美洲、加勒比地区和南美内陆国家发展水平较低。目前,拉美各国经济活动主要集中在大城市和沿海地区,各国工业生产的一半以上都集中在首都及附近地区。

12.1.3　主要产业

粮食作物方面,"二战"后的拉丁美洲从粮食净出口地区变为净进口地区。经济作物以甘蔗、咖啡、大豆、香蕉、棉花为主，糖产量约占世界糖产量的 1/4，加勒比地区有"世界糖罐"之称，古巴是世界上糖出口量最大的国家之一。国际市场上的咖啡 60％以上来自拉丁美洲。巴西生产和出口的咖啡，均居世界首位。拉丁美洲是全球大豆最集中的产区，2013 年大豆产量占世界的 55.4％。拉美香蕉出口量约占世界总出口量的 80％，其中厄瓜多尔是世界最大的香蕉出口国，被誉为"香蕉之国"。

殖民地时期是拉美采矿业的起步阶段，"二战"以后采矿业规模不断扩大，目前拉美已成为世界矿业投资热点。拉美的石油生产主要集中分布于墨西哥湾沿岸的墨西哥和委内瑞拉。智利铜的储量、产量、出口量均居世界第一。制造业是战后拉美国家迅速发展的经济部门，也是使拉丁美洲成为相对发达的发展中大陆的关键因素之一。拉丁美洲的制造业不仅大量生产原糖、咖啡、卷烟和雪茄等食品和家用电器等耐用消费品，还生产钢铁、机械设备、汽车、船舶、飞机等资本密集型和技术密集型的制成品。

巴西、墨西哥等拉美的新兴市场国家在世界经济体系中的地位显著上升，两国都是二十国集团的成员。拉美的主要外贸口岸有阿根廷的布宜诺斯艾利斯港、巴西的桑托斯港、巴拿马的科隆港等。与美国的贸易约占拉美贸易总额的一半，美国一直把拉美作为传统的进出口商品市场。中国入世后，与拉美的经贸发展急剧增加，贸易商品日益多样化。由于中国与一些拉美国家出口商品结构相似，在美国市场及拉美市场直接竞争。

12.2　巴　　西

12.2.1　地理特征

巴西全称巴西联邦共和国，位于南美洲东部，东濒大西洋，面积 851.49 万平方千米。巴西约占南美洲面积的一半，是南美洲面积最大的国家。16 世纪，葡萄牙殖民者登上巴西时，发现了一种名贵树木，从中可提取红色染料，遂将此木称"红木"，后演变成国名，音译为"巴西"。

巴西大部分地区气候湿热，水资源充足。亚马孙河河面宽广，支流众多，流量和流域面积居世界第一。亚马孙河流域适合植物生长，有浩瀚茂密的热带雨林，各种植物数万种，盛产优质木材，被誉为"地球之肺"。木材蓄积量仅少于俄罗斯，居世界第二位。亚马孙河横贯巴西西北部，但由于沿岸人口稀少，经济落后，其巨大航运潜力并没有得到开发。巴西水力资源丰富，人均淡水拥有量 2.9 万立方米，水力蕴藏量达 1.43 亿千瓦/年。世界著名的伊泰普水电站位于巴西与巴拉圭接壤处。

2015 年巴西人口约 2.028 亿，居世界第五位，是拉丁美洲人口最多的国家。城市人口比重为 81％。白种人占 53.74％，黑白混血种人占 38.45％，黑种人占 6.21％，黄种人和印第安人等占 1.6％。巴西人口分布不均匀，大西洋沿岸人口稠密，东南方向的圣保罗和里约热内卢两大城市是巴西人口密度最大的地区，内陆地区人口稀少。巴西种族和文化差异显著。南部居民多有欧洲血统，可溯源到 19 世纪初来自意大利、德国、波兰、西班牙和葡萄牙等国的移民。而北部和东北部的居民部分是土著，部分具有欧洲或非洲血统。

居民大多信奉天主教,官方语言为葡萄牙语,也是拉丁美洲唯一讲葡萄牙语的国家。

16 世纪 30 年代,巴西沦为葡萄牙的殖民地,1822 年 9 月宣布独立,成立巴西帝国。1889 年 11 月推翻帝制,成立联邦共和国。20 世纪 60 年代以前,首都是里约热内卢,1960 年迁都到巴西利亚。

12.2.2　主要产业发展

巴西经济的发达,实质上是从以单一经济为特征的殖民地经济,向一个新兴工业化国家发展的历程。"二战"前,巴西经济的基本特征是具有殖民地性的单一经济,即在自然条件和资源的基础上,专门种植某一两种农作物或采掘某种矿产品,以满足宗主国或国际市场需要。1822 年巴西摆脱了葡萄牙的殖民统治之后,虽力图改变这种单一经济状况,但收效甚微。第二次世界大战后,巴西经济发展迅速。1967—1974 年,年均经济增长率高达10.1%,被誉为"巴西奇迹"。20 世纪 80 年代,受高通胀和债务困扰,经济出现衰退。从 20 世纪 90 年代开始,巴西推行外向型经济模式,经济重拾增势。目前,巴西是拉美第一经济大国,飞机、燃料乙醇等部门跻身世界先进行列。2015 年,巴西国内生产总值为1.77 万亿美元,人均 8 670 美元。

巴西是一个农业大国,是拉美第一大农产品生产国和出口国,很多农产品在世界上占有重要地位。种植业是巴西农业中最主要的部门,主要种植玉米、小麦、稻谷等粮食作物和咖啡、甘蔗、棉花、大豆等经济作物,其中热带经济作物的种植在巴西国民经济和国际市场上都占有重要地位。巴西的咖啡、蔗糖、柑橘产量居世界首位,是全球第二大转基因作物种植国、第二大的大豆生产和出口国、第四大玉米生产国,同时也是世界最大的牛肉和鸡肉出口国。2015 年粮食总产量 2.1 亿吨。

采矿业是巴西的传统优势领域,以铁矿开采最为重要。巴西铁矿探明储量 250 亿吨,且品位多在 60% 以上,并可露天开采。巴西淡水河谷公司是世界最大的铁矿石出口商,米纳斯吉拉斯州的伊塔比拉铁矿的产量占全国的 2/3,有"铁山"之称。

代表性厂商:淡水河谷

巴西淡水河谷公司(Vale of Brazil)是世界第一大铁矿石生产和出口商,约控制全球 33% 的铁矿石市场,也是美洲大陆最大的矿业公司,被誉为巴西"皇冠上的宝石"。淡水河谷公司成立于 1942 年 6 月 1 日,铁矿石产量占巴西全国总产量的 80%。2015 年,淡水河谷的铁矿石产量达到 3.46 亿吨。距离中国路途遥远,一直是巴西淡水河谷相对于澳大利亚矿山巨头以及印度矿山企业的劣势,为此淡水河谷订造使用了载重量 40 万吨级的巨型铁矿石运输船,可以大大降低铁矿石的运输成本,以更好地争取中国市场。

由于拥有庞大的铁矿石储量,巴西发展钢铁工业的资源条件非常优越,是拉美最大的钢铁生产国。巴西大力发展以酒精混合汽油为燃料的汽车,并大力生产生物燃料。巴西是世界上使用乙醇燃料最多的国家,也是唯一不供应纯汽油的国家。汽车已成为巴西出口的重要产品,美国和亚洲占巴西汽车出口的一半以上,汽车工业几乎全部由外资控制。巴西的飞机制造业居世界一流水平,巴西航空工业公司是世界最大的中型客机制造商之一。

代表性厂商：巴西航空工业公司

巴西航空工业公司成立于 1969 年,总部位于巴西圣保罗州的圣若泽-杜斯坎普斯,业务范围主要包括商用飞机、公务飞机和军用飞机的设计制造。现为全球最大的支线喷气客机生产商。目前,中国内地的主要航空公司都是巴西航空工业公司的客户,巴西航空工业公司拥有中国 120 座级以下商用喷气飞机市场约 70% 的份额。

巴西拥有丰富的水运潜力,有绵长的内河航线和海岸航线,主要港口有桑托斯、里约热内卢、维多利亚等。主要国际机场所在地包括圣保罗、里约热内卢、巴西利亚、马瑙斯等。巴西拥有丰富的自然和人文旅游资源,主要是古建筑、热带自然风光、民族风情等。赴巴西游客多来自拉美、欧洲、美国,入境旅游已成为巴西重要的外汇收入来源。巴西一年一度的狂欢节彩车游行成为独特的旅游内容。主要旅游地点有里约热内卢、圣保罗、亚马孙丛林、伊泰普水电站、马瑙斯自由港等。2016 年接待外国游客逾 660 万人次,同比增长 4.8%。

12.2.3 对外经贸

近年来,巴西政府积极采取措施鼓励出口,实现贸易多样化。2015 年,出口贸易额 1 911.34 亿美元,进口贸易额 1 714.53 亿美元。主要进口机械设备、电子设备、药品、石油、汽车及零配件、小麦等。主要出口汽车及零部件、飞机、钢材、大豆、药品、铁矿砂等。

目前,巴西是中国在拉丁美洲最大的贸易伙伴。2015 年巴西与中国的双边贸易额达到 663.3 亿美元,高于巴西同美国和阿根廷的贸易规模。中国是巴西第一大贸易伙伴、第一大出口目的地和第一大进口来源。中国主要从巴西进口铁矿砂、植物油、钢材等,中国向巴西出口的主要商品为机电产品、化工产品、纺织品等。

12.2.4 经济区划

巴西幅员辽阔,由于历史发展和自然条件不同,各地区经济发展存在明显差异,具体分为:第一,东南部经济发达区,包括圣保罗、里约热内卢、米纳斯吉拉斯和圣埃斯皮里图 4 个州,这里是巴西工业分布最集中的地区。圣保罗是巴西最大的城市,其外港桑托斯是巴西最大的港口。里约热内卢是巴西第二大城市,自 1822 年独立后至 1960 年是巴西的首都。第二,白人移民区为主的南部区,包括巴拉那、南里奥格兰德和圣卡塔琳娜 3 个州。面积占全国的近 6.8%,人口占全国的 13.8%。这里是德国、意大利和波兰移民最集中的地区。第三,开发早而后趋向衰落的东北部地区。这里是葡萄牙最早的殖民地区,先在这里采伐巴西木,后种植甘蔗,后由于 18 世纪在米纳斯吉拉斯州开采黄金,人口外移,这里逐渐衰落下去。目前经济仍以农业为主。这里由于是葡萄牙最早的殖民地,拉丁文化色彩浓厚。第四,有待开发的中西部。包括戈亚斯、马托格罗索、南马托格罗索等 3 个州和 1 个联邦区。首都巴西利亚位于这里,1960 年由里约热内卢迁都至此。第五,地广人稀的北部区。这里由于是亚马孙的热带雨林和内陆热带草原,尚未开发,经济落后。除马瑙斯经济自由区外,其他地区尚处于采集、渔猎等低级农业阶段。该区最大的城市是马瑙斯。

12.3 墨 西 哥

墨西哥位于北美洲南部,拉丁美洲西北端,北临美国,东濒墨西哥湾和加勒比海,西南临太平洋,面积为 196.4 万平方千米。墨西哥是南美洲、北美洲陆路交通的必经之地,称为"陆上桥梁"。墨西哥是美洲大陆印第安人古老文明中心之一,孕育了玛雅文化和阿兹特克文化。1519 年西班牙殖民者入侵,1821 年墨西哥宣告独立。首都为墨西哥城。全国划分为 31 个州和 1 个联邦区(墨西哥城)。国土面积的 5/6 左右为高原和山地。墨西哥矿产资源丰富,是仙人掌的故乡,称为"仙人掌王国"。2016 年,墨西哥人口约 1.26 亿,大约 60% 的人口为印欧混血种人,30% 是印第安人后裔,9% 为白人。墨西哥是人口最多的西班牙语国家,89% 的居民是天主教徒。

墨西哥是经济比较发达的发展中国家。综合国力在拉美国家中仅次于巴西,位居第二。经过多年发展,墨西哥已从一个以农、矿业为主的国家,发展成为工业比较发达、经济实力比较雄厚的国家。2015 年,国内生产总值为 1.14 万亿美元,人均约 9 500 美元。

墨西哥是玉米的故乡,玉米种植面积约占耕地总面积的 75%。原油出口是墨西哥外汇主要来源,美国是墨西哥原油出口的第一大市场。外资在墨西哥汽车工业中占主导地位,以美资为主,主要是外国厂商在墨西哥设立的生产基地。汽车及零部件已成为墨西哥出口的主要产品,墨西哥 3/4 的汽车出口到北美。2015 年钢产量 1 830 万吨,居世界第13 位。据世界白银协会(The Silver Institute)统计数据,2015 年墨西哥白银产量 1.895亿盎司,连续 6 年成为全球第一大白银生产国。

墨西哥拥有比较发达的交通运输系统。近年来,墨西哥增加了交通基础设施投资,推进铁路、港口的私有化,并对收费公路实行特许经营,从而吸引了大量资金。墨西哥悠久的历史文化、独特的高原风情和人文景观,以及漫长的海岸线为发展旅游业提供了有利条件。

根据墨西哥国家统计局的数据,2015 年墨西哥进出口贸易总额 7 760 亿美元,其中出口 3 807.7 亿美元,进口 3 952.3 亿美元,是拉美第一贸易大国。墨西哥是北美自由贸易区成员,因此美国和加拿大是其主要贸易伙伴,尤其是对美国经济非常依赖。2015 年,中国和墨西哥的双边贸易额 748.8 亿美元,其中墨西哥自中国进口 699.9 亿美元,对中国出口 48.9 亿美元。

相关链接:北美自由贸易区

1992 年 12 月 17 日,美、加、墨三国首脑签署了"北美自由贸易协定",从 1994 年 1 月1 日起开始生效。北美自由贸易协定的目标是废除贸易壁垒,实现公平贸易,保护知识产权,增加各自的投资机会,建立调节三方贸易冲突的机制以保证贸易自由化进程。

自北美自由贸易协定生效后,加拿大、墨西哥和美国之间的贸易量大幅上升。一系列改革措施使墨西哥凭借自身的力量成为具有吸引力的市场。通过开放市场,墨西哥已经吸引了大量新的外国投资。美国也从墨西哥的成功中获益。尽管美国国内担心企业将生产业务南移会使就业岗位迅速减少，但是最近的研究表明，由于自由贸易使美国的出口增加，创造了技术含量高和工资待遇高的工资岗位。目前，美国和墨西哥之间的合作已经超出贸易和投资领域，例如，两国建立起双边机构处理移民、边境控制以及毒品交易等问题。

资料来源：百度百科

12.4　阿　根　廷

阿根廷位于拉丁美洲南部，东临大西洋，南与南极洲隔海相望，西同智利接壤，总面积 278 万平方千米。阿根廷地势西高东低，西部是安第斯山脉，东部和中部是潘帕斯草原。潘帕斯草原虽然只占到国土面积的 1/4，却聚集着 3/4 的人口。

阿根廷人口增长迅速，1850 年人口只有 110 万，1900 年为 467 万，2016 年人口 4 278 万。其中白人和印欧混血种人占 95％，多属意大利和西班牙后裔，是南美洲白种人比率最高的国家。居民 87％ 信奉天主教。城市人口比重为 90％。首都为布宜诺斯艾利斯。官方语言为西班牙语。"阿根廷"一词在西班牙语中指"白银"，因 16 世纪西班牙人到达此处，见当地印第安人佩戴很多银制饰物，以为当地盛产白银而得名。

16 世纪前居住着土著印第安人。16 世纪中叶沦为西班牙殖民地，1816 年 7 月 9 日宣布独立。20 世纪 30 年代起出现军人、文人交替执政局面。1982 年同英国因马尔维纳斯群岛主权争端爆发战争，后战败，军政府倒台。

20 世纪初，阿根廷经济总量曾位居世界前十名。20 世纪 80 年代因债务危机，经济大幅衰退。1991 年起实施以私有化为核心的新自由主义经济政策，实行比索兑美元 1∶1 固定汇率制，重新步入增长轨道。受东南亚及巴西金融危机冲击，2001 年爆发严重经济危机。此后，历届政府都把偿还外债作为核心工作，实施进口替代，通过刺激出口、限制进口确保外贸盈余，严格外汇管制，形成"阿根廷模式"。

阿根廷是拉美第三经济大国，属于新兴工业化国家。阿根廷经济受益于丰富的自然资源、教育程度较高的人口、出口导向的农业部门以及多样化的工业基础。根据国际货币基金组织的报告，2015 年阿根廷国内生产总值为 5 787 亿美元，人均国内生产总值 1.37 万美元。据联合国开发计划署 2015 年的报告，阿根廷的人类发展指数为 0.836，超过拉美地区 0.748 的平均水平。

知识拓展：中等收入陷阱

当一个国家的人均收入达到中等水平后，由于不能顺利实现经济发展方式的转变，导致经济增长动力不足，最终出现经济停滞的一种状态，叫陷入中等收入陷阱。阿根廷早在 20 世纪初，就凭借农牧产品出口，成为拉美首富，1900 年经济规模排世界第九位，1914 年人均收入与德国、荷兰持平，高于瑞典、瑞士和意大利。1922 年的人均外贸额在世界上排名第三，仅次于荷兰和比利时。但是一个世纪之后的阿根廷，却在世界范围内处于中等收入水平，与发达国家存在明显差距。

阿根廷矿产资源丰富，是拉美主要矿业国之一。主要矿产资源有石油、天然气、铜、金、铀、铅、锌等，大部分位于与智利、玻利维亚交界的安第斯山脉附近，但矿产开发水平较低。

　　阿根廷农牧业发达,全国大部分地区土壤肥沃,气候温和,适于农牧业发展,是世界粮食和肉类的重要生产国与出口国。农作物主要有小麦、玉米、高粱、大豆、葵花籽等。畜牧业产值占农业总产值的 40%,以养牛、养羊业为主。东部和中部的潘帕斯草原是著名的农牧业区,这里集中着全国牲畜的 80%。

　　阿根廷工业较发达,但地理分布不均衡,主要集中在布宜诺斯艾利斯省和科尔多瓦省,内地省份工业基础薄弱。主要工业部门有钢铁、汽车、化工、纺织、机械、食品等。阿根廷是拉丁美洲拥有飞机制造业的少数国家之一。1928 年,阿根廷生产出第一架飞机,现主要生产直升机和农用飞机。阿根廷是拉美国家中最早从事核能研究与建设核电站的国家。核工业发展水平居拉丁美洲前列,现拥有 3 座核电站,并能独立生产浓缩铀。

　　公路、铁路、航空和海运均以首都为中心向外辐射,形成扇形交通网络。布宜诺斯艾利斯港是全国最大的港口,吞吐全国一半左右的进出口货物。国内交通运输以陆运为主,外贸货物的 90% 通过水路运输。20 世纪 90 年代,阿根廷将交通运输服务业全部实行了私有化。旅游业是阿根廷第三大创汇产业,2014 年接待外国游客 590 万人次,创汇 26.84 亿美元。

　　对外贸易在国民经济中占有重要地位。近年来,阿根廷大力促进出口,推动产品出口结构和出口市场多元化。主要出口产品为油料作物、石油、天然气、汽车、谷物、牛肉、奶制品等;进口核反应堆及机械设备、汽车、电子产品等。农牧产品在阿根廷出口中占有重要位置,约占总出口额的 50%。主要贸易伙伴为巴西、中国、美国、智利、墨西哥等。据阿根廷统计局数据,2015 年阿根廷对外贸易总额 1 165.4 亿美元,其中出口额 567.5 亿美元,进口额 597.9 亿美元。

　　中阿建交以来,双边贸易额不断增长,经贸合作日益深化。2015 年,中阿双边贸易额为 171.71 亿美元,阿根廷自中国进口 117.83 亿美元,对中国出口 53.88 亿美元,中国是阿根廷第二大贸易伙伴。2004 年 11 月,阿根廷宣布承认中国的市场经济地位。阿根廷主要向中国出口羊毛、大豆等农产品,中国已成为阿根廷最大的农产品出口国。机电产品是中国对阿根廷出口的第一大类商品。

复习思考题

一、简答题

1. 巴西经济区划的特点和经验有哪些?
2. 北美自贸区给墨西哥带来什么益处?

二、案例分析

　　当前,委内瑞拉正经历着该国 200 年历史中最为严重的危机时刻。2016 年 1 月 19 日,一直对本国经济数据秘而不宣的委内瑞拉中央银行公布了自 2014 年 12 月以来本国债务规模和累计通胀的数据。2014 年 9 月至 2015 年间,全国平均累计通胀率高达

141%，其中食品价格上涨最为严重，高达 554.3%。从 2014 年 9 月至 2015 年 9 月，该国的 GDP 总计收缩了 7.1%，建筑、商业等最为惨淡的行业增长率分别达到 −20.2% 和 −12.8%。在委内瑞拉央行报告的末尾，是对该国现有经济模式的警告，并指出经济复苏的唯一机会就是经济多元化——打破"百年来的石油模式"。

不过，作为完全依赖石油出口的典型经济体，委内瑞拉要打破"百年石油"模式并不容易。在商品牛市的时代里，2006 年到 2012 年，委内瑞拉的外债规模总计翻了 6 倍。也正是在查韦斯时代，委内瑞拉对石油的依赖有增无减。从 1998 年至 2013 年，石油产品在委内瑞拉出口商品篮子中的比重从 70% 增加至 98%。单一的石油模式使委内瑞拉享受了大宗商品牛市的红利，但与此同时，委内瑞拉对外汇交易的长期控制也阻碍了中间产品的进口，最终几乎消灭了本就薄弱的非能源经济部门。

严苛的外汇管制往往也意味着一国对外汇收入的极度敏感。随着国际原油价格进入自由落体时期，外汇资源的缺少成了委内瑞拉最大的麻烦。为了避免巨额外债违约，2015 年委内瑞拉削减了超过 40% 的进口；以巨大的折扣出售了自己的外币资产；出售了黄金储备价值的 25%；甚至提取了本国在 IMF 特别提款权的 80%。不过，一系列的救市措施并没有让未来更为美好。哈佛大学国际发展研究中心高级研究员 Miguel Angel Santos 指出，当前委内瑞拉每天生产的石油大约比 50 年前少 100 万桶，但其人口增加了 300 万。因此，当前委内瑞拉人均石油产量大约比 50 年前低 74.5%。即使石油价格回到 100 美元/桶左右，该国可能仍然无法产生足够的资源，从而将自己拉回到经济繁荣的轨道上，因为委内瑞拉的石油产能对于依赖其生存的人口规模而言已经过低了。长期而言，脱离石油依赖，找到其他方式获取外汇，才是委内瑞拉的唯一出路。但要想吸引外商直接投资，委内瑞拉恐怕还得努力改善自己的投资环境。在过去的 10 年里，许多曾进入委内瑞拉的跨国公司因为严重的腐败、无法将红利汇回母国，以及对基本私有产权的触犯而离开。

国际油价低迷，国内通胀高企，委内瑞拉经济正处于前所未有的困境。2016 年 3 月 2 日，在北京举行的"玻利瓦尔经济议程——未来经济发展引擎"推介会中，来自委内瑞拉政府的高级官员详细解释了该国的新经济发展战略和中国企业的投资机遇。玻利瓦尔经济议程"3+14+50"的机制将委内瑞拉的应对之策划分为 3 个前提、14 个引擎和 50 个具体计划。直指委内瑞拉经济困局的 3 个前提分别是：建立相应机制妥善应对经济战、打击高通胀、消除供给不足；摆脱对石油的高度依赖，建立生产性的经济体系；建立新的经济生产模式。借鉴中国经验将本国划分为地区、次地区和局部，并在地区层级设立国家战略发展区，在次地区设立经济发展特区和生产特区以招商引资。委内瑞拉对来自中国的产能合作表达了自己的期待，有意愿接受中国的钢铁等过剩产能。尽管委内瑞拉亟待投资，但潜在的成本和风险仍需中资企业重视。

资料来源：第一财经日报网，2016 年 1 月 27 日及 3 月 2 日

问题：作为拉美国家的委内瑞拉在应对低油价给单一经济带来的冲击时有何独特之处？

第 13 章

大 洋 洲

澳大利亚储备银行对本国经济发展持谨慎的乐观态度,但警告中国经济发展的持续不确定性以及大宗商品价格疲软对澳大利亚经济的发展仍存在潜在的负面影响。澳大利亚国家统计局在早些时候报道称,在 2015 年的第四季度,澳大利亚国内生产总值同比增长 3%,高于此前部分经济学家的预期。

澳大利亚联邦储备银行在一份声明中表示,中国经济发展的前景是澳大利亚经济发展预测不确定的主要因素。最新一轮的全球金融市场波动受到来自中国经济发展风险平衡以及对中国政府实施经济转型能力担忧的影响。2015 年,中国的经济增长跌至 6.9%,创 25 年以来的新低。世界第二大经济体经济长期放缓的担忧对大宗商品包括从原油到钢铁的价格造成极大的破坏。澳大利亚特别容易受到中国经济增长的担忧,因为中国是澳大利亚最大的贸易伙伴,每年从澳大利亚进口大量的铁矿石、煤炭、黄金和原油。最近两国签署的中澳自由贸易协定意味着澳大利亚对中国经济的依赖性增强。

资料来源:腾讯财经,2016 年 3 月 28 日

问题:中国经济影响澳大利亚经济的渠道有哪些?

本章学习目标

- 理解大洋洲国家的经济特征与国际经贸格局;
- 熟悉澳大利亚的主要产业分布与贸易情况。

大洋洲是指分布于太平洋西南部和赤道南北浩瀚海域中的一块大陆和星罗棋布的海岛。大洋洲总人口约为 3 800 万,除南极洲外,是世界上人口最少和人类居住历史很短的"新大陆",75% 以上的居民是欧洲移民的后裔,主要分布在澳大利亚和新西兰。大洋洲是世界上城市人口比重最大的洲,约为 80%。

大洋洲各国经济发展水平差异显著,除澳大利亚和新西兰经济发达外,其余国家均是 20 世纪 60 年代后才获得独立的,大都经济水平低下、制造业落后。热带经济作物种植业是大洋洲许多国家的主要经济部门,主要作物有椰子、棕榈、甘蔗、香蕉、咖啡、橡胶等。椰子的种植最广泛,以巴布亚新几内亚产量最多。由于很多国家经济结构单一,对外依赖性很强。一般出口农牧矿产品,进口粮食、机器设备和日用消费品等。

13.1 澳 大 利 亚

13.1.1 地理特征

澳大利亚全称为澳大利亚联邦,位于南半球,在西南太平洋与印度洋之间的大陆上,是世界唯一独占一块大陆的国家。澳大利亚大陆东濒太平洋,西临印度洋。除与亚洲距离较近外,与世界其他大陆距离均较远,因此是一块"孤立"的大陆,也是世界探险史上发现最晚的大陆。澳大利亚领土面积769.2万平方千米,居世界第六。

澳大利亚海岸线平直,海湾、半岛和岛屿少。东北部近海有地球上最大的珊瑚礁群,称为大堡礁。境内地势地平,无崇山峻岭。澳大利亚是跨纬度最少的一个大陆,南北温差小,全年气温都比较暖热。澳大利亚大陆轮廓比较完整,增加了内陆离海的距离,最大达1 500千米以上,影响了海洋气流深入内陆。南回归线横贯澳大利亚中部,全国大部分地区气候炎热,干燥少雨,是世界上最干旱的大陆。澳大利亚的热带沙漠气候面积最广,其次是热带草原气候。由于降水量不足,因此地表水缺乏,成为制约澳大利亚农牧业发展的一个重要因素。澳大利亚中部的多数地区不适合居住,沿海地带,特别是东南沿海地带适于居住与耕种。

澳大利亚人口2 392万(2015年11月),以白人为主,原始的土著居民人数急剧减少。澳大利亚是典型的移民国家,居民中主要是英国移民的后裔,但目前亚洲成为其主要的移民来源地。多民族形成的多元文化是澳大利亚社会的一个显著特征。人口在地区上分布不均,85%以上的人口分布在东南沿海向内地120千米的距离范围内,主要是新南威尔士州和维多利亚州,广大内陆地区人口十分稀少。城市人口比重约为85%。

澳大利亚的历史,实质上是先被西方探险家发现并沦为殖民地,以后逐步取得独立并发展成为一个发达国家的历史。1768年英国著名航海家詹姆斯·库克在发现新西兰南、北二岛后,继续西行,在澳大利亚东海岸的"植物湾"登陆,并达到澳大利亚的最北角。以英王乔治三世的名义宣布澳大利亚东部为英国领土,取名为"新南威尔士",从此澳大利亚沦为英国的殖民地。1788—1820年英国政府通过放逐囚犯的方式开始向澳大利亚移民。1901年澳大利亚成为英国管辖下的自治领,除宪法、外交权力之外享有行政上的独立权。第一次世界大战后,随着大英帝国的衰落,1931年英国议会通过《威斯敏斯特法案》,允许澳大利亚享有宪法权力,从此澳大利亚终于摆脱了英国的殖民统治,成为一个主权独立的国家。总督是国家名誉元首,代表英国女王。总督由联邦总理推荐,英国女王任命,代表女王行使职权,但不拥有实际行政权力。

13.1.2 经济概况

澳大利亚是大洋洲经济实力最强的国家,是一个后起的发达国家。但从其经济发展历程和当前经济特征来看,其经济仍具有"殖民地性"和"对外依赖性"。从经济发展历程看,澳大利亚在作为英国殖民地期间具有满足宗主国需要的单一经济特点。18世纪90年代,英国鉴于国内毛纺织工业原料不足,就把澳大利亚作为羊毛供应基地,从西班牙引进优质美利奴(Merino)羊,大力发展养羊业。从而使养羊业成为 19 世纪 20~50 年代澳大利亚最重要的产业部门,被称为"骑在羊背上的国家"。100 多年前,澳大利亚一半的出口商品依赖英国市场,直至 20 世纪 50 年代,1/3 的出口商品仍运往英国。

澳大利亚矿产资源丰富,因此有"坐在矿车上的国家"之称。1851 年墨尔本发现黄金后,澳大利亚出现采金热,黄金的产量曾占世界的 38.6%。以后随着黄金产量的下降,大量劳动力又转向小麦生产。这种以满足宗主国或国际市场需要,以农牧业和采矿业为主的产业状况一直延续至今。第二次世界大战期间,美、英等国把澳大利亚作为军需品的生产基地,从而促进了钢铁、化工、机械、食品工业的发展。

2015 年,澳大利亚国内生产总值 1.22 万亿美元,人均国内生产总值 5.1 万美元。目前,澳大利亚经济具有下列主要特点:第一,外资占有重要地位。20 世纪五六十年代,澳大利亚实行进口替代政策,导致外资的大量涌入。截至 2014 年年底,外国在澳投资达 2.7 万亿澳元,主要来自美国、英国、日本等国,集中在金融、制造、采矿等行业。第二,地区发展不平衡。工业、农牧业和交通运输业及大城市主要集中在东南沿海和西南沿海地区,而广大内陆地区、西部和北部地区,只有粗放的畜牧业和零星的采矿业,经济相对落后。第三,制造业发展水平与其他发达国家相比较为薄弱。以资源为基础的加工行业比重大,机电产品的制造能力明显低于其他发达国家。制造业产品主要满足国内市场,高端的制成品出口很少。第四,对外贸易具有发展中国家的特点,即出口以农牧产品、矿产品等初级产品和粗加工制成品为主,进口以机械设备等深加工制成品为主。

13.1.3 主要产业发展

澳大利亚农牧业十分发达,是世界上主要的农畜产品出口国。澳大利亚耕地面积为 4 800 万公顷,人均耕地面积 2 公顷,居世界第一位。农业机械化水平高,农业经营以家庭农场为主,大农场的耕地面积占全国耕地的 70% 以上。小麦是其最重要的粮食作物,播种面积占耕地总面积的一半以上,小麦产量的 3/5 供出口。

澳大利亚养羊业历史悠久,绵羊数量早在 19 世纪末就居世界之首。绵羊品种主要是以产毛为主的美利奴羊,占羊总数的 75%。这种羊具有毛质细长、光泽良好、质地柔韧、单产毛量高等特点。澳大利亚的自然环境对绵羊的生长发育十分有利:广大内陆地区气候干燥,利于羊群安全过冬;丰富的地下水资源,地面生长着茂密的牧草,并有大面积人工草地,提高了载畜量。澳大利亚还是世界最大的牛肉出口国之一,乳制品出口居世界前列。澳大利亚龙虾也是重要的出口产品,中国、日本、美国是其主要市场。

澳大利亚的矿产资源极为丰富,主要矿产是煤、铁、铝土、锰等,这些矿产的储量均居世界前列,采矿业是澳大利亚国民经济中最重要的部门之一。铁矿开采是"二战"后澳大利亚采矿业中发展最快的部门。澳大利亚铁矿储量大,约 146 亿吨;品位高,含铁 56%~60%;埋藏浅,易于开采。自 20 世纪 60 年代陆续发展多处巨大矿床后,产量逐年提高。铁矿主要集中于南澳的米德尔巴克—莱茵克兹地区和西澳的皮尔巴拉地区。所产铁矿石主要出口中国、日本、韩国、美国等国家。澳大利亚煤炭资源也很丰富,探明储量达 700 亿吨,质地好、易于开采,是世界第一煤炭出口大国。煤、铁等矿产品一直是澳大利亚对中国出口的主体部分。

代表性厂商：必和必拓

必和必拓公司(BHP Billiton Ltd)是以经营矿产为主的著名跨国公司。BHP 于 1885 年在墨尔本成立,Billiton 于 1860 年成立。2001 年 6 月,两公司合并,成为全球第一大矿业集团,在澳大利亚、伦敦和纽约的股票交易所上市。该公司在全球数十个国家开展业务,主要产品有铁矿石、煤、铜、铝等。

澳大利亚具有发展钢铁工业的有利条件,煤、铁资源丰富,博思格钢铁集团是澳大利亚最大的钢铁企业,成立于 1885 年,总部设在墨尔本。汽车生产高度集中,主要中心是墨尔本。霍顿汽车公司是澳大利亚汽车工业的代名词。

2014 财年,服务业增加值 11 838.51 亿澳元,占 GDP 的 75%。海外游客人数呈上升趋势,主要来自新西兰、英国、美国和中国。澳大利亚旅游资源丰富,著名的旅游城市和景点有悉尼、墨尔本、布里斯班、珀斯、大堡礁、黄金海岸和塔斯马尼亚等。国际海、空运输业发达。

13.1.4　对外经贸

2015 年,澳大利亚货物进出口额为 3 885.9 亿美元,其中出口 1 884.1 亿美元,进口 2 001.8 亿美元。分国别(地区)看,2015 年澳大利亚对中国、日本、韩国和美国的出口额分别占澳出口总额的 32.4%、15.9%、7.1% 和 5.4%,为 609.8 亿美元、298.8 亿美元、133.1 亿美元和 102.2 亿美元。分商品看,矿产品、动物产品和贵金属及制品是澳主要出口商品,2015 年出口额分别占澳大利亚出口总额的 50.9%、7.6% 和 6.7%,为 958.3 亿美元、142.7 亿美元和 126.6 亿美元。机电产品、运输设备和矿产品是澳大利亚进口的前三大类商品。

国际教育服务是澳大利亚的优势领域,外国学生到澳大利亚留学为其带来了丰厚收入,并吸纳了众多人才。据澳大利亚统计局(ABS)数据,2015 年国际教育为澳大利亚贡献了 195 亿澳元,成为最大的出口创收项目之一。国际教育为澳大利亚提供了超过 13 万个工作岗位,并且直接或间接地带动零售、酒店、地产等领域发展。根据澳大利亚教育与培训部的数据,2015 年来自世界各地的近 50 万名国际学生在澳求学,同比增长 9.8%。2015 年在澳的中国学生达到 136 097 人,占澳大利亚国际学生总数的 27.3%。过去 50 年中约有 250 万国际留学生赴澳深造,其中很多人在各自领域具有影响力。澳大利亚希望借助全球校友的力量,推广贸易和投资机遇。

中澳经贸关系非常密切,据澳大利亚统计局数据,2015 年中澳双边贸易额为 1 072.1 亿美元。中国继续保持澳大利亚的第一大贸易伙伴、第一大出口目的地和第一大进口来源地的地位。矿产品一直是澳大利亚对中国出口的主力产品,2015 年出口额为 377.8 亿美元,占澳对中国出口总额的 62.0%,矿产品对中国出口的表现基本决定了澳大利亚对中国出口的整体表现。澳大利亚自中国进口的主要商品为机电产品、纺织品、家具和玩具等。

13.1.5　经济区划

澳大利亚划分为 6 个州和两个地区。6 个州分别是新南威尔士、维多利亚、昆士兰、南澳大利亚、西澳大利亚、塔斯马尼亚;两个地区分别是北方领土地区和首都直辖区。澳大利亚的人口和经济活动主要集中在东部沿海,而资源主要分布在中部和西部,因此大力发展交通运输业就成为解决资源与生产地点脱节的主要途径。澳大利亚在殖民地时期,由于各个殖民地相互分割,导致铁路轨距不一致,既有宽轨,又有标准轨和窄轨,因此限制了铁路运输能力。自 20 世纪 50 年代起,澳大利亚对铁路轨距进行了大规模改造。

　　堪培拉是澳大利亚首都,面积为 2 395 万平方千米,人口 30 余万。1909 年定为首都,1927 年由墨尔本迁都至此。悉尼是澳大利亚最大城市,也是澳大利亚最大的工业中心和贸易中心。墨尔本是维多利亚州首府。自 1851 年开采黄金后,日趋繁荣,因此又称"新金山"。1901—1927 年澳大利亚首都曾设立在墨尔本,现为澳大利亚第二大城市。

相关链接:亚太经合组织

　　1989 年由澳大利亚倡议的亚太经合组织首次部长级会议在堪培拉召开,经过多年发展,现有成员 21 个,分别为中国、日本、韩国、中国香港、中华台北、新加坡、泰国、印尼、马来西亚、菲律宾、文莱、越南、墨西哥、智利、美国、加拿大、澳大利亚、新西兰、秘鲁、俄罗斯、巴布亚新几内亚(图 13-1 和图 13-2)。1989 年筹建的亚太经济合作组织(APEC)将不同大陆间的国家联接在一起,共同推动经济一体化。

图 13-1　亚太经合组织的徽标

图 13-2　亚太经合组织的成员

资料来源:百度百科.

13.2　新　西　兰

新西兰位于太平洋西南部,西隔塔斯曼海与澳大利亚相望,相距 1 600 千米。由南岛、北岛及一些小岛组成,南、北两岛被库克海峡相隔。总面积 27 万平方千米,山地和丘陵占国土面积的 75%以上。北岛多火山和温泉,南岛多冰河与湖泊。气候类型属于温带海洋性气候。

新西兰总人口 464 万(2015 年 11 月)。其中欧洲移民后裔占 74%,毛利人占 15%,亚裔占 12%,太平洋岛国裔占 7%,其中部分为多元族裔认同。首都惠灵顿。官方语言为英语、毛利语。2015 年,国内生产总值 1722 亿美元,人均国内生产总值 3.7 万美元。

1350 年起,毛利人在新西兰定居。1642 年荷兰航海者在新西兰登陆。1769 年至 1777 年,英国库克船长先后 5 次到新西兰,此后英国向新西兰大批移民并宣布占领。1840 年 2 月 6 日,英国迫使毛利人族长签订《威坦哲条约》,新西兰成为英国殖民地。1907 年独立,成为英国自治领,政治、经济、外交受英国控制。1947 年成为主权国家,同时为英联邦成员。

新西兰产业以农牧业为主,农牧产品出口约占出口额的 50%。农业高度机械化,主要作物有小麦、大麦、燕麦、水果等。粮食不能自给,需从澳大利亚进口。畜牧业发达,畜牧业生产占地 1 352 万公顷,为国土面积的一半,羊肉、羊毛、乳制品的出口量均居世界前列。根据新西兰统计局的数据,2015 年新西兰进出口贸易总额为 1 015 亿新西兰元,其中出口额 490 亿新西兰元,进口额 525 亿新西兰元。

新西兰是传统的资金输入国,对外国投资实行国民待遇。外资主要分布在银行、电信、交通、房地产、林业、畜牧业和旅游业等部门。截至 2014 年,外国对新西兰直接投资额为 973.19 亿新西兰元。主要投资来源国包括澳大利亚、美国、荷兰、英国、新加坡、日本。新西兰的对外援助以双边援助为主,以太平洋岛国为援助重点,主要援助方向为财政补贴、农牧林业、卫生保健、资源环境保护、文化遗产及人员培训等。

据新西兰统计局统计,2014 年新西兰与中国双边货物进出口额为 154.8 亿美元。其中,新西兰对中国出口 83 亿美元,占新西兰出口总额的 20%;新西兰自中国进口 71.8 亿美元,占新西兰进口总额的 16.9%。中国为新西兰第一大出口市场和第一大进口来源地。羊毛、乳制品等动物产品是新西兰对中国出口最多的商品,2014 年出口额为 50.6 亿美元,占新西兰对中国出口总额的 61%。机电产品和纺织品及原料是新西兰自中国进口的重要商品。

复习思考题

一、简答题

1. 中澳自贸协定会给双方带来什么发展空间?

2. 新西兰经济有什么特点?

二、案例分析

收入的增长以及人们对于丰富生活的需求,让澳大利亚成为中国人的食品生产基地。对澳大利亚而言,这一增长过程被描述成从"矿产到饮食"的转变。这个位于南半球的大国正在从矿产供应商转变成覆盖中国人饮食的供应大王。作为物产丰富的国家,澳大利亚所生产的婴幼儿奶粉和保健品尤其受到中国人追捧,这些企业近期的增长可谓惊人。

以澳大利亚保健品生产企业澳佳宝(Blackmores)为例,2015 年该公司在澳大利亚证券交易市场的股价飙到了 217.98 澳元,同比暴涨 534%,2015 年下半年的净利润则同比增长了 160%。而这背后最大的动力就来自中国消费者,后者贡献了该公司 40% 的营收。由于中国妈妈们对于澳大利亚奶粉的青睐,生产婴幼儿有机奶粉的澳大利亚贝拉米 Bellamy's 在 2015 年见证了一次股价的大跳跃——涨了超过 700%,背后的一大动因是在 2015 下半年的净利润增长了 325%。澳大利亚最大的蜂蜜生产商康蜜乐(Capilano)正在加速进入亚洲市场,这家企业在 2015 年下半年的净利润也实现了 52.9% 的显著增长。在 IG Markets 的分析师尼克森(Angus Nicholson)看来,中国经历了 30 多年的高速增长,让消费者拥有了较强的消费能力。但国内食品安全、健康和医药产品等方面存在的一些问题,让中国人对国外高质量产品的需求大增。

2015 年 12 月 20 日,《中澳自贸协定》正式实施。厦门海关公开的数据显示,受益于中澳自贸协定的实施,2016 年 1 月厦门关区自澳大利亚进口的葡萄酒达 29.1 万升,同比增长 99.4%。除了双方的经贸往来,两个国家的投资者也对彼此表现出了比以往更大的兴趣。2015 年中国到澳大利亚的游客首次突破 100 万人次,继续成为澳大利亚主要客源市场增长最快的国家。

资料来源:第一财经日报,2016 年 3 月 2 日

问题:中澳国际经贸关系快速发展的动力有哪些?

主要参考文献

[1] 俞坤一,马翠媛.新编世界经济贸易地理[M].北京:首都经济贸易大学出版社,2011.

[2] 傅龙海.国际贸易地理[M].北京:对外经济贸易大学出版社,2013.

[3] 高茜.世界经济贸易地理[M].北京:中国人民大学出版社,2013.

[4] 于志达.国际贸易地理[M].北京:清华大学出版社,2006.

[5] 李南.世界经济导论[M].北京:电子工业出版社,2014.

[6] 李泉斌.国际经贸地理[M].上海:立信会计出版社,2011.

[7] 吕向生.国际经贸地理[M].大连:东北财经大学出版社,2012.

[8] 于志达.实用国际经贸地理[M].天津:南开大学出版社,2013.

[9] 李慧光,陈晓霞.国际贸易地理[M].北京:对外经济贸易大学出版社,2015.

[10] 李先维,沈宁.国际贸易地理[M].北京:对外经济贸易大学出版社,2015.

[11] 袁志彦,高密来.新编国际贸易地理[M].北京:对外经济贸易大学出版社,2010.

[12] 英国石油公司.BP2035 世界能源展望[R],2015.

[13] 中华人民共和国外交部网站.

[14] 第一财经日报网.

[15] 腾讯财经网.

[16] 世界旅游组织(UNWTO).2015 全球旅游报告[R],2015.

[17] UNCTAD. Review of Maritime Transportation[R], 2016.

[18] 胡剑波,任亚运.爱尔兰自由贸易园区服务外包发展研究[J].经济体制改革,2015(5):180-184.

[19] 武晋军,黄志新.中国服务外包产业对就业影响的实证分析[J],国际经济合作,2015(10):46-52.

教学支持说明

▶▶ 课件申请

尊敬的老师：

您好！感谢您选用清华大学出版社的教材！为更好地服务教学，我们为采用本书作为教材的老师提供教学辅助资源。鉴于部分资源仅提供给授课教师使用，请您直接手机扫描下方二维码实时申请教学资源。

任课教师扫描二维码
可获取教学辅助资源

▶▶ 样书申请

为方便教师选用教材，我们为您提供免费赠送样书服务。授课教师扫描下方二维码即可获取清华大学出版社教材电子书目。在线填写个人信息，经审核认证后即可获取所选教材。我们会第一时间为您寄送样书。

任课教师扫描二维码
可获取教材电子书目

 清华大学出版社

E-mail: tupfuwu@163.com	网址: http://www.tup.com.cn/
电话: 8610-62770175-4506/4340	传真: 8610-62775511
地址: 北京市海淀区双清路学研大厦B座509室	邮编: 100084